MEDICINA GERAL E FAMILIAR

MEDICINA GERAL E FAMILIAR

2020

Coordenadores:
Paulo Santos
Luiz Santiago
Alberto Hespanhol

ALMEDINA

MEDICINA GERAL E FAMILIAR

COORDENADORES
Paulo Santos
Luiz Santiago
Alberto Hespanhol

EDITOR
EDIÇÕES ALMEDINA, S.A.
Rua Fernandes Tomás, n.os 76, 78 e 79
3000-167 Coimbra
Tel.: 239 851 904 · Fax: 239 851 901
www.almedina.net · editora@almedina.net

REVISÃO
Ana Marta Ramos

DESIGN DE CAPA
EDIÇÕES ALMEDINA, S.A.

PRÉ-IMPRESSÃO
Vítor Miranda

IMPRESSÃO E ACABAMENTO
AAAAAAAAA

1.ª edição
Dezembro, 2020
DEPÓSITO LEGAL
000000/20

ALMEDINA | GRUPOALMEDINA

BIBLIOTECA NACIONAL DE PORTUGAL – CATALOGAÇÃO NA PUBLICAÇÃO
MEDICINA GERAL E FAMILIAR.
Medicina geral e familiar / coord. Paulo Santos, Luiz Santiago, Alberto Hespanhol. – (Fora de colecção)
I – SANTOS, Paulo
II – SANTIAGO, Luís Miguel de Mendonça Soares
III - HESPANHOL, Alberto Augusto Oliveira Pinto
ISBN 978-972-40-8976-8
CDU 614

Aos nossos mestres
A todos os que fizeram a Medicina Geral e Familiar em Portugal

ÍNDICE

PREFÁCIO

Bem sei não ser verdade. Mas gosto de acreditar que a Medicina Geral e Familiar começou há muito, muito tempo, quando Lucy — *Pitecantropus erectus* — caminhava no planalto africano com a sua filha pela mão, e a pequena topou uma pedra, ferindo-se. Lucy socorreu-a, usando do conhecimento e da experiência que tinha (e não seria muita), assim como dos recursos disponíveis, talvez só um pouco de água fresca.

Lucy não deixou registo do sucedido, nem podia. Seguramente até nem teria ainda linguagem inteligível. Mas isso não era indispensável no que aí aconteceu. Circulam hoje na Internet imagens tocantes de interajuda em espécies que também ainda não têm linguagem inteligível: elefantes, por exemplo, chimpanzés, bonobos e outros.

Se assim foi, a medicina começou aí, ainda que seja um pouco exagerado dar-lhe esse nome. Nos muitos anos seguintes, milhares ou seguramente milhões, os humanos foram cumprindo o inato impulso de entreajuda, desejando minorar o sofrimento do seu semelhante, que é a essência desta nossa arte.

O seu conhecimento era o que acreditavam ser revelado pelos deuses, apimentado com especulações acerca de humores e maldições. Foram procurando recursos na natureza, com êxito irregular, mas cada vez menos limitado.

Há apenas alguns, poucos, milhares de anos, ao impulso de interajuda juntou-se uma preocupação ética. Ajudar, sim, mas nunca fazendo mal. Hipócrates, introduzindo a ética, promoveu o simples socorro ao que já se pode chamar de Medicina. E o prestígio desta arte foi crescendo enormemente. Apesar dos tratamentos recomendados não influenciarem favoravelmente o decurso das doenças — apenas a cirurgia tinha resultados positivos —, o prognóstico era o essencial, reduzindo consideravelmente o sofrimento causado pela ansiedade da incerteza do destino.

Depois, os médicos começaram a acreditar pouco em verdades reveladas, e entusiasmaram-se com a possibilidade de entender racionalmente o sofrimento dos outros. O progresso de outras ciências, solidamente bem fundamentadas, como a Física, a Química e Biologia, permitiu compreender as lesões existentes, os seus agentes e as suas consequências. A Medicina centrou-se na doença e o diagnóstico ultrapassou o prognóstico. Ao mesmo tempo, em consequência também do desenvolvimento dessas ciências, a tecnologia começou a aumentar de forma explosiva, tornando a Medicina mais difícil de praticar fora do ambiente adequado, do hospital, que de depósito de doentes se transformou num centro de alta tecnologia.

Mas também os recursos para os tratamentos aumentaram muitíssimo e passaram a influenciar decisivamente a evolução e os resultados. O diagnóstico continuou a ser fundamental, mas o tratamento passou a ser o que mais interessa aos humanos. A Medicina centrou-se na doença, no seu diagnóstico e no seu tratamento, com preeminência da tecnologia. Porém, os pacientes não foram esquecidos, recorda Osler.

Mas muito do que é importante no sofrimento dos doentes, dos pacientes e dos ainda saudáveis, foi menorizado até que o progresso de outras ciências permitiu uma melhor atenção. Mesmo sem a solidez dos fundamentos da Física, o avanço do conhecimento da Antropologia, da Psicologia e da Etologia permitiu desenvolver a atenção às doenças sem lesão proeminente, que tinham ficado fora do hospital, e focar a atenção, primeiro, no paciente, depois, no próprio médico. Embora não sendo o centro da Medicina, a Medicina Geral e Familiar passou a desempenhar um papel crucial nos cuidados, na ajuda, no combate ao sofrimento em que a lesão não é proeminente e a tecnologia não é a parte mais importante. Aqui, primeiro, o doente passou a ser o centro, depois o conjunto médico-doente centrou a arte.

Assistimos agora a mais um avanço. Progressos da Matemática, da Informática e da Genómica permitem a personalização da Medicina. Os médicos podem agora prever necessidades de cuidados de cada um e adaptar os tratamentos e a prevenção à personalidade do outro. Outro que, ao longo da evolução da Medicina, tem sempre crescido em centralidade na arte médica. O seu sofrimento é e será sempre o centro da nossa atenção.

Este livro é a cristalização do impulso que temos desde os primórdios da nossa espécie para ajudar outros humanos. Concebido para ajudar os médicos de Medicina Geral e Familiar a ajudar os seus pacientes, é o resultado da colaboração de 20 experientes médicos dessa especialidade, irmanados na obediência ao impulso irreprimível de ajudar os seus colegas e, através deles, ajudar outros humanos. Outros sem os quais somos pouco mais que nada. Cada um deles terá a sua forma de entender a Medicina e seguramente alguns pensarão até que o que aqui escrevi não passa de pieguices irrelevantes. Mas mesmo esses deram aqui o seu melhor, cumprindo o seu impulso básico de socorrer e ajudar os outros.

Este livro é um ato de amor. Desfrutai-o.

Alexandre Sousa Pinto,
18 de setembro de 2020

PRÓLOGO
MEDICINA GERAL E FAMILIAR

Paulo Santos, Luiz Santiago, Alberto Hespanhol

A D. Maria, deixem-me chamar-lhe assim, é uma senhora de 54 anos que deu entrada num Serviço de Urgência hospitalar numa tarde igual a tantas outras, não fosse o facto de, lá fora, estar um frio de rachar a alma. Vinha na ambulância. «Tive de a chamar, claro, que já estava desde manhã na cama e não me conseguia mexer.» O médico pergunta-lhe o que tem, e ela responde que estava a preparar-se para sair de casa de manhã e sentiu uma dor muito forte nas costas que ia pela perna abaixo até ao joelho e que a não deixava mexer, não conseguia andar.

Deitada na maca onde a depositaram à entrada, deixa-se manipular em palpações e apertões, auscultações e tensões, das quais, resulta a decisão: «Vai fazer uma radiografia.»

O Rx mostrava ligeira uncodiscartrose com reação osteofitária na coluna lombar — L3-L4 e L4-L5, sem interferência com os buracos de conjugação. O Laségue positivo e uma clínica sugestiva levaram esta doente a realizar uma TAC, que confirmava as alterações degenerativas e evidenciava a existência de uma protusão discal mediana L3-L4, sem compressão radicular.

O diagnóstico final foi então comunicado à doente: «A senhora não tem nada. É só uma artrose na coluna com osteófitos, o que lhe provoca a contratura e as dores. Deve fazer repouso nos próximos dias, leva aqui estes comprimidos para tomar e um creme para massajar. Depois vai ao seu médico para a enviar para fisioterapia.»

Alta medicada. «Pode sair.»

Fomos ensinados a consultar a D. Maria (Hart, 1985). Numa perspetiva centrada na doença, há sempre um motivo de consulta ou de internamento que orienta a história clínica. O bom médico conduz a entrevista clínica através de uma colheita semiológica cuidada e de um exame objetivo meticuloso, para chegar a uma lista de diagnósticos diferenciais onde não deixará, por certo, de constar o diagnóstico definitivo, depois de um complicado jogo de exames auxiliares. O processo diagnóstico é uma espécie de investigação transversal, e o segredo está nos pormenores, como se situados nas letras pequeninas de uma nota de rodapé do livro de referência. Também temos protocolos terapêuticos estabelecidos na melhor evidência dos ensaios clínicos, e modelos preditivos que estabelecem o prognóstico para cada opção.

Uma lombalgia aguda no contexto de alterações degenerativas mínimas e contratura muscular associada é doença ligeira. Seja por ação do tratamento, seja por evolução da história natural, o mais provável é a dor desaparecer: problema resolvido.

Mas a doente não melhorou.

Quando a D. Maria saiu do hospital, era já noite cerrada. O marido e os filhos perguntaram-lhe o que era. Ela respondeu que tinha reumatismo na coluna. Cuidadosamente, foi acomodada no carro.

No dia seguinte continuava doente. O marido dirigiu-se ao centro de saúde local para pedir uma vaga porque a mulher precisava de baixa e tinha que fazer fisioterapia urgentemente. Transportava a informação clínica do hospital para mostrar ao médico. «Até lhe fizeram uma TAC à coluna.»

A D. Maria era uma mulher ativa, chefe de escritório numa empresa de dimensão razoável, e pouco frequentadora do centro de saúde. A última consulta tinha ocorrido já há uns meses, por rotina, para cumprimento do plano de vigilância oncológica, sem antecedentes de relevo e atualmente sem qualquer medicação crónica. Na sua vida de relação estava casada com o Sr. João, de 55 anos, engenheiro numa empresa multinacional, sem problemas de saúde relevantes, e inserida numa família nuclear com dois filhos adolescentes, saudáveis. O pai tinha falecido há cerca de um ano com uma neoplasia do cólon, a mãe vivia num concelho distante, sendo aparentemente saudável. Na família não havia mais casos de doença crónica registados.

A carta foi entregue em mão com o formalismo de quem confia a sua vida. Expectante, o marido aguardava notícias enquanto pincelava os pormenores que podiam ter escapado na confusão do serviço de urgência: «ela não anda», «hoje de manhã não saiu da cama», «tive de a ajudar a ir à casa de banho durante a noite», «Sr. Dr., a minha mulher para estar de baixa deve estar muito doente!». Ouvindo o marido, enquanto lia o relatório da alta hospitalar, o médico passou a baixa e propôs-se a fazer uma consulta no domicílio da doente no final da manhã.

Ao invés de uma atitude centrada na doença, o especialista em Medicina Geral e Familiar (MGF) procura enquadrar a pessoa nos seus processos de saúde e de doença, permitindo o estabelecimento de uma relação íntima de confiança, capaz de potenciar a promoção da saúde, a prevenção da doença e a prestação de cuidados de acompanhamento, curativos ou paliativos a quem deles necessita (Allen *et al.*, 2005). O exercício médico em MGF é personalizado, acessível, abrangente e continuado no tempo. Integra as dimensões física, psicológica, social e espiritual do indivíduo, no seu contexto familiar, comunitário e cultural. Responsabiliza-se pela gestão do percurso da pessoa nos contactos com os serviços de saúde, em equipa, e recorrendo a outros profissionais médicos e não médicos, quando justificado.

Ao final da manhã, o médico chegou a casa da D. Maria. Ainda não tinha baixado o dedo da campainha já o marido surgia à porta a convidá-lo para entrar.

Na sua génese, clínica vem da palavra grega *klinike tekhne*, «prática à beira do leito», e de *klinikos*, «leito, cama, aquilo sobre o qual se deita», através da derivada latina *clinicus*, que significa aquele que se inclina sobre o leito para observar o doente ou paciente.

São vários os motivos que levam o médico a uma visita domiciliária como os doentes temporária ou permanentemente impossibilitados de sair de casa: por pedido do doente, de um membro da família/cuidador ou por sugestão da equipa de saúde; pela necessidade de rever cuidados ou a decisão clínica com o doente e o cuidador; pela necessidade de avaliar o ambiente em casa e a funcionalidade do doente e cuidador; e para verificar incapacidades e elegibilidade para serviços de saúde em casa (Unwin & Jerant, 1999; Unwin & Tatum, 2011). A realidade, porém, é que existem também demasiados constrangimentos, que impedem esta prática (Herritt, 2012), nas prioridades dos sistemas de saúde, na gestão da agenda médica, na falta de incentivos, e na alteração da dinâmica da consulta e da sua tecnologização.

Mas continua a ser verdade que em nenhum outro lugar como na casa do doente a definição etimológica de clínica assume tanto significado: o médico inclina-se sobre o leito da pessoa para a observar, e ao seu contexto.

A casa desta doente era uma confortável moradia de quatro frentes, dois pisos com quatro quartos, sala comum, aquecimento central, água canalizada e saneamento com ligação à rede pública. O jardim de relva aparada com uma palmeira central rodeava a habitação.

No quarto, deitada na cama, estava entao a doente: «Como está, D. Maria?»

Esboçando o tentar levantar-se da cama e com uma máscara facial de dor, a paciente lá contou o episódio do dia anterior. «Fui muito bem tratada, Sr. Dr., até me fizeram uma TAC à coluna, e disseram-me que eu sofria de reumatismo com osteófitos... Sr. Dr., o que é que são osteófitos?» E continuou a lamentar-se pela sua pouca sorte: «tão nova e já com este reumatismo tão avançado, o que é que vai ser de mim? Eu tenho que ir trabalhar que a empresa não pode ficar sem mim, tenho tanta coisa para resolver e estou sozinha! Ó Sr. Dr., tem que me dar um remédio que me tire as dores que o que me receitaram lá no hospital não faz nada!»

O seu olhar implorava a cura.

A comunicação clínica contém elementos verbais e não verbais, enxertados numa dimensão de empatia enquanto capacidade de entender e partilhar os sentimentos do outro (Vogel, Meyer e Harendza, 2018). Num trabalho já antigo, Mehrabian e Ferris (1967) atribuíram 55% do impacto total da comunicação aos fatores faciais, 38% aos aspetos vocais e apenas 7% à comunicação verbal (Mehrabian & Ferris, 1967), o que obriga a perceber os sinais que advém da mímica, da gesticulação, da entoação vocal, e enquadrá-los com a mesma relevância que fazemos com as manobras articulares ou a febre.

Postos perante a frieza da história clínica tradicional, trata-se de uma mulher de 54 anos, caucasiana, chefe de escritório, antecedentes pessoais irrelevantes, com lombalgia de início súbito irradiada ao membro inferior, uma evolução de cerca de 24 horas, com exame radiográfico compatível com alterações degenerativas do esqueleto axial, portanto, osteoartrose da coluna lombar, e com fraca resposta ao tratamento anti-inflamatório instituído.

Mas estamos conscientes desde Hipócrates que a Medicina é a mais nobre das artes, ainda que muitas vezes mal compreendida por quem a pratica e por quem a julga, poeticamente divinizada por Voltaire pela capacidade de juntar a competência e a humanidade. É esta humanidade que interessa trabalhar e compreender: para humanizar, necessitamos de compreender a nossa própria humanidade e colocá-la ao serviço do outro, numa responsabilidade ética e deontológica a que nos comprometemos precocemente quando abraçamos a profissão médica.

«Sabe, D. Maria, as dores do corpo, nós conseguimos tirar, quando dói a alma é que é pior...»

A D. Maria chorou.

Quando conseguiu finalmente articular o discurso, foi recitando o rosário da sua vida com a doença e a morte do pai, a sua menopausa, a saída dos filhos de casa, o peso da responsabilidade de não poder errar na empresa, a falta de apoio do marido, o sentir-se sozinha, longe de tudo, ou de todos, o sentir-se cansada.

Numa perspetiva global, esta doente representa a complexidade do raciocínio onde o problema clínico se interliga com as perspetivas do doente e do médico, e integra os diversos contextos que se entrecruzam numa mesma pessoa, num mesmo momento (Yazdani, Hosseinzadeh e Hosseini, 2017).

A qualidade dos cuidados médicos depende da capacidade técnica do profissional e da forma como este gere a comunicação com o doente, envolvendo-o no diagnóstico e consequente decisão terapêutica (Campbell, Roland e Buetow, 2000). É a Medicina centrada no doente, em que o todo biopsicossocial de Engel (Engel, 1981) e a agenda oculta de Balint (Balint, 1968) assumem especial relevância, a par de características como a compreensão da individualidade do doente, a partilha do poder e da responsabilidade na saúde, a aliança terapêutica e o médico enquanto pessoa (Mead & Bower, 2000).

No dia anterior tivera uma pequena discussão com o patrão por um problema aparentemente sem grande importância. No dia seguinte teve uma lombalgia que a impossibilitou de ir até ao local de trabalho. Terá sido a causa ou a consequência?

Devolvemos a pergunta à doente quando a inquirimos sobre o significado dos círculos que assinalou na representação de Thrower e sobretudo na contraproposta de como gostaria de se rever se os pudesse alterar (Thrower, Bruce e Walton, 1982), chamando-a ao centro do diagnóstico e da decisão. A atitude de escuta ativa, acompanhando e orientando a doente no seu raciocínio para que consiga enquadrar o seu próprio diagnóstico, é, por si só, terapêutica. A dor é uma experiência subjetiva, mesmo quando existe uma causa física objetiva, e deriva da interação entre fatores genéticos, ambientais, psicológicos e cognitivos (Coghill, 2010). Para resolver o problema, somos chamados a integrar as diferentes dimensões, não desvalorizando a importância da intervenção farmacológica, quando necessária, mas situando-a num plano terapêutico global que inclui a totalidade da avaliação.

É esta forma de enquadrar a pessoa na sua realidade, em saúde ou quando apresenta uma doença, que caracteriza o exercício em Medicina Geral e Familiar, desde antes do nascimento, quando o casal começa a projetar poder vir a engravidar, até depois da morte, no apoio ao luto dos que veem partir os que lhes são queridos.

Contrariamente a uma prática orientada para a doença e mais centrada em aspetos técnicos, comum no ambiente hospitalar, em Medicina Geral e Familiar a abordagem preventiva e o aconselhamento têm uma importância superior (Bertakis, Robbins, Callahan, Helms e Azari, 1999; Paasche-Orlow & Roter, 2003). O médico procura entender o processo pelo qual o doente integra o seu episódio de saúde na estrutura social a que pertence, mediando o resultado (subjetivo) com a ciência médica atual (Heath, Evans e van Weel, 2000). Aqui, o diagnóstico anatomopatológico é completado por uma abordagem multidimensional que engloba a saúde, a doença e a perceção de doença, respeitando a pessoa como um todo, nos seus contextos de vida, individual e social. Mais do que um investigador distante calculando objetivamente o desvio da normalidade que justifica o aparecimento de sintomas, o médico é também parte ativa no processo de doença, e será na interação dos papéis e na relação que estabelecem que médico e doente definirão os problemas, as prioridades e os objetivos para o tratamento (Stewart *et al.*, 2013). O resultado será uma medicina definitivamente orientada para a pessoa capaz de lidar com a instabilidade que o processo de doença origina.

Esta perspetiva integradora traz a pessoa ao centro, com o seu sistema de valores, receios e expectativas (Santos *et al.*, 2015), e permite retomar o estado de saúde, não como uma ausência de doença, nem mesmo como um idílico, mas utópico, completo bem-estar físico, psicológico e social, mas na capacidade de se adaptar e orientar para manter a sua estabilidade em níveis aceitáveis de funcionalidade e qualidade de vida (Huber *et al.*, 2011).

REFERÊNCIAS

Allen, J., Gay, B., Crebolder, H., Heyrman, J., Svab, I. e Ram, P. (2005). *The European Definition of General Practice / Family Medicine*. Disponível em: http://www.woncaeurope.org/sites/default/files/documents/Definition%202nd%20ed%202005.pdf

Balint, M. (1968). *The doctor, His patient and the Illness* (2.ª ed.). Londres: Pitman Paperbacks.

Bertakis, K. D., Robbins, J. A., Callahan, E. J., Helms, L. J. e Azari, R. (1999). Physician practice style patterns with established patients: determinants and differences between family practice and general internal medicine residents. *Fam Med, 31*(3), 187-194. Disponível em: http://www.ncbi.nlm.nih.gov/entrez/query.fcgi?cmd=Retrieve&db=PubMed&dopt=Citation&list_uids=10086255

Campbell, S. M., Roland, M. O. e Buetow, S. A. (2000). Defining quality of care. *Soc Sci Med, 51*(11), 1611-1625. doi:S0277953600000575 [pii]

Coghill, R. C. (2010). Individual differences in the subjective experience of pain: new insights into mechanisms and models. *Headache, 50*(9), 1531-1535. doi:10.1111/j.1526-4610.2010.01763.x

Engel, G. L. (1981). The clinical application of the biopsychosocial model. *J Med Philos, 6*(2), 101-123. Disponível em http://www.ncbi.nlm.nih.gov/entrez/query.fcgi?cmd=Retrieve&db=PubMed&dopt=Citation&list_uids=7264472

HART, J. T. (1985). George Swift lecture. The world turned upside down: proposals for community-based undergraduate medical education. *J R Coll Gen Pract, 35*(271), 63-68. Disponível em https://www.ncbi.nlm.nih.gov/pubmed/3989769

HEATH, I., Evans, P. e VAN WEEL, C. (2000). The specialist of the discipline of general practice. Semantics and politics mustn't impede the progress of general practice. *BMJ, 320*(7231), 326-327. Disponível em http://www.ncbi.nlm.nih.gov/entrez/query.fcgi?cmd=Retrieve&db=PubMed&dopt=Citation&list_uids=10657306

HERRITT, B. J. (2012). The House Call: Past, Present and Future. *UTMJ, 89*(3), 175-177.

HUBER, M., KNOTTNERUS, J. A., GREEN, L., VAN DER HORST, H., JADAD, A. R., KROMHOUT, D. e SMID, H. (2011). How should we define health? *BMJ, 343*, d4163. doi:10.1136/bmj.d4163

MEAD, N. e BOWER, P. (2000). Patient-centredness: a conceptual framework and review of the empirical literature. *Soc Sci Med, 51*(7), 1087-1110. doi:S0277953600000988 [pii]

MEHRABIAN, A. e FERRIS, S. R. (1967). Inference of attitudes from nonverbal communication in two channels. *J Consult Psychol, 31*(3), 248-252. doi:10.1037/h0024648

PAASCHE-ORLOW, M. e ROTER, D. (2003). The communication patterns of internal medicine and family practice physicians. *J Am Board Fam Pract, 16*(6), 485-493. doi:16/6/485 [pii]

SANTOS, P., NAZARÉ, I., MARTINS, C., SÁ, L., COUTO, L. e HESPANHOL, A. (2015). The Portuguese Guidelines and Patients Values. *Acta Med Port, 28*(6), 754-759.

STEWART, M., BROWN, J. B., WESTON, W., MCWHINNEY, I. R., MCWILLIAM, C. L. e FREEMAN, T. (2013). *Patient-centered medicine: transforming the clinical method* (3.ª ed.): CRC press.

THROWER, S. M., BRUCE, W. E. e WALTON, R. F. (1982). The family circle method for integrating family systems concepts in family medicine. *J Fam Pract, 15*(3), 451-457. Disponível em https://www.ncbi.nlm.nih.gov/pubmed/7108459

UNWIN, B. K. e JERANT, A. F. (1999). The home visit. *Am Fam Physician, 60*(5), 1481-1488. Disponível em https://www.ncbi.nlm.nih.gov/pubmed/10524492

UNWIN, B. K. e TATUM, P. E., 3.ª ed. (2011). House calls. *Am Fam Physician, 83*(8), 925-938. Disponível em https://www.ncbi.nlm.nih.gov/pubmed/21524032

VOGEL, D., MEYER, M. e HARENDZA, S. (2018). Verbal and non-verbal communication skills including empathy during history taking of undergraduate medical students. *BMC Med Educ, 18*(1), 157. doi:10.1186/s12909-018-1260-9

YAZDANI, S., HOSSEINZADEH, M. e HOSSEINI, F. (2017). Models of clinical reasoning with a focus on general practice: A critical review. *J Adv Med Educ Prof, 5*(4), 177-184. Disponível em https://www.ncbi.nlm.nih.gov/pubmed/28979912

CAPÍTULO 1
O MÉDICO GENERALISTA

Armando Brito e Sá

As the age of specialisation reaches its culmination, therefore, we can begin to see the need for a new kind of generalist. The new generalist, however, must be different from the old General practitioner. Instead of being the undifferentiated bulk of the profession, defined chiefly by lack of special training and qualifications, he now has a well differentiated role and defined set of skills.

Ian McWhinney (McWhinney & Freeman, 2009)

GPs therefore remain generalists, whose real specialized skills are based on familiarity with a specific local population.

Julian Tudor-Hart (Hart, 1981)

Quem hoje consulta o médico de família não tem habitualmente ideia do caminho percorrido até aqui chegarmos.

Na verdade, o médico de família contemporâneo é o produto de uma série de tradições, oriundas de diferentes épocas e países, e que desembocaram na figura do profissional que hoje conhecemos. O *general practitioner* britânico, por exemplo, originou-se a partir de um ramo de farmacêuticos e cirurgiões rurais do século XIX; nos países flamengos, hoje Holanda e parte da Bélgica, e em partes da Alemanha atual, o médico de família da Renascença em diante era, e continua a ser, conhecido como «o médico da casa« (*huisarts, hausartz*) pelo facto definidor de realizar visitas domiciliárias. Entre nós é conhecida a figura mítica do «João Semana«, construída pelo médico e escritor Júlio Dinis; os escritos do também médico Fernando Namora, por exemplo, fornecem importantes apontamentos do que foi a prática médica na comunidade em tempos anteriores ao nosso.

Comum a esta multiplicidade de abordagens da prática médica está subjacente o conceito de generalismo. O médico generalista sempre existiu, mas com o desenvolvimento das múltiplas especialidades médicas no início do século XX foi perdendo prestígio, por se considerar que os seus conhecimentos eram inferiores aos dos especialistas nas diferentes áreas que, ao longo do século XX, se foram constituindo como especialidades independentes. No final da década de 60, John Fry cria inclusivamente o termo «especialóide», como descrição de profissionais médicos que, sem formação generalista, tentavam de algum modo emular o trabalho dos seus colegas especialistas hospitalares fora do contexto hospitalar (Fry, 1969). Em simultâneo, sobretudo a partir da década de 50, a importância e necessidade de um médico generalista para a adequada prestação de cuidados de saúde às populações é progressivamente reconhecida e advogada. Um papel relevante neste reconhecimento surge com a criação do National Health Service britânico em 1948, do qual a Clínica Geral é um dos pilares estruturantes.

A partir do momento em que se começa a construir o ensino da medicina generalista, esta vai recebendo diferentes nomes consoante os países e contextos. Ela é, antes de mais, definida pela organização do seu conteúdo, com implicação no modo de a ensinar. Na Europa, as referências de base são o Reino Unido, a partir da criação do National Health Service, e o denominado Grupo de Leeuwenhorst, que entre a década de 70 e a década de 80 do século XX (aqui já com a designação de Novo Grupo de Leeuwenhorst) publica um conjunto de declarações definidoras do conteúdo, da prática e do ensino da Clínica Geral europeia. (Bentzen *et al.*, 1974; Polak, 1982) No Reino Unido, entretanto, Dennis Pereira-Gray (Pereira-Gray, 1982) agrega os conteúdos e forma de atuação da Clínica Geral em seis capítulos, a saber:

- Cuidados primários
- Cuidados familiares
- Cuidados domiciliários
- Continuidade de cuidados
- Cuidados preventivos
- Cuidados pessoais (holísticos)

Nas últimas décadas, várias definições e modelos para a especialidade foram sendo propostos. A definição que tem apresentado a evolução mais consistente é a da WONCA — a Organização Mundial dos Médicos de Família.[1] Essa definição assenta em três pressupostos respeitantes ao médico generalista que hoje conhecemos como clínico geral ou médico de família:

- Estar capacitado para a prestação de cuidados médicos à população que serve.
- Deter competências de comunicação interpessoal adequadas ao estabelecimento de uma adequada relação médico-paciente.
- Deter competências de gestão da sua prática clínica.
- A última versão da definição da WONCA de medicina geral e familiar data de 2011 e está dividida em seis competências nucleares e doze

[1] WONCA é o acrónimo pelo qual é conhecida a Organização Mundial dos Médicos de Família — *World Organization of Family Doctors*. O acrónimo foi construído a partir das iniciais dos primeiros cinco termos da sua designação completa — **W**orld **O**rganization of **N**ational **C**olleges, **A**cademies and Academic Associations of General Practitioners/Family Physicians.

características centrais (Allen *et al.*, 2011). As competências centrais assim definidas são:

- Gestão de cuidados de saúde primários.
- Cuidados centrados na pessoa.
- Aptidões para a resolução de problemas específicos.
- Abordagem abrangente.
- Orientação comunitária.
- Modelação holística.

O médico de família, assim:

a) É normalmente o primeiro ponto de contato com o sistema de saúde, providenciando acesso aberto e ilimitado aos seus utilizadores, gerindo todos os problemas de saúde independentemente da idade, sexo ou outra característica da pessoa.
b) Utiliza os recursos de saúde de forma eficiente através da coordenação de cuidados, trabalhando com os outros profissionais de cuidados de saúde primários, e gerindo a interface com as restantes especialidades, atuando como advogado do paciente quando necessário.
c) Utiliza uma abordagem centrada na pessoa, orientada para o indivíduo, para a sua família e para a sua comunidade.
d) Promove o *empowerment* do paciente, que implica a existência de um conjunto de conhecimentos sobre saúde e a capacidade para os aplicar na sua vida.
e) Utiliza um processo de consulta próprio, estabelecendo uma relação ao longo do tempo através de uma comunicação efetiva entre médico e paciente.
f) É responsável pela prestação de cuidados longitudinais e continuados[2] determinados pelas necessidades do paciente.
g) Utiliza um processo decisão específico, determinado pela prevalência e incidência da doença na comunidade.

[2] Cuidados longitudinais: em Medicina Geral e Familiar os cuidados iniciam-se ainda antes da concepção do ser humano e pode considerar-se que terminam após a morte do paciente, nomeadamente quando apoiamos o luto dos seus familiares. Provavelmente nenhuma outra especialidade médica apresenta esta abrangência temporal. Já a continuidade de cuidados — o seguimento de um determinado paciente ao longo de muito tempo, eventualmente até ao final da sua vida — é praticada por múltiplas especialidades.

h) Gere simultaneamente problemas de saúde agudos e crónicos dos seus pacientes.
i) Gere doenças que se apresentam nas suas fases iniciais e indiferenciadas e que podem necessitar de intervenção urgente.
j) Promove a saúde e o bem-estar através de intervenções adequadas e eficientes.
k) Tem uma responsabilidade particular para com a saúde da comunidade.
l) lida com problemas de saúde nas suas dimensões física, psicológica, social, cultural e existencial.

Como se pode observar no Quadro 1.1, cada competência nuclear está diretamente relacionada com parte das características centrais definidas:

Quadro 1.1. Competências nucleares e características centrais da medicina geral e familiar

Competência nuclear	Características centrais
Gestão de cuidados de saúde primários	Coordenação de cuidados e advocacia
	Primeiro contacto, acesso aberto, todos os problemas de saúde
Cuidados centrados na pessoa	Longitudinalidade
	Promoção da capacitação do paciente
	Centrados no paciente e no seu contexto
	Relação médico-paciente
Aptidões para a resolução de problemas específicos	Decisão baseada na incidência e prevalência dos problemas
	Problemas em fases iniciais e indiferenciadas
Abordagem abrangente	Problemas agudos e crónicos
	Promoção da saúde e bem-estar
Orientação comunitária	Responsabilidade pela saúde da comunidade
Modelação holística	Dimensões física, psicológica, social, cultural e existencial

Ainda segundo a definição da WONCA, estas competências assentam em três características adicionais:

1. **Contexto** — O médico deve ter consciência do contexto em que atua, o que inclui as condições em que desenvolve a sua atividade, características e cultura da sua comunidade e do sistema de saúde em que se encontra inserido.
2. **Atitude** — Capacidade profissional, valores e posicionamento ético do médico.
3. **Ciência** — A prática profissional deve assentar numa abordagem científica crítica e assente na melhor evidência disponível, que se consegue através de desenvolvimento profissional contínuo e melhoria da qualidade da prática.

O conjunto de características do especialista em medicina geral e familiar descritos nas definições da WONCA foram elegantemente organizadas pelo Colégio Suíço de Cuidados Primários no que ficou conhecido como «a árvore da WONCA» (Figura 1.1).

Figura 1.1. Árvore da WONCA, tal como representada pelo Colégio Suíço de Cuidados Primários (tradução portuguesa de Santos et al, 2020).

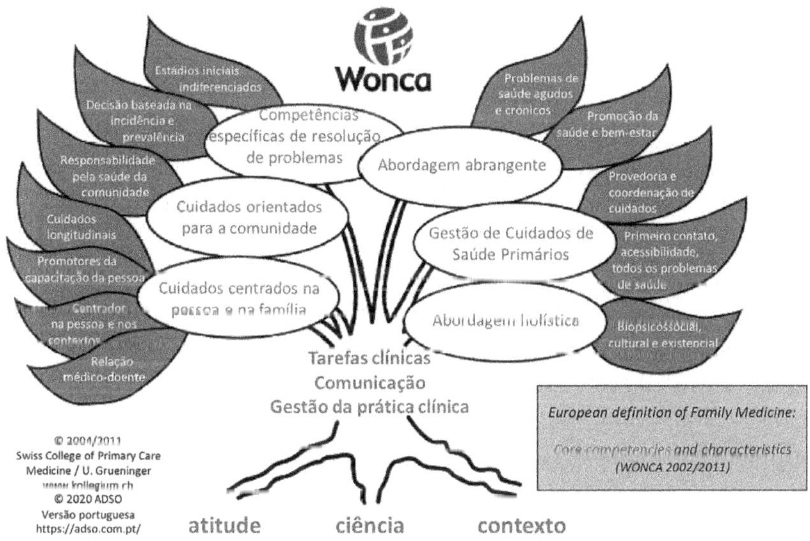

1. O Médico Generalista no Futuro

Em 2011, o Royal College of General Practitioners (RCGP) e a Health Foundation britânica constituíram um grupo de trabalho com a finalidade de rever o conceito de generalismo médico (Finlay *et al.*, 2011). Neste documento é explicitada aquela que será a mais recente definição de generalismo médico hoje à nossa disposição.

Definição de generalismo médico do RCGP

O generalismo médico é uma abordagem da prestação de cuidados de saúde que de forma rotineira aborda os problemas dos pacientes numa perspetiva ampla e holística.

Os seus princípios são necessários onde e quando as pessoas recebem cuidados e aconselhamento sobre a sua saúde e bem-estar, e todos os profissionais de saúde devem valorizar e utilizar esta abordagem quando adequado. A capacidade de prática generalista está dependente do treino e do uso rotineiro de aptidões que ajudam as pessoas a compreender e viver com as suas doenças e incapacidades, bem como a ajudá-las a obter o melhor das opções de cuidados de saúde disponíveis e adequadas às suas necessidades.

O generalismo médico implica:

a) Ver a pessoa como um todo e no contexto da sua família e ambiente social mais amplo.
b) Usar esta perspetiva como parte do método clínico e abordagem terapêutica de todos os contactos médicos.
c) Ser capaz de lidar com doenças indiferenciadas e com o mais amplo espectro de pacientes e doenças.
d) No contexto da Clínica Geral, assumir a continuidade da responsabilidade pelos cuidados à pessoa ao longo de muitos episódios de doença e ao longo do tempo.
e) Ainda no contexto da Clínica Geral, coordenar os cuidados à pessoa consoante as necessidades entre as organizações de saúde e com as organizações de assistência social.

Em 2012, e na sequência dos resultados apresentados pelo grupo de trabalho conjunto, o RCGP publicou um extenso documento de reflexão (Howe, 2012) em que, para além dos pontos acima, afirma que:

- Esta definição se mantém dependente do contexto, e que o âmbito da prática está dependente do enquadramento dessa mesma prática.
- O generalismo médico é válido em alguns pontos de todas as vias de cuidados de saúde.
- Os verdadeiros generalistas alargam a sua perspetiva não só ao paciente à sua frente mas ao grupo mais amplo de pacientes e à população em geral.
- A perspetiva generalista deve estar presente e informar a prática das equipas multiprofissionais nos cuidados de saúde e na assistência social.
- Apesar de a clínica geral [medicina geral e familiar] ser a mais generalista das especialidades médicas, outros médicos, dependendo do seu treino, âmbito de atuação e enquadramento da prática, podem atuar como generalistas no âmbito da sua especialidade, para benefício dos pacientes.

Resumindo, o médico de família é o paradigma do médico generalista: segue pessoas em todas as fases do ciclo de vida, desde a conceção até à morte, com todo o tipo de problemas de saúde, da promoção da saúde até às fases mais avançadas da doença, e conhece cada paciente individual no seu enquadramento total — físico, psicológico, familiar, social e existencial. É provavelmente o único médico que em nenhum momento pode considerar que algo referente ao paciente não lhe diz profissionalmente respeito. Neste sentido, é legítimo afirmar que o clínico geral/médico de família é um verdadeiro especialista em cada um dos pacientes individuais que segue durante a sua vida profissional (Figura 1.2).

Figura 1.2. «Eu sou o único especialista em si» — Adaptação de Luís Filipe Gomes ao póster norte-americano da Primeira Guerra Mundial, da autoria de James Montgomery Flagg em 1917.

REFERÊNCIAS

ALLEN, J., GAY, B., CREBOLDER, H., HEYRMAN, J., SVAB, I. e RAM, P. (2011). *The European Definition of General Practice / Family Medicine*. Disponível em: WHO Europe Office, Barcelona, Espanha. Disponível em: https://www.woncaeurope.org/sites/default/files/documents/Definition%203rd%20ed%202011%20with%20revised%20wonca%20tree.pdf

BENTZEN, N., BOELAERT, R. B., BORCHGREVINK, C. F., BYRNE, P. S., HAEUSSLER, S., HELLER, G., ...ES, J. C. v. (1974). *The general practitioner in Europe: A statement by the working party appointed by the European Conference on the Teaching of General Practice.* Disponível em https://euract.woncaeurope.org/sites/euractdev/files/documents/archive/publications/general-practitioner-europe-statement-working-party-appointed-2nd-european-conference-teaching.pdf:

FINLAY, I., SHEPHERD, S., CAYTON, H., Dixon, A., FREEMAN, G., HASLAM, D., ...HOWE, A. (2011). *Guiding patients through complexity: Modern medical generalism*. Londres, Reino Unido.

FRY, J. (1969). *Medicine in three societies: a comparison of medical care in the USSR, USA and UK.* Beckenham, Reino Unido: Springer Science & Business Media.

HART, J. T. (1981). A new kind of doctor. *J R Soc Med, 74*(12), 871-883. Disponível em https://www.ncbi.nlm.nih.gov/pubmed/7033531

HOWE, A. (2012). *Medical generalism: Why expertise in whole person medicine matters*Londres, Reino Unido: Royal College of General Practitioners.

MCWHINNEY, I. R. e FREEMAN, T. (2009). *Textbook of family medicine* (3.ª ed.). Oxford; Nova Iorque: Oxford University Press.

PEREIRA-GRAY, D. (1982). *Training for General Practice*. Plymouth. Inglaterra: Plymouth, MacDonald & Evans.

POLAK, B. S. (1982). *History of the Leeuwenhorst Group*. Paper apresentado na III European Conference on Teaching in General Practice, Antuérpia, Bélgica.

CAPÍTULO 2
EVOLUÇÃO E DESENVOLVIMENTO DA ESPECIALIDADE: UMA HISTÓRIA DA MEDICINA GERAL E FAMILIAR PORTUGUESA

André Biscaia, Leonor Rocha, Rita Medeiros

Não consigo resumir o passado num parágrafo. Tem demasiados acontecimentos, pessoas e marcos e nenhum parece ter relevância isolado. Também não tem um limite, um começo. Tem muitos começos. E quanto mais procuro, mais atrás encontro o que parece ser o princípio. Porque sempre alguém escreveu, antes, sobre o cuidar, sobre a compaixão, sobre a singularidade e sobre a complexidade de cada pessoa no seu contexto temporal e social, e sobre a importância que isso tem nos modos de adoecer e curar.

Ricardina Barroso, 2020

Anaïs Nin escreveu: «não vemos as coisas como elas são, mas como nós somos». Cada um tem a sua interpretação, encontra os seus começos e constrói as suas narrativas. Neste capítulo, deixamos factos e mapas para que cada um possa construir a sua história da Medicina Geral e Familiar.

1. A Medicina Geral e Familiar na vida dos Portugueses

> *Em Portugal, a Medicina Geral e Familiar foi conceptualizada no final do século XX como uma medicina da pessoa, da família e da comunidade, embora centrada no primado da pessoa.* (Victor Ramos, 2004)

A Medicina Geral e Familiar e os médicos de família fazem hoje parte do quotidiano dos portugueses e têm a sua parcela de responsabilidade na melhoria do estado de saúde da população portuguesa. O Inquérito Nacional de Saúde de 2014 é inequívoco, evidenciando a mudança conseguida e revelando que apenas 0,72% dos portugueses com 15 ou mais anos nunca foi a uma consulta com um médico de família, e 75,06% tinham ido a uma consulta nos 12 meses anteriores (Instituto Nacional de Estatística, 2016). A OCDE, no seu perfil de saúde de Portugal de 2017, afirma que o país tem uma das mais baixas taxas de hospitalização evitável (aquelas que derivam de condições que podem ser tratadas nos cuidados de saúde primários) da União Europeia, «o que deixa perceber que estas doenças estão a ser geridas com eficácia ao nível dos cuidados de saúde primários e que estes são de boa qualidade» (OECD/European Observatory on Health Systems and Policies, 2017). Num editorial de 2017, a Revista *Lancet* comentou um estudo em que se identificavam apenas 5 países onde a esperança de vida observada foi maior do que a esperada em 5 ou mais anos. Portugal era um deles, e o editorial reforçava o exemplo e a necessidade de estudar as políticas de saúde destes países. (*The Lancet*, 2017)

A história das políticas dos cuidados de saúde primários (CSP) em Portugal confunde-se com a história da Medicina Geral e Familiar (MGF). É uma história que se pode começar a contar a partir de 1971, ano em que foram dados os passos decisivos para a construção de CSP modernos (Quadro 2.1). Já antes tinham acontecido várias reformas, com publicação de estudos e artigos, representando saltos qualitativos importantes, mas insuficientes para mudar o estado dos cuidados de saúde. A partir de 1971, a situação altera-se e Portugal coloca-se numa situação vanguardista no que se refere aos CSP, inspirando-se, muito provavelmente, no chamado «Movimento dos Centros de Saúde» e antecipando o espírito e as orientações da Declaração de Alma-Ata em quase uma década (Biscaia *et al.*, 2008; Ferrinho, Conceição, Biscaia, Fronteira e Antunes, 2006). Em 1971, a Saúde é reconhecida como um direito e a Saúde Pública assume uma grande preponderância. Instituem-se os cuidados de saúde primários públicos com um planeamento central e execução descentralizada e são implementados os centros de saúde de primeira geração, muito direcionados à promoção da saúde, em especial aos cuidados de saúde materno-infantis. Esta reforma de 1971 enfrentou uma oposição feroz e só conseguiu uma implementação parcial. Apenas a partir de 1974 foi possível reforçar o que de melhor tinha e preparar a verdadeira mudança de paradigma que se iria efetivar na reforma de 1983, quando, de facto, se desenvolveu e sedimentou a reorientação do sistema de saúde português para os CSP. Com a Revolução de 25 de Abril de 1974, o passo acelerou-se e iniciou-se uma remodelação completa do sistema com o objetivo de dar expressão ao direito, agora constitucional, de cuidados de saúde para todos, apostando-se em cuidados de saúde públicos implementados através de um Serviço Nacional de Saúde (SNS) financiado por via dos impostos. Na mesma sequência, em 1983 começa a reforma que conseguiu alcançar os objetivos de integrar a promoção da saúde e a prevenção da doença com os serviços curativos, e de aumentar a acessibilidade, garantindo uma cobertura nacional pelos CSP, que se estenderam a todo o País e a toda a população. A APMCG — Associação Portuguesa dos Médicos de Clínica Geral (mais tarde APMGF — Associação Portuguesa de Medicina Geral e Familiar) foi, nesta altura e nas décadas seguintes, a grande responsável pela teorização e implementação no terreno da MGF. O Livro Azul da

APMCG, «Um Futuro para a Medicina de Família em Portugal», continha toda uma utopia sobre o que deveria ser a evolução da MGF, e norteou o que se viria a concretizar nas décadas seguintes (Direção Nacional da Associação Portuguesa dos Médicos de Clínica Geral, 1990). Só que, depois de um período inicial em que se conseguiu concretizar muito do que se tinha preconizado, as prioridades alteraram-se e os CSP foram perdendo protagonismo, apoio político, financiamento e fôlego (Biscaia, 2013).

Em 1995, um novo movimento de reforma tenta reagir e propõe mudanças radicais para reorientar o sistema para os CSP, em linha com o que se passava e pensava em outros locais do mundo (Starfield, 1994). Planeia, legisla e tenta concretizar, mas não encontra a estabilidade política necessária para uma implementação efetiva das mudanças. Encontra, sim, novamente, uma oposição encarniçada do «status quo», que é bem-sucedido em travar o processo. Tinha como grande objetivo a melhoria da gestão pública dos CSP, tornando-a mais orientada para objetivos (surge nesta altura a primeira estratégia de saúde) e aumentando a autonomia e responsabilização das unidades e profissionais no terreno através de processos de contratualização (ainda muito incipientes nesta altura) (Biscaia *et al.*, 2008; Ferrinho *et al.*, 2006). Subsistiram, no entanto, teoria, ensaios inovadores na organização dos cuidados e experiência para futuras estratégias de implementação de reformas. Para a história ficou o denominado «Sistema Remuneratório Experimental para os Médicos de Família», que foi a base das atuais Unidades de Saúde Familiar (USF), e experiências como os Projeto Alfa em Lisboa e a experiência de autonomia de gestão e de financiamento do Centro de Saúde S. João, «Tubo de Ensaio», no Porto (Hespanhol & Pinto, 2005).

O hiato 2002–2004 não se pode classificar como uma reforma, já que nenhuma mudança de fundo ocorreu nos CSP, e não são claros os objetivos do Ministério da Saúde para além de uma tentativa de privatização dos CSP através de parcerias público-privadas, que teve como reação uma das maiores greves de médicos de família de sempre.

A reforma de 2005 retoma o caminho anterior e vem dar uma outra oportunidade aos CSP. É uma reforma que, em continuidade e em coerência com o passado e a cultura dos profissionais de saúde e da sociedade portuguesa, vai mais além, aprofundando conceitos e práticas, propondo uns renovados CSP para Portugal, mais efetivos, mais próximos do cidadão, com maior capacidade de responder às necessidades. Os resultados mais salientes desta reforma foram as USF (Unidades de Saúde Familiar) e os ACeS (Agrupamentos de Centros de Saúde). Um ator fundamental na implementação e evolução de toda esta reforma foi a Associação Nacional de Unidades de Saúde Familiar (USF-AN), criada em 2008 como uma das primeiras associações multiprofissionais da Saúde em Portugal. O sucesso da reforma de 2005 esteve muito dependente do apoio e investimento iniciais, mas conheceu um grande desinvestimento posterior, e passou a sua pior fase nos anos da crise social e financeira que culminou na intervenção de 2011 do Fundo Monetário Internacional (FMI), do Banco Central Europeu e da União Europeia (Troika) em Portugal (Biscaia & Heleno, 2017).

Passados 10 anos sobre o início da reforma 2005, e com as USF e os ACeS solidamente implementados no terreno, mas sofrendo de um crónico desinvestimento político e de recursos, emergiu a necessidade de relançar a reforma, para modernizar os cuidados, aperfeiçoar os processos de contratualização, tornando-os «inteligentes», e aumentar a transparência do sistema e a literacia em Saúde da população através de sistemas de informação ao serviço de todos.

Em 2019, talvez se tenha assistido a mais um capítulo importante com o início do projeto «Reinventar os ACeS — Autonomia em Proximidade», na Administração Regional de Saúde do Norte, que vai experimentar um modelo de autonomia de gestão e de serviços partilhados em dois ACeS, tentando finalmente implementar o nível de autonomia nos ACeS que estava previsto no início da reforma de 2005 (Administração Regional de Saúde do Norte IP, 2019). Só a evolução dos próximos anos dirá se foi mais um passo em frente.

A linha temporal apresentada na Figura 2.1 conjuga acontecimentos essenciais da história da MGF e dos CSP com a influência dos vários períodos políticos e com factos nacionais e mundiais relevantes , mostrando, ainda, como evoluíram alguns parâmetros importantes para a Saúde em Portugal. Esta combinação permite contar uma história da MGF em Portugal e entrever uma visão global da evolução da especialidade. A figura foi desenvolvida a partir de um trabalho com base nos dados da OCDE, INE, Pordata e Site Gapminder, apresentado no Fórum Europeu dos Cuidados de Saúde Primários em 2019 (Biscaia, Cardeira, *et al.*, 2019).

Quadro 2.1. Reformas nos Cuidados de Saúde Primários em Portugal de 1971 a 2020 (Biscaia, 2013).

	1971-1973 CS de 1.ª Geração	1974-1982 Construção do SNS	1983-1994 CS de 2.ª Geração	1995-2001 Modelos organizativos experimentais dos CSP	2002-2004 Parcerias público- -privadas nos CSP	2005-2015 Reorganização dos CSP USF / ACeS	2016-... Relança- mento da Reforma dos CSP
OBJETIVOS DA REFORMA	Implementar CSP públicos Integrar as «atividades de saúde e assistência« Planeamento central e execução descentralizada (É reconhecido o direito à Saúde para todos os portugueses)	Remodelar o sistema, apostando em cuidados de saúde públicos Promover a Equidade (Cuidados de saúde para todos como direito constitucional)	Melhorar acesso aos cuidados de saúde Integrar os CSP (promoção da saúde, prevenção da doença e serviços curativos)	Melhorar a gestão pública dos CSP Gestão orientada para objetivos (primeira estratégia de saúde) Aumento da autonomia e responsabilização (agências de contratualização) Sistemas Locais de Saúde Sistema Remuneratório Experimental para os Médicos de Família	Serviços públicos e privados como parte de uma única «rede de serviços de saúde», financiada pelo Estado (Nunca implementado)	Reforço da orientação do sistema para os CSP Reconfiguração dos CS Aumento da responsabilização – contratualização Modernização dos serviços de Saúde Melhorar o acesso, a continuidade e eficiência dos cuidados Aumentar a satisfação de profissionais e utilizadores	Promoção da literacia, da transparência e da comunicação Otimização da Governação Clínica e de Saúde e da capacidade resolutiva dos CSP Contratualização Inteligente Valorização dos recursos humanos Colocar os sistemas de informação ao serviço de todos

CS: Centro de Saúde; SNS: Serviço Nacional de Saúde; CSP: Cuidados de Saúde Primários; USF: Unidades de Saúde Familiar; ACeS: Agrupamentos de Centros de Saúde

Figura 2.1. Linha temporal 1899–2020 — marcos importantes em torno da evolução da Medicina Geral e Família.

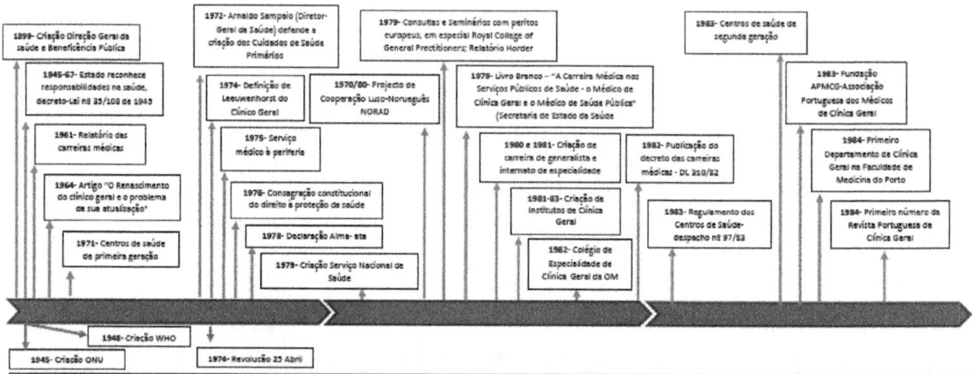

	Ditadura	1976-78- Partido Socialista	1978- Partido Social Democrático	1979- Partido Socialista	1980-83- Aliança democrática Centro-direita	1983-85- Partido Socialista
Esperança de vida ao nascimento	1974- 68,6	1976- 72,6	1978- 70,5	1979-71	1983- 69,3	1985- 72,9
Mortalidade Infantil ‰	1974- 37,9	1976- 33,4	1978- 29,1	1979- 26	1983- 19,2	1985-17,8
População 65 ou mais anos (%)	1974-9,78	1976- 10,54	1978- 10,84	1979- 11,05	1983- 11,65	1985-11,86
% População coberta por sistema de saúde	1970- 60					
Médicos com especialidade MGF em Portugal						
Médicos nos centros de saúde	1974- 9008	1976- 9661	1978- 10218	1979- 9943	1983- 9612	1985- 8414
Consultas centros de saúde p/ 1000 hab	1970- 1744				1983- 2428	
Consultas urgência hospitais p/ 1000 hab	1970-105					1985- 417
% PIB para a Saúde	1974- 3,7	1976- 4,6	1978- 4,2	1979- 4,1	1983- 4,8	1985- 5,4
Despesa em Saúde percapita a preços constantes-$	1974- 111	1976- 158	1978- 180	1979-191	1983- 309	1985- 371

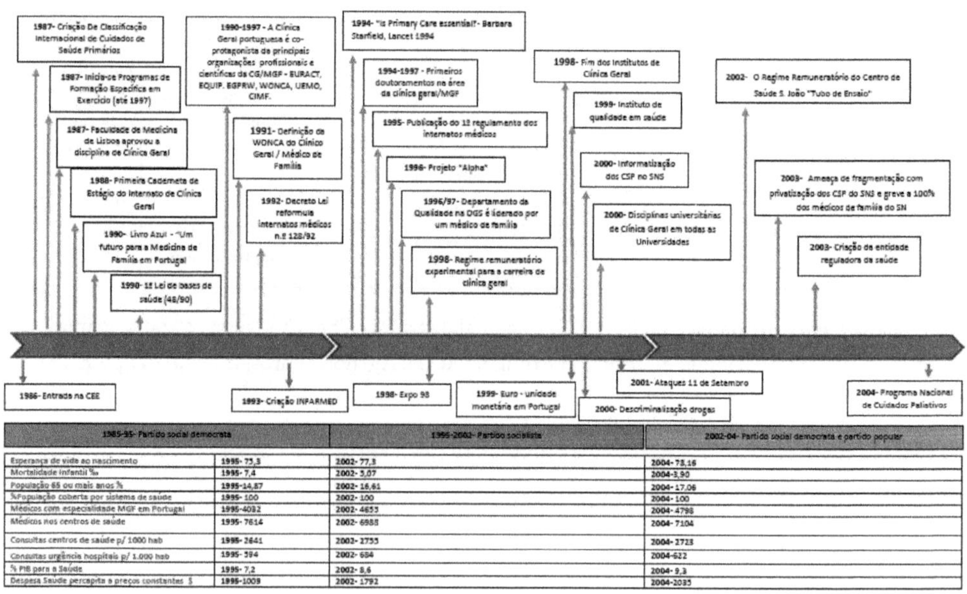

	1985-95- Partido social democrata	1995-2002- Partido socialista	2002-04- Partido social democrata e partido popular
Esperança de vida ao nascimento	1995- 75,3	2002- 77,3	2004- 78,16
Mortalidade infantil ‰	1995- 7,4	2002- 5,07	2004-3,90
População 65 ou mais anos %	1995-14,87	2002- 16,61	2004- 17,06
%População coberta por sistema de saúde	1995- 100	2002- 100	2004- 100
Médicos com especialidade MGF em Portugal	1995-4032	2002- 4655	2004- 4798
Médicos nos centros de saúde	1995- 7614	2002- 6988	2004- 7104
Consultas centros de saúde p/ 1000 hab	1995- 2641	2002- 2755	2004- 2723
Consultas urgência hospitais p/ 1.000 hab	1995- 594	2002- 684	2004-622
% PIB para a Saúde	1995- 7,2	2002- 8,6	2004- 9,3
Despesa Saúde percapita a preços constantes $	1995-1009	2002- 1792	2004-2035

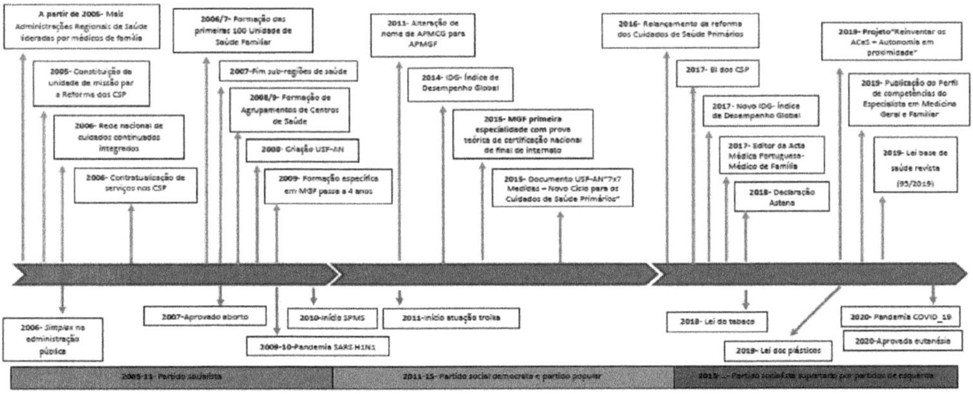

Esperança de vida ao nascimento	2005- 77,8	2015- 80,6	2017-80,8
Mortalidade Infantil ‰	2005- 3,5	2015- 2,9	2017- 2,7
População 65 ou mais anos %	2005- 17,10	2015- 20,30	2017-21,31
População coberta por sistema de saúde%	2005- 100	2015- 100	2017- 100
Médicos com especialidade MGF em Portugal	2005- 4822	2015- 6372	2017- 6848
Médicos nos centros de saúde	2005- 7104	2014- 7190	2017- 8363 (estimativa)
Consultas centros de saúde p/ 1000 hab	2005- 2826		
Consultas urgência hospitais p/ 1.000 hab	2005- 681	2015- 591,4	2017- 620,4
% PIB para a Saúde	2005- 9,4	2015- 9	2017- 9
Despesa em Saúde percapita a preços constantes $	2005- 2135	2016- 2340	2017- 2739

2. A criação das especialidades

A especialização médica teve início na década de 1830, nas grandes cidades. Esta emergência foi particularmente notória em Paris, como resultado da unificação de cirurgia e medicina, do surgimento de um novo tipo de comunidade de investigação médica na capital e da disseminação de uma nova racionalidade administrativa no sistema hospitalar municipal. Este modelo foi depois impulsionado na Alemanha, onde se introduziu a certificação dos especialistas. Mas a adesão não foi uniforme. Nos Estados Unidos, a American Medical Association manifestava alguma antipatia pela especialização, por receio da descentralização do seu poder. Já a medicina britânica mostrou-se resistente à introdução das especialidades e procurou manter a unidade na medicina durante algum tempo (Weisz, 2006) . Ainda assim, o processo foi ganhando terreno e na primeira metade do século xx assistiu-se a um declínio da medicina geral em direção à especialização, com o surgimento do que Ian McWhinney chamou de «grandes especialidades» — medicina interna, cirurgia, pediatria, obstetrícia e psiquiatria —, nas quais o ingresso era feito através de formação pós-graduada, sendo os clínicos gerais definidos por não receberem formação adicional. Acreditava-se que qualquer graduado em medicina pudesse exercer clínica geral, e que esta não seria uma disciplina por si só. Entretanto, os avanços científicos e tecnológicos, motivados por duas guerras mundiais, também incentivaram a especialização médica, de tal forma que, em meados do século XX, a proporção entre o número de especialistas e o número de clínicos gerais era de 8 para 2. Isto acabou por deixar transparecer efeitos colaterais inevitáveis — praticava-se uma abordagem fragmentada do doente, que implicava a despersonalização dos cuidados de saúde e o aumento do seu custo (Vicente, 2017).

3. A necessidade de um generalista especializado

> *A MGF atua na linha da frente, na interface do sistema com a comunidade, que é a zona de maior diversidade, complexidade e incerteza dos fenómenos de saúde-doença. Por isso requer uma formação e treino extremamente cuidados e exigentes. Foi por essa razão que se definiu como especialidade em Portugal.*
> (Victor Ramos, 2004)

Em 1950, a comunidade médica internacional iniciou um percurso importante para o reconhecimento da clínica geral como disciplina com o seu próprio corpo de conhecimentos:

- Em 1952 foi fundado o Royal College of General Practitioners — um corpo académico britânico que suportava as boas práticas, a educação e a investigação nesta área;
- Em 1966 foram feitas as primeiras propostas para a criação da especialidade de Medicina Familiar nos Estados Unidos e Canadá, onde acabou por ser reconhecida em 1969; em Portugal, por esta altura, a clínica geral também começava a reaparecer — a publicação do artigo «O Renascimento do Clínico Geral e o Problema da sua Atualização» em 1964 por Marques da Gama era uma prova disso.
- A década de 70 do século XX começou com a criação da primeira cátedra de clínica geral no Reino Unido; seguiu-se a fundação da Organização Mundial das Associações de Clínica Geral e Médicos de Família (WONCA) em 1972, e em 1974 o grupo de trabalho de Leeuwenhorst (criado por John Horder e Niels Bentzen, na sequência da segunda Conferência Europeia sobre o ensino da Clínica Geral) propunha a primeira definição de Medicina Familiar e a descrição daquilo que era o trabalho e funções do Clínico Geral (Polak, 1982); já no final desta década, em 1978, surgiu

a Declaração de Alma-Ata [World Health Organization (WHO) e United Nations Children's Fund (UNICEF), 1978].
- Em 1985, vários países europeus tornaram obrigatória a formação pós-graduada específica para o exercício da Clínica Geral (Ramos, 1987).

Em Portugal, após a criação em 1979 do Serviço Nacional de Saúde, foi criada a carreira de Generalista, em 1980, dedicada ao «exercício das funções de Clínica Geral», refletindo também cá a tendência internacional. Em 1981 foi criado o Internato de Generalista, posteriormente designado Internato Complementar de Clínica Geral [mais tarde Internato Médico de Medicina Geral e Familiar e, desde 2018, formação especializada em Medicina Geral e Familiar (Decreto-Lei n.º 13/2018, 2018; Portaria n.º 444-A/80, 1980). Simultaneamente era criado o Conselho Coordenador do Internato de Generalista, constituído por três coordenadores, um por cada zona do país (Norte, Centro e Sul). Ainda em 1981 foram criados os Institutos de Clínica Geral, que articulavam com as Coordenações, suportando logística e financeiramente as atividades formativas desenvolvidas. Em 1982 foi promulgado o Decreto-Lei n.º 310/82, que dava enquadramento legal à carreira de Clínica Geral. Também nesse ano foi criado o Colégio da Especialidade da Ordem dos Médicos e, no ano seguinte, surgia a Associação Portuguesa dos Médicos de Clínica Geral (Jordão, 2003).

Em 1982 ingressaram diretamente na carreira de Clínica Geral milhares de médicos sem formação específica prévia. Paralelamente, de 1981 a 1987, ingressaram no Internato Complementar de Clínica Geral 230 internos. Nesta altura, a formação centrava-se no hospital e os orientadores de formação eram médicos de outras especialidades. A partir daí, os primeiros generalistas possibilitaram que o programa de internato, além de estágios hospitalares, integrasse um estágio em Cuidados de Saúde Primários. Foram eles os primeiros orientadores dos médicos que ingressaram diretamente na carreira de Clínica Geral para cumprir os Programas de Formação Específica em Exercício. Em 1987, o Internato Complementar de Clínica Geral passou a ser a única forma de acesso à carreira de Clínica Geral que, em 1990, pelo Decreto-Lei n.º 73/90, passou a ser oficialmente designada de especialidade de Medicina Geral e Familiar. Foi durante a década de 1990 que surgiram os primeiros doutoramentos em Clínica Geral e Medicina Geral e Familiar (Jordão, 2003). Recorde-se o Professor José Guilherme Jordão, doutorado em 1993 pela Faculdade de Medicina da Lisboa com a tese «A Medicina Geral e Familiar — caracterização da prática e sua influência no ensino pré-graduado». Em 1995, com a publicação do Regulamento dos Internatos (Portaria 695/95 de 30/06/95), surgia a figura do Diretor de Internato, a implementar ao nível de cada administração regional de saúde, quando o número de internos ou condições o justificassem. Em 1998 assistiu-se ao fim dos Institutos de Clínica Geral, facto visto por muitos como um rude golpe para a formação e investigação em MGF. Criaram-se os Institutos da Qualidade em Saúde e sublinhou-se a responsabilidade da ARS no apoio logístico às Coordenações, incluindo os recursos humanos.

A partir de 2001, o processo de formação em MGF passou a estar definitivamente centrado na prática clínica em MGF, destacando a relação do interno com o seu orientador, a quem compete a concretização do programa do internato, num processo de orientação direto, ombro-a-ombro. Isto levou ao aparecimento das Equipas Integradas de Orientadores (EIO) em 2002, com o objetivo de apoiar interpares a função de orientador e acompanhar as teorias de ensino e aprendizagem (*Memorando sobre a formação em MGF e respectivo enquadramento*, 2007). Em 2009, com a publicação do programa de formação em MGF, o internato passou a ter a duração de quatro anos (Portaria n.º 300/2009 de 24 de março, revista pela Portaria n.º 45/2015, de 20 de fevereiro). Em 2019, o internato passou a estar organizado em três grandes estágios (MGF 1, 2 e 3), em que se inserem as formações hospitalares complementares. Prevê momentos de avaliação a nível nacional e introduz o conceito de «aprendizagem relacional», reconhecendo a importância, para os internos, da aprendizagem interpares (Portaria n.º 125/2019, 2019). Ainda em 2019, foi publicado o Perfil de Competências do Especialista em Medicina Geral e Familiar pelo Colégio da Especialidade. O atual programa visa atingirem-se objetivos que permitem a aquisição das referidas competências do especialista, admitindo e valorizando que o interno adapte a sua formação às suas necessidades específicas e interesses. Hoje, a estrutura e organização do internato de MGF em Portugal são tomados como modelo exemplar.

4. Formação pré-graduada em MGF

Em paralelo com o lugar central que os cuidados de saúde primários foram ocupando no sistema de saúde português, foi emergindo a necessidade de incluir departamentos de MGF nas Faculdades de Medicina, e disciplinas de MGF no currículo dos cursos de Medicina. O objetivo foi também fomentar desde cedo o contacto próximo com a realidade através daquela que é uma especialidade generalista e transversal a toda a população. Surge, no ano de

1984, o primeiro Departamento de Clínica Geral em Portugal, na Faculdade de Medicina da Universidade do Porto, constituindo um importante marco nesta caminhada. No ano 2000, todas as Faculdades de Medicina do país tinham já a disciplina implementada no programa formativo (Jordão, 2003; Sousa, Sardinha, Sanchez, Melo e Ribas, 2001).

Como fatores relevantes para o sucesso da disciplina, destaca-se o progressivo aumento do número de docentes e a extensão da disciplina aos primeiros anos do curso de Medicina, permitindo um contacto precoce com a especialidade e, igualmente, que a primeira experiência clínica dos alunos de medicina aconteça pela MGF.

Em muitos cursos de medicina, tal como o acompanhamento longitudinal de uma pessoa e de uma família pelo médico de família, a MGF vai acompanhando a evolução dos alunos ao longo da sua formação pré-graduada, ocupando um lugar determinante na fase pré-profissionalização da formação dos médicos. Esta prática, ao permitir uma aprendizagem num contexto comunitário, aproxima os estudantes das diversas realidades e populações e fomenta uma melhor coordenação futura entre níveis de cuidados e especialidades.

Desde muito cedo houve a convicção de que o desenvolvimento da Medicina Geral e Familiar a nível universitário obriga «a um processo integrador e transdisciplinar cujos agentes operativos são os próprios médicos de Clínica Geral» (Branco, Henriques e Ramos, 1984). «De resto, só poderá ensinar Clínica Geral/Medicina Familiar quem a praticar no seu quotidiano profissional», para que esta prática seja efetiva na aproximação ao real exercício da MGF e para que seja útil, como frisado logo em 1984 pelos fundadores da APMCG (Branco *et al.*, 1984) e como se verifica atualmente em Portugal.

5. Os CSP: de Alma-Ata a Astana

Nesta história da MGF e dos CSP, ocupa lugar de charneira a primeira Conferência Internacional sobre Cuidados de Saúde Primários (CSP), em Alma-Ata, no ano de 1978 [World Health Organization (WHO) & United Nations Children's Fund (UNICEF), 1978]. Desta conferência resultou a declaração que se assume como uma das referências fundadoras dos CSP. Quarenta anos depois, em outubro de 2018, a Organização Mundial da Saúde voltou ao Cazaquistão, onde a reflexão sobre a evolução e o futuro dos CSP deu origem à Declaração de Astana (Quadro 2.2) [World Health Organization (WHO) & United Nations Children's Fund (UNICEF), 2018].

A Declaração de Astana reafirma os valores e princípios de Alma-Ata. Reconhece o progresso dos cuidados de saúde nos últimos 40 anos, mas sublinha a persistência de desigualdades que considera inaceitáveis. Revê e aprofunda as características e missão dos CSP, que permanecem numa posição central à prestação de cuidados «inclusivos, eficazes e eficientes«. Destaca, ainda, as ameaças atuais e crescentes à saúde global, sobre as quais considera necessária uma atuação imediata, apelando-se ao papel e responsabilidade dos governos, assim como à participação e «empowerment» dos indivíduos e comunidades.

Quadro 2.2. Exposição comparativa das Declarações de Alma-Ata e Astana [World Health Organization (WHO) & United Nations Children's Fund (UNICEF), 1978, 2018].

<table>
<tr><th>DECLARAÇÃO DE ALMA-ATA, 1978</th><th>DECLARAÇÃO DE ASTANA, 2018</th></tr>
<tr><td>A saúde é um direito humano fundamental. Alcançar o seu mais alto nível deve ser a mais importante meta social mundial, e requer a ação de setores sociais e económicos, além do setor da saúde.</td><td rowspan="2">Reafirma-se o compromisso com os valores e princípios da Declaração de Alma-Ata, em particular com a justiça, a solidariedade, a importância da saúde para a paz, a segurança e o desenvolvimento socioeconómico e a sua interdependência.</td></tr>
<tr><td>O desenvolvimento económico e social é fundamental para a realização da meta de saúde. A promoção e proteção da saúde é essencial para o desenvolvimento económico e social, contribuindo para a qualidade de vida e paz mundial.</td></tr>
<tr><td>A desigualdade em saúde entre povos é política, económica e politicamente inaceitável.</td><td>Apesar do progresso dos últimos 40 anos, continuam a existir necessidades não satisfeitas em cuidados de saúde, sendo ética, política, social e economicamente inaceitável que a desigualdade persista.</td></tr>
<tr><td>Até ao ano 2000, todos os povos do mundo devem atingir um nível de saúde que lhes permita levar uma vida social e economicamente produtiva.
Os Cuidados de Saúde Primários constituem a chave para que essa meta seja atingida.</td><td>Todos os povos do mundo devem atingir um nível de saúde que lhes permita levar uma vida social e economicamente produtiva.
Os Cuidados de Saúde Primários constituem a chave para que essa meta seja atingida.</td></tr>
</table>

<table>
<tr>
<td rowspan="2">Os CSP são cuidados essenciais, de alcance universal, a um custo que a comunidade e o país podem suportar. Integram o sistema de saúde, do qual constituem a peça central, e contribuem para o desenvolvimento social e económico da comunidade. Representam o primeiro nível de contacto com o sistema de saúde, funcionando na proximidade dos locais onde as pessoas vivem e trabalham, e são o primeiro elemento do processo continuado de assistência em saúde.</td>
<td>A promoção da saúde e prevenção da doença, os cuidados curativos, de reabilitação e paliativos devem ser acessíveis a todos, sem permitir a sua fragmentação ou falta de qualidade. Devemos abordar a escassez e a distribuição desigual de profissionais de saúde. Devemos agir sobre os custos crescentes dos cuidados de saúde, medicamentos e vacinas</td>
</tr>
<tr>
<td rowspan="2">Lidamos com um fardo crescente de doenças não transmissíveis associadas ao uso de tabaco, álcool, atividade física insuficiente, estilos de vida e dieta desadequados. Perdemos vidas prematuramente em contextos de guerra, violência, epidemias, desastres naturais, impactos na saúde causados pelas mudanças climáticas e eventos climáticos extremos. É necessário deter surtos e ameaças à saúde global, como resistência antimicrobiana.</td>
</tr>
<tr>
<td rowspan="2">Os CSP refletem, e a partir deles evoluem, as condições económicas, as características socioculturais e as políticas do país. Têm em vista os principais problemas de saúde da comunidade. Incluem educação para a saúde e prevenção da doença, promoção da distribuição de alimentos, água e saneamento básico, cuidados de saúde materno-infantil, imunização, prevenção e controlo de doenças endémicas, tratamento de doenças e lesões comuns e fornecimento de medicamentos essenciais. Envolvem, além do setor saúde, todos os setores e aspetos do desenvolvimento nacional e comunitário. Requerem e promovem a autoconfiança e participação comunitária e individual. Devem ser apoiados por sistemas de referência integrados, funcionais e mutuamente amparados.</td>
</tr>
<tr>
<td>É necessário aumentar a capacidade e infraestruturas dos CSP. Os CSP deverão ser capazes de fornecer uma gama abrangente de cuidados, incluindo vacinação, rastreios, prevenção, controlo e gestão de doenças não transmissíveis e transmissíveis, cuidados e serviços que promovam, mantenham e melhorem a saúde materna, neonatal, infantil e adolescente, a saúde mental, a saúde sexual e reprodutiva.
Os CSP deverão ser acessíveis, equitativos, seguros, de alta qualidade, abrangentes, eficientes e aceitáveis, contínuos e integrados, centrados na pessoa e sensíveis ao género.</td>
</tr>
<tr>
<td>Poder-se-á atingir nível aceitável de saúde para todos os povos até ao ano 2000 mediante a melhor utilização dos recursos mundiais, dos quais uma parte considerável é atualmente gasta em armamento e conflitos militares.</td>
<td>Reafirma-se o papel e a responsabilidade primordiais dos governos na promoção e proteção do direito de todos a usufruir dos melhores cuidados de saúde. Reforça-se a importância de aumentar o «empowerment» dos indivíduos e comunidades.</td>
</tr>
</table>

CSP: Cuidados de Saúde Primários

6. O médico de família do presente e do futuro

A MGF em Portugal acompanhou toda esta mudança de paradigmas, muitas vezes à frente do seu tempo. O maior marco dos cuidados de saúde como hoje existem em Portugal foi a implementação do SNS em 1979. Seguiu-se o estabelecimento das carreiras médicas públicas em 1982 e o aparecimento dos Centros de Saúde de segunda geração em 1983 (substituindo a primeira geração de 1971). Por esta altura, a Clínica Geral estabelecia-se enquanto especialidade. Com a reforma de 1983, o trabalho médico na comunidade alterou-se radicalmente e passou de um exercício integralmente privado, desligado dos restantes profissionais e serviços e em modo isolado nos seus consultórios, muitos deles de um médico só, para um trabalho maioritariamente em serviços públicos, como clínicos gerais ligados aos CSP e que interagiam dentro do seu grupo profissional, ainda que com raro trabalho em equipa multiprofissional. Com o estabelecimento de carreiras médicas públicas, entre as quais a da Medicina Geral e Familiar (MGF), a quase totalidade dos médicos dos CSP passou a trabalhar para o Estado, a maioria em exclusividade (Biscaia, Fehn e Pereira, 2019).

Em 1990 foi publicada a primeira Lei de Bases de Saúde, que viria a ser revista em 2002, pouco depois da informatização dos CSP, em 2000, e novamente em 2019. A partir de 2005 teve lugar a reforma que introduziu as USF e os ACeS em 2008 e a implementação da governação clínica e de saúde — o processo através do qual as organizações da saúde e profissionais de saúde se responsabilizam conjuntamente pela melhoria contínua da qualidade. Só aqui surgiu o verdadeiro trabalho em equipa do médico de família com o enfermeiro e o secretário clínico (Biscaia, Fehn, *et al.*, 2019).

Em 2016, depois da crise económica de 2011–14, a reforma foi relançada, sendo revisto o processo de contratualização, que passou a integrar áreas como a formação, a investigação e a qualidade organizacional. Este caminho trouxe-nos até onde estamos hoje.

Figura 2.2. Organização dos Cuidados de Saúde Primários em Portugal em 2020.

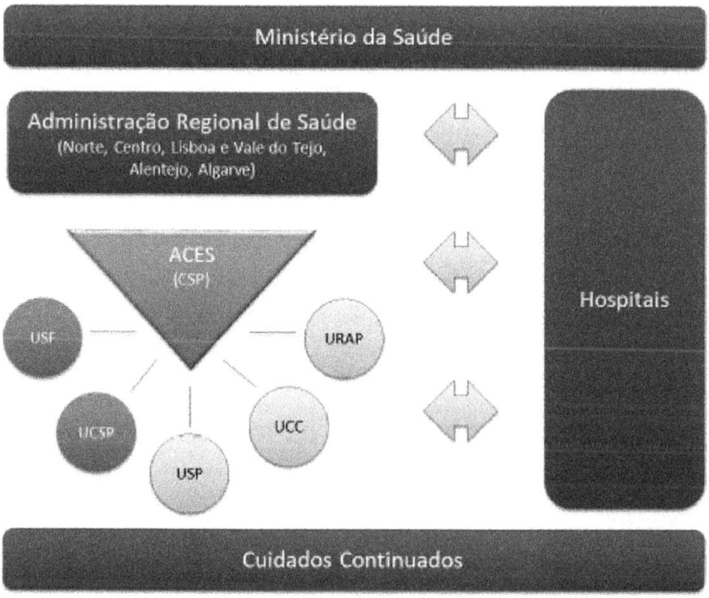

USF: Unidade de Saúde Familiar; UCSP: Unidade de Cuidados de Saúde Personalizados; USP: Unidade de Saúde Pública; UCC: Unidade de Cuidados na Comunidade; URAP: Unidade de Recursos Assistenciais Partilhados

Em 2020, os Cuidados de Saúde Primários estão organizados em ACeS (Biscaia & Heleno, 2017) sob uma direção executiva própria, suportada por um conselho executivo e um conselho clínico. Estes ACeS são constituídos por várias unidades funcionais:

- **Unidades de Saúde Familiar (USF)**, pilar inovador dos CSP e serviços públicos pelo modo avançado de organização baseado em equipas multiprofissionais, agrupadas voluntariamente e funcionando em autogestão, com plena autonomia técnica e organizacional;
- **Unidades de Cuidados de Saúde Personalizados (UCSP),** equipas com uma estrutura idêntica à de uma USF, mas funcionando no regime pré-USF (não havendo autosseleção dos seus elementos nem autogestão), ainda que elaborem cartas de compromisso de desempenho, utilizando como referência o painel de indicadores definido para as

USF, com metas ajustadas às circunstâncias e condições existentes em cada UCSP;

- **Unidades de Cuidados na Comunidade (UCC),** prestam cuidados de saúde e apoio psicológico e social de âmbito domiciliário e comunitário, essencialmente a pessoas, famílias e grupos mais vulneráveis em situação de maior risco ou dependência física e funcional ou doença, e atuam na educação para a saúde, na integração em redes de apoio à família e na implementação de unidades móveis de intervenção;
- **Unidade de Saúde Pública (USP),** tem por missão elaborar informação e planos em domínios da saúde pública, proceder à vigilância epidemiológica, gerir programas de intervenção no âmbito da prevenção, promoção e proteção da saúde da população em geral ou de grupos específicos e o exercício das funções de autoridade de saúde;
- **Unidade de Recursos Assistenciais Partilhados (URAP),** dela fazem parte profissionais como assistentes sociais, psicólogos, nutricionistas, fisioterapeutas, técnicos de saúde oral, trabalhando em conjunto e complementaridade com as restantes unidades funcionais.

> Este presente de agora (nota: escrito em plena pandemia de COVID-19, 2020) mostra-nos como o futuro é incerto. Mas será coerente se atender ao passado. Se nessa construção, tecida dia a dia invisivelmente, se mantiver a motivação como consequência da consciência moral. Se construir a confiança. Se incluir a diferença. Na unanimidade não há crescimento possível — é vital questionar, integrar críticas e argumentação sustentada. Os problemas e os constrangimentos do futuro podem ser os mesmos de ontem, mas sê-lo-ão num nível diferente de teorização e de soluções aceitáveis. (Ricardina Barroso, 2020)

É neste meio que o atual Médico de Família se move, e é a partir dele que terá de construir o futuro, lidando com «desafios múltiplos e complexos relacionados não só com a economia e a sustentabilidade financeira, mas também com a disponibilidade de uma força de trabalho em saúde em número adequado e com as competências ajustadas às necessidades da população e às mudanças demográficas, epidemiológicas e tecnológicas». (Biscaia, Fehn, *et al.*, 2019).

O aumento da esperança média de vida cria desafios para as equipas de saúde. A criação de equipas comunitárias de suporte em cuidados paliativos é uma prova da adaptação dos CSP às necessidades de cuidados que o aumento da longevidade impõe. O crescendo tecnológico é também um desafio com várias frentes, algumas positivas (como a telemedicina, o teletrabalho ou o fácil acesso e difusão de informação atualizada), outras negativas (como a entropia tantas vezes imposta por sistemas informáticos e plataformas de apoio à consulta fragmentadas e falíveis). Os desafios epidemiológicos e as alterações climáticas são e serão também uma realidade a que se tem de fazer face, basta notar o cenário de pandemia por COVID-19 de 2020 e as adaptações que rapidamente se implementaram.

Sem saber onde nos leva o futuro, não temos dúvidas de que é preciso investir na Saúde e concretamente nos Cuidados de Saúde Primários, e esse investimento não termina no reforço de infraestruturas ou no aumento dos recursos humanos, técnicos ou financeiros, mas estende-se ao desenvolvimento dos profissionais, equipas e instituições, ao aprofundar de uma consciência social, ecológica e global e à evolução das relações que os médicos estabelecem com cada indivíduo singular e com as comunidades. Relações com abordagens mais inclusivas, sustentadas em sociedades mais responsáveis e populações mais participativas e capacitadas, como se escreveu em Alma-Ata e Astana.

REFERÊNCIAS

Administração Regional de Saúde do Norte IP (2019, 13 de setembro). [Reinventar os ACeS — Autonomia em Proximidade].

Biscaia, A. R. (2013). *Futurar em Positivo — Satisfação no Trabalho.* Sintra: Grafisol — Edições e Papelarias.

Biscaia, A. R., Cardeira, R., Fehn, A., Pereira, A., Medeiros, R. e Pinto, T. V. (2019). *Equity and Primary Health Care — Importance In The Programs of the Portuguese Governments Since the Beginning of the Reform Of Primary Health Care and Effects in this Reform.* Paper apresentado no European Forum for Primary Care, Paris, France.

Biscaia, A. R., Fehn, A. C. e Pereira, A. (2019). O médico de família português: uma narrativa. *Cadernos de Saúde Pública, 35*, e00127118.

Biscaia, A. R. e Heleno, L. C. (2017). Primary Health Care Reform in Portugal: Portuguese, modern and innovative. *Cien Saude Colet, 22*(3), 701-712. doi:10.1590/1413-81232017223.33152016

Biscaia, A. R., Martins, J. N., Carreira, M., Gonçalves, I., Antunes, A. R. e Ferrinho, P. (2008). *Cuidados de Saúde Primários em Portugal: Reformar para novos sucessos* (2.ª ed.). Lisboa: Padrões Culturais.

Branco, A. G., Henriques, L. e Ramos, V. (1984). O que é a clínica geral? *Rev Port Clínica Geral, 1*(3), 7-11.

Decreto-Lei n.º 13/2018, Decreto-Lei n.º 13/2018 C.F.R. (2018).

Direção Nacional da Associação Portuguesa dos Médicos de Clínica Geral. (1990). *Um futuro para a Medicina de Família em Portugal*. Lisboa: Departamento editorial da APMCG.

Ferrinho, P., Conceição, C., Biscaia, A. R., Fronteira, I. e Antunes, A. R. (2006). Sixty years of reform in the Portuguese health system: what is the situation with regard to decentralisation?Viewpoint. *Revue française des affaires sociales*(6), 297-312. doi:10.3917/rfas.en606.0297

Hespanhol, A. e Pinto, A. S. (2005). O Regime Remuneratório do Centro de Saúde S. João: «Tubo de Ensaio». *ArquiMed, 19*(3), 113-120.

Instituto Nacional de Estatística. (2016). *Inquérito nacional de saúde, 2014*. Lisboa: Instituto Nacional de Estatística, I.P.

Jordão, J. G. (2003). Os Institutos de Clínica Geral. *In* M. Valente-Alves e V. Ramos (Org.), *Da Memória — Medicina Geral e Familiar*. Lisboa: MVA Invent.

Memorando sobre a formação em MGF e respectivo enquadramento. (2007). Disponível em: http://www.cimgfsul.org/images/stories/pdf/memorando_formacao_mgf.pdf

OECD/European Observatory on Health Systems and Policies. (2017). *State of Health in the EU. Portugal: Perfil de Saúde do País, 2017*: OECD Publishing, Paris/European Observatory on Health Systems and Policies, Bruxelas.

Polak, B. S. (1982). *History of the Leeuwenhorst Group*. Paper apresentado na III European Conference on Teaching in General Practice, Antuérpia, Bélgica.

Portaria n.º 125/2019, Programa de formação da área de especialização de Medicina Geral e Familiar C.F.R. (2019).

Portaria n.º 444-A/80, (1980).

Ramos, V. (1987). O Ressurgimento da Medicina Familiar. *Revista Crítica de Ciências Sociais, 23*, 157-168.

Sousa, J. C., Sardinha, A. M., Sanchez, J. P., Melo, M. e Ribas, M. J. (2001). Os cuidados de saúde primários e a medicina geral e familiar em Portugal. *Revista Portuguesa de Saúde Pública, Volume temático*(2), 63-74.

Starfield, B. (1994). Is primary care essential? *Lancet, 344*(8930), 1129-1133. doi:10.1016/s0140-6736(94)90634-3

The Lancet. (2017). Life, death, and disability in 2016. *Lancet, 390*(10100), 1083. doi:10.1016/S0140-6736(17)32465-0

Vicente, V. C. (2017). History of Family Medicine Over the Past 50 Years. Global and European Perspectives. Disponível em: https://amf-semfyc.com/web/article_ver.php?id=2232

Ramos, V. (2004). Medicina Geral e Familiar: 10x3 ideias-chave. *In* M. V. Alves e V. Ramos (Org.), *Medicina geral e familiar, 20 anos: da vontade* (pp. 206). Lisboa: Mva invente livros.

Weisz, G. (2006). *Divide and conquer : a comparative history of medical specialization*. Oxford; Nova Iorque: Oxford University Press.

World Health Organization (WHO) e United Nations Children's Fund (UNICEF). (1978). Primary health care: report of the International Conference on Primary Health Care, Alma-Ata, USSR, 6-12 Setembro 1978.

World Health Organization (WHO) e United Nations Children's Fund (UNICEF). (2018). *Declaration of Astana*. Astana, Cazaquistão.

CAPÍTULO 3

A CONSULTA EM MEDICINA GERAL E FAMILIAR

Luiz Santiago, Inês Rosendo

A unidade essencial da prática médica é a ocasião em que, na intimidade de um consultório ou do quarto de um doente, uma pessoa que está doente ou acredita que o está procura o conselho de um médico em quem confia. Isto é uma consulta e tudo o resto na prática da medicina deriva dela. O propósito da consulta é que o médico, tendo recolhido os indícios, dará uma explicação e um conselho.

J. Spence, The Purpose and Practice of Medicine,
Londres, Oxford University Press, 1960

General practice is the easiest job in the world to do badly, but the most difficult to do well.

Professor Sir Denis Pereira Grey

1. O que é uma consulta médica

A palavra «consulta» vem do latim *consultare*, «receber o conselho de», relacionado a *consulere*, «aceitar um conselho, considerar maduramente». Originalmente vem das palavras COM = «junto» e SELERE = «reunir». E conselho vem de *consilium*, que significa «opinião, plano».

Na consulta médica, o clínico responde às questões, anseios e expetativas de alguém que lhe pede conselho. Tal inclui o conhecimento do pretendido (capacidade de perguntar e ouvir), os exames para saber do que se trata (quer físico quer complementares de diagnóstico) e a capacidade de explicar, compreensivelmente, a quem pede conselho, o parecer do que é julgado existir e das consequências a extrair (Simões, 2009).

Na consulta, aquele que sofre pode não ter uma doença, mas sim uma «experiência de doença», a dolência. A doença é uma construção médica em que sinais e sintomas estão sistematicamente agrupados; enquanto que na dolência há referências a mal-estar, medo e sensações de desconformidade com o sentir-se bem. Por esta razão, nem sempre aquele que consulta médico será um doente, mas poderá vir a sê-lo em função do que ocorra em tal ato de consultar (Nunes, Yaphe e Santos, 2013).

Sendo a consulta médica a «unidade essencial da prática médica», sendo a Medicina Geral e Familiar a especialidade que se preocupa com a Pessoa de forma contínua e integral, ela é de fundamental importância para médico e para quem o consulta (Allen *et al.*, 2005; Fazio *et al.*, 2016).

Sendo, em Medicina Geral e Familiar, o «Ato Médico de Excelência», a consulta serve para que se obtenham bons resultados e melhores consequências. O resultado é o obtido no imediato e a consequência significa o que virá a ocorrer no futuro.

O resultado da consulta pode ser medido do lado do médico pela satisfação com o trabalho realizado quer do ponto de vista científico, quer do ponto de vista da translação prática do conhecimento médico, quer do ponto de vista da sua realização pessoal e do lado da pessoa que consulta, pela capacitação, empoderamento, confiança no médico e sua relação com ele (empatia e desempenho de medicina centrada na pessoa) (da Graça Pereira, Pedras e Machado, 2013; Kickbusch & Nutbeam, 1998; Pintalhão, Botas, Pereira e Santiago, 2013).

A consequência em saúde poderá ser medida por indicadores, de controlo de patologia, de redução de morbilidade ou de redução de mortalidade específica ou geral ou mesmo só de satisfação com o sistema, o médico ou a sua unidade de trabalho (Roque, Veloso e Ferreira, 2016).

A consequência para os médicos poderá medir-se em menor impacto negativo na qualidade de vida e na patologia do médico, como, por exemplo, a menor incidência de doenças orgânicas e *burnout* (P. L. Ferreira, Ferreira e Pereira, 2013; Vala, Pinto, Moreira e Lopes, 2016).

A consequência para a pessoa pode medir-se pelo controlo futuro da patologia, pela redução de outras patologias e pela maior sobrevida com adequada qualidade de vida, quer mesmo pela empatia sentida no clínico, fator cada vez mais importante num ciclo em que se crê que a técnica vale tudo e em que a comunicação tem de ser a chave (Domingues *et al.*, 2019; P. L. Ferreira *et al.*, 2013; Macedo *et al.*, 2011).

Sendo algo concreto, a consulta médica em Medicina Geral e Familiar apresenta fatores intrínsecos que têm de ser concretizados e que podemos categorizar em:

- Estrutura: o gabinete médico (sua disposição), o material existente e o médico (Floss, Hoedebecke e Vidal-Alaball, 2019);
- Processo: o como se realiza a consulta (Nunes, 2010; Ramos, 2008);
- Resultado: a satisfação com a consulta, a capacitação obtida, o empoderamento realizado, a empatia criada, a confiança adquirida, o melhor estar quer em qualidade de vida quer na redução das queixas (Domingues *et al.*, 2019; Macedo *et al.*, 2011; Pintalhão *et al.*, 2013).

Para todos estes capítulos há instrumentos de medida e indicadores que podem ajudar o aluno, o Interno de Especialidade, o Especialista e os gestores (de imediato os mais próximos, como os orientadores de formação em MGF e os coordenadores de Unidades de Saúde) a refletir no que deve ser feito para melhorar.

A consulta em MGF serve também para a boa governação na saúde, logo deve considerar um conjunto de boas práticas que definem as suas «... regras do jogo relativamente à tomada de decisão, à implementação de soluções, à sua avaliação e monitorização e, consequentemente, à correção no caso de eventuais desvios...». (Pedro Lopes Ferreira & Raposo, 2006)

A consulta tem implícito o quadro relacional entre duas pessoas e a imperiosidade de os papéis se irem adaptando, em particular o do médico, pelos desenvolvimento profissional contínuo e desenvolvimento educacional contínuo (Peck, McCall, McLaren e Rotem, 2000).

Além disso, é importante a atualização dos meios colocados à disposição do médico e que são cada vez mais frequentemente necessários para fazer exames físicos em consulta, dominando o médico novas tecnologias informáticas, nem sempre operacionalizadas na ótica do utilizador (Laranjo *et al.*, 2018).

Há ainda a necessidade de refazer o modelo de contacto, pois são sabidas as principais aspirações de quem é consultado: tempo para ouvir e ter condições de criação de empatia, interessando-se pela pessoa e sua situação de vida, capacidade de prestar cuidados imediatos, prestar cuidados curativos e preventivos, estar atualizado, explicar a terapêutica, garantir confidencialidade e a possibilidade de dar continuidade de cuidados e de contactos em tempo útil, criando e tendo disponibilidade de ter bons dados epidemiológicos (Pires, 2018; Santos & Ribeiro, 2009).

2. O papel do médico

O papel do médico de Medicina Geral e Familiar na consulta é o de atender uma pessoa dando-lhe consulta a si e aos seus problemas. A consulta é assim orientada para a satisfação de quem consulta, ficando com a noção de dever cumprido e cumprindo o enquadramento deontológico a que está obrigado (Allen *et al.*, 2005; Colégio de Especialidade de Medicina Geral e Familiar, 2019; Pires, 2018; Santos & Ribeiro, 2009; Simões, 2009).

Assim, o papel do médico deve ser de empatia, de capacitação, de empoderamento, de centragem na pessoa, ao mesmo tempo que centrado no conhecimento médico, sabendo aplicá-lo ao doente concreto.

É ainda de agente de promoção da saúde e de prevenção da doença, tendo assim atenção a todos os níveis de prevenção, desde a primordial à quaternária, pelo que deve ter uma atualizada capacidade científica (Bertakis & Azari, 2011; de Almeida, 2005; Martins, Godycki-Cwirko, Heleno e Brodersen, 2018).

A sua atividade para o desempenho de uma consulta foi já bem balizada por Vitor Santos e José Nunes (Nunes, 2010; Ramos, 2008; Zaharias, 2018a, 2018b, 2018c), sendo fundamentais:

- O conhecimento da pessoa que vai entrar na próxima consulta: a(s) última(s) consulta(s), o seu estado vacinal, os seus antecedentes familiares e pessoais bem como a sua caracterização atual;
- A sua família (tenho a caracterização atualizada?)
- O chamar da pessoa: Qual a melhor forma de o fazer? Altifalante? Pessoalmente na sala de espera? Por algum outro funcionário que não o médico?
- O receber da pessoa: à porta? Sentado à secretária? Pelo nome? Olhando para a pessoa?
- O tom de voz...
- O saber estar com a pessoa sabendo ouvir e perguntar, contextualizar, aprofundar, desafiar à descoberta e transformar a pessoa.

O arranjo e a disposição do consultório: Sendo o médico quem recebe, como tem o seu local de trabalho: Arrumado? Desarrumado? O posicionamento médico(s)/Pessoa: Qual a influência desta colocação para a melhor conversa e a mais fácil comunicação da pessoa?

A primeira pergunta técnica: Aberta? Fechada? Situacional ou dirigida?

A fase da anamnese: O tom da coloquialidade. O deixar falar não interrompendo precocemente. O saber perguntar.

A fase do exame físico: Orientado para o problema? As necessárias autorizações e explicações atempadas?

A fase de Avaliação com a pessoa e de realização de diagnóstico, ou do inglês a fase do «assessment» e de «diagnosis». E, no inglês, *assessment* é a verificação da evolução e não o verificar a situação de algo numa escala ou se está conforme os valores pré-designados.

A fase de Procedimentos e Plano: há por vezes ainda que aplicar alguns métodos semiológicos específicos em Medicina Geral e Familiar que, apesar de serem objetivos, têm subjetividade, sendo aplicados com o mesmo valor de análises sanguíneas ou de outros exames complementares de diagnóstico. São procedimentos a ter em conta, entre os quais citaremos o Círculo de Thrower, o APGAR, a Psicofigura de Mitchell e todo os restantes necessários em cada caso (Rebelo, 2018).

A Medicina da Medicina Geral e Familiar é seguramente efetiva quanto às queixas que nos são trazidas e é também pró-ativa para a redução da morbilidade através da prevenção. O aconselhamento feito na área da prevenção deve ser baseado na melhor evidência disponível (em constante atualização), deve ser personalizado para a pessoa em causa (numa visão holística da pessoa como um todo) e deve ser transmitida de forma motivadora, capacitadora e empoderadora (Bardes, 2012; Bertakis & Azari, 2011; de Almeida, 2005; Martins *et al.*, 2018).

A consulta deve ser realizada e dela sair um documento para memória futura para que, com adequados registos, súmula de classificações e anotações em texto, em próxima consulta nos lembremos do que ocorreu, sendo tal particularmente importante para o caso de o próximo contacto dessa pessoa se realizar por outro médico. Esta tarefa de registar, colocando as necessárias, sucintas e compreensíveis notas, a que se deve juntar a adequada classificação, deve ser clara e não levar à exaustão (Pinheiro, 2018).

3. Qual é o papel do doente

O doente, num momento de vulnerabilidade, temor ou, pelo menos, dúvida, terá classicamente tendência a desempenhar um papel dependente e até egocêntrico perante a adversidade, o que leva a assumir uma certa infantilização do seu papel. Isto poderá ser adequado em alguns contextos clínicos (emergência, intervenção cirúrgica), mas é claramente inadequado em quase todos os outros contextos, onde a capacitação e o empoderamento do doente fazem todo o sentido, tomando este um papel mais ativo na consulta (Abreu & Ribeiro, 1998).

As pessoas preferem, cada vez mais, tomar decisões de forma partilhada, com o seu consequente crescente envolvimento. Isto advém de a sociedade moderna estimular cada vez mais a autonomia, havendo maior acesso a informação, cada vez maior número de opções clínicas, e mais custos associados, que obrigam a ponderar melhor as várias hipóteses — também porque tem aumentado o número de doentes crónicos e essas condições devem ser geridas ao longo da vida com o seu envolvimento (Woolf *et al.*, 2005).

Assim, importa definir capacitação (*enablement*: Ganho que o doente adquire numa consulta para poder compreender e lidar com a sua doença e vida), conceito diferente de empoderamento (*empowerment*: Ganho de poder na relação médico/doente, capacidade de intervenção na decisão partilhada) (Aveiro, Santiago, Ferreira e Simoes, 2015; Pintalhão *et al.*, 2013).

Os pacientes são uma peça importante da relação e têm um papel na facilitação da consulta, contribuindo para a satisfação com a mesma, e sendo também compreensivos e empáticos com o médico. A facilitação da visita pode ser feita em colaboração com o médico, respeitando o seu tempo e a estrutura da consulta, assim como mantendo um ambiente de cordialidade entre os dois. O paciente contribui também para a satisfação com a consulta, sendo transparente na sua agenda e colaborando na negociação com a agenda do médico, e sendo compreensivo com o médico, mostrando também empatia com o seu cuidador (Marcinowicz, Pawlikowska, Konstantynowicz e Chlabicz, 2014).

Assim, pode ver-se a consulta como um encontro entre especialistas, que podem ambos ganhar com a interação. As ideias de causalidade dos pacientes podem ser diferentes das dos médicos, mas úteis para compreender melhor a apresentação que a doença tem no seu caso e até ajudar a fazer o diagnóstico. As razões para vir a uma consulta médica podem ser muito variadas, desde ter atingido um limite a precisar de informação, conselho ou compreensão (McKinley & Middleton, 1999).

Há algumas assimetrias identificadas entre o que os pacientes esperam de uma consulta e o que o médico pensa que esperam. Em geral, os doentes querem mais informação do que aquela que lhes é dada, e do que a que os médicos pensam que deram. Têm maior interesse em discutir questões relacionadas com os processos, como sejam riscos, custos e formas de administração de medicação, e ainda tempo para retorno à funcionalidade, do que em discutir resultados dos tratamentos, como a mortalidade. Em termos de qualidade, têm maior interesse na forma como o médico os trata do que na qualidade das infraestruturas. A relação é apontada como essencial, sendo que preferem ser eles a escolher o médico que os atende e, na consulta, haver um bom exame físico. (Harrison, Milbers, Hudson e Bansback, 2017; Kleij, Tangermann, Amelung e Krauth, 2017)

4. Como conduzir a consulta médica

Em termos de estrutura de consulta, podemos dividi-la em cinco fases (preparatória, abertura ou contacto, exploratória ou de deteção, resolutiva ou de manejo e encerramento ou fecho) ou em sete passos:

1. Preparação (onde se revê a situação do médico, do consultório e do próximo paciente, antes de este ser chamado para a consulta);

2. Os primeiros minutos (onde se procede à chamada, ao encontro, ao cumprimento e ao acolhimento da pessoa, bem com à deteção de indícios físicos e emocionais, de motivos de consulta, e ao acerto de agendas entre o médico e o paciente). Segue-se uma fase intermédia com três passos: exploração, avaliação e plano (EAP), durante a qual se procede à recolha sistematizada de dados e de informação, subjetivos e objetivos, e se processam intelectualmente os dados e a informação recolhidos para chegar, sempre com a participação e o envolvimento do paciente, a uma avaliação e a um plano de ação);
3. Exploração (onde se recolhem, analisam e contextualizam dados e informação (subjetivos, objetivos e contextuais);
4. Avaliação (onde se fazem a interpretação, os diagnósticos, as explicações, as previsões (prognósticos) e se avaliam os impactos na qualidade de vida);
5. Plano (onde se prepara o plano de cuidados (propostas, negociação, acordos e compromissos de ação, incluindo prevenção);
6. Encerramento (onde se verifica se subsistem dúvidas, se revê o plano acordado e se procede ao cumprimento de despedida);
7. Reflexão e notas finais (onde se faz uma breve reflexão crítica sobre o que se passou) (Nunes, 2010; Ramos, 2008).

A Medicina Centrada na Pessoa, apesar de não ser um processo rigidamente definido, com sequência pré-definida e procedimentos padronizados em estilos de entrevista, abrange a experiência total de doença do paciente, enfatizando a importância de perceber as crenças e características da Pessoa que deverão ser tidas em consideração na tomada de decisões clínicas. Moira Stewart descreve o método clínico centrado na pessoa como tendo quatro componentes: «Saúde, Doença e Experiência da Doença», «Pessoa como um Todo», «Consenso» e «Relação Médico-Doente». Estes componentes ajudam a perceber a importância de incluir na consulta os receios e expetativas do paciente, deixando-o falar sobre o seu motivo de consulta sem interrupção, perguntando sobre a influência destes na sua vida diária. Além disso, assinala a importância de perceber a autoperceção do paciente sobre a sua saúde e o que é doença para ele, analisando a sua comunicação verbal e não-verbal. Realça a importância de manter atualizado o conhecimento sobre a pessoa (atividades, formação, religiosidade, pontos de interesse, rendimentos, aspirações), família (relações, rendimentos, condições de habitação) e ligação à sociedade (voluntariado, política, cultura). Relembra a importância de fazer a lista dos problemas e prioridades da consulta com a pessoa, partilhando o plano e certificando-se de que a pessoa percebeu e concordou com o que ficou definido. Não esquecendo a empatia, compaixão e mostra de confiança nos seus conhecimentos e atitudes técnicas, dando espaço às dúvidas da pessoa e usando o tempo necessário para a consulta (Brown, Stewart, McCracken, McWhinney e Levenstein, 1986; Stewart *et al.*, 2013).

Assim, tendo em conta a estrutura da consulta e a medicina centrada no paciente e seguindo a fluência do modelo SOAP, podemos dizer que a consulta em Medicina Geral e Familiar deverá ter o seguinte conteúdo:

S: Colheita de informações sobre o caso, por autoiniciativa ou após ser questionado pelo médico para esclarecimento. Resumir no final os motivos antes de avançar. Depois, explorar cada um dos motivos: o quê, como, desde quando, qual a perceção da pessoa sobre o que lhe aconteceu, o que fez para minorar, tendo sempre em atenção as suas expectativas, preocupações e receios. Numa perspetiva de medicina Centrada na Pessoa, a clara explicitação pela pessoa sobre os seus temores e anseios é de crucial importância para que o médico cumpra a sua missão de dar conselho orientado.

O: Colheita de dados de exame objetivo orientado para o(s) problema(s) em exame: Físico (Inspeção, Palpação, Percussão e Auscultação e colheita de sinais) e Mental (Choro? Mímica? Postura? Expressão? Coerência de discurso, ideação?). Colheita e registo de pontos notados pelo médico (ou por notas de outro profissional de saúde) durante o exame físico: dados de inspeção, palpação, percussão e auscultação e de outras manobras ou exames efetuados. Registo de resultados de resultados de exames pedidos ou apresentados, ou conteúdo de cartas de outros médicos;

A: Classificação de diagnósticos, mesmo que diferenciais ou incertos, partilhados e consensualizados como importantes com o paciente. Nesta fase, os papéis de cada um e objetivos da consulta são clarificados.

P: Explanação sucinta sobre o explicado, centrando na pessoa, registar o plano terapêutico (farmacológico ou não farmacológico) acordado entre os intervenientes, quais os meios complementares de diagnóstico solicitados com que racional e quais as intervenções futuras caso apresentem determinados resultados, quais as recomendações e educação para a saúde explicitando contratos e combinações, quer para a pessoa quer para a família, procedimentos administrativos: documentos emitidos, planificação de cuidados (agendamento de consultas e referenciações) e neste caso para quem e porquê (Queiroz, 2009).

É também importante que sejam feitas classificações adequadas, no nosso caso pela ICPC2, por forma a haver conhecimentos epidemiológicos adequados das unidades e dos médicos para sua formação e para a melhoria de qualidade de conhecimento concreto dos sinais e sintomas em que atuam, sobre que diagnósticos laboram e sobre os procedimentos pensados (World Organization of National Colleges Academies and Academic Associations of General Practitioners/Family Physicians, 2005).

Uma consulta em cuidados primários não tem de seguir uma estrutura rígida, havendo episódios em que a fluência não é a mesma. A consulta por iniciativa de quem consulta centra-se habitualmente na queixa atual, e toda a colheita de história e sinais objetivos, avaliação e planos relacionam-se com essa queixa de forma não linear, o que dificultará, por vezes, um registo automático da consulta, em que múltiplas queixas podem existir para lá de um eventual motivo médico de marcação de consulta de acompanhamento (Kocaballi *et al.*, 2019).

5. Como deve ser o ambiente do consultório?

O espaço, disposição e recursos instrumentais devem procurar dar resposta a qualquer solicitação que possa ter o doente, já que ele pode vir a consulta com queixas de qualquer natureza. Além disso, o ambiente do consultório influencia a eficiência e efetividade do médico, a sua produtividade e ainda o conforto, a satisfação e o bem-estar sentidos pelo utente, a probabilidade de manter seguimento e até resultados em saúde (Mann & Chambers, 2001; Ulrich, 2000).

Assim, devemos ter atenção ao dispor o espaço de consulta, sabendo que, para além do médico e do paciente, poderá ter de haver espaço para outros técnicos na consulta, aluno, médico interno e pelo menos mais um membro da família/cuidador do paciente, sendo importante maximizar também a iluminação natural, assegurando a ventilação e mantendo a temperatura ambiente (Wells, 2007).

É importante certificar-se que o gabinete confere privacidade suficiente, incluindo a diminuição das interrupções, e salvaguardando que não haja vista direta da porta para a marquesa e, se possível, também para o médico e paciente (Cammock, 1975).

A disposição de cadeiras e secretária é muito variável entre regiões, e até de acordo com preferências pessoais, e faz sentido que seja suficientemente flexível para permitir necessidades de ajuste da posição relativa entre doente e médico. Os instrumentos usados na consulta devem estar em zona de fácil acesso ao médico mas não tanto ao utente, e as cadeiras devem ser confortáveis e o mais parecidas possível, para facilitar os papéis partilhados na consulta (Floss *et al.*, 2019).

O computador, plataformas e sistemas eletrónicos de registo de dados integrados do utente, virtualmente existentes em todos os gabinetes do país, desafiam a estrutura do gabinete e a própria atitude do médico, e alguns estudos sugerem o direcionar do ecrã de forma a ser partilhado entre o paciente e médico, integrando o paciente na consulta (Asan, P e Montague, 2014; Vale, 2018).

Já o tipo de vestuário, como o uso de bata, em contexto de consulta de continuidade com o mesmo médico, pode não ser de somenos importância para os intervenientes consultantes (Pereira, Jorge, Guerra e Branco, 2008).

6. A consulta em visitação domiciliária médica.

A consulta domiciliária (rural/urbana) tem sido uma constante histórica no trabalho dos médicos de família, e é feita por eles de forma continuada, sendo que tem benefícios reconhecidos, como a equidade no acesso à saúde, o acesso a informação familiar, socioeconómica e de hábitos de vida que a consulta no consultório não permite, e ainda favorecer a relação médico-paciente. Para lá dos problemas patológicos que podem ser devidamente tratados, a visita domiciliária dá-nos a noção da intervenção preventiva a realizar em ambientes nos quais os nossos idosos deambulam, podendo assim evitar-se acidentes, podendo promover-se pequenas melhorias no ambiente da casa ou podendo mesmo alertar-se família, outros cuidadores e entidades oficiais ou de caráter social para ajudas que, muitas vezes, são simples e permitem reduzir morbilidade. Esta atividade, que é necessária e tem respaldo na Definição Europeia de MGF, deve evidentemente ter os seus limites de quantidade e, ao mesmo tempo, ser criteriosamente realizada, pois o médico de MGF deve ter presente o seu dever deontológico de equidade, sendo o seu tempo necessário para outros casos.

Estas consultas podem ser feitas por razões muito variadas, desde doença aguda, vigilância de doença crónica, cuidados paliativos, cuidados ao recém-nascido e puérpera, razões sociais e cuidados após alta hospitalar, e por isso adotar diferentes estratégias adaptadas a cada um dos casos. A marcação desta atividade, programada ou ocasional, deve ser muito bem ponderada *versus* a vantagem em mantermos cidadão móveis e a existência dos recursos necessários no decurso de uma entrevista clínica.

Na avaliação de um paciente que está imobilizado no domicílio, é importante fazer uma avaliação integral, desde os dados biomédicos, à avaliação funcional, de saúde mental e ainda avaliação social. Assim, a consulta será necessariamente mais demorada e muitas vezes feita com vários profissionais de saúde e englobando várias pessoas da família e cuidadores.

Em termos de material, deve haver uma mala de domicílios preparada com material para exame diagnóstico, prescrição e administração de vacinas e tratamentos. Além disso, variadas escalas de funcionalidade, qualidade de vida, saúde mental e estado nutricional podem ser úteis nesta avaliação, pelo que faz sentido também ter um protocolo e conjunto destas escalas disponíveis para cada paciente que é atendido no domicílio (Duque, Gruner, Clara, Ermida e Veríssimo, 2009; Lombardo, Ramírez e Joaquín, 2003).

Será ainda importante garantir a segurança da equipa que faz a consulta com algumas medidas, como ter uma data e local preciso marcado no sistema informático e conhecido de toda a equipa, não fazer a visita com um só profissional, identificar condições de segurança ao chegar e ao fazer a visita, apontando posteriormente potenciais riscos identificados para profissionais e utentes (Constantino & Rosendo, 2018).

SUGESTÕES DE LEITURA

McWhinney, I. R. e Freeman, T. (2009). *Textbook of Family Medicine* (3.ª ed.). Oxford; Nova Iorque: Oxford University Press.

Stewart, M., Brown, J. B., Weston, W., McWhinney, I. R., McWilliam, C. L. e Freeman, T. (2013). *Patient-centered Medicine: transforming the clinical method*: CRC Press.

Groopman, J. (2008). *How Doctors Think*: Houghton Mifflin Harcourt.

REFERÊNCIAS

Abreu, J. L. P. e Ribeiro, C. (1998). *Comunicação e Medicina*: Virtualidade Coimbra.

Allen, J., Gay, B., Crebolder, H., Heyrman, J., Svab, I. e Ram, P. (2005). *The European Definition of General Practice / Family Medicine.* Disponível em: http://www.woncaeurope.org/sites/default/files/documents/Definition%202nd%20cd%202005.pdf

Asan, O., P, D. S. e Montague, E. (2014). More Screen Time, Less Face Time — implications for EHR design. *J Eval Clin Pract, 20*(6), 896-901. doi:10.1111/jep.12182

Aveiro, M., Santiago, L. M., Ferreira, P. L. e Simoes, J. A. (2015). [Fiability Study of Diabetes Empowerment Scale: Short Version]. *Acta Med Port, 28*(2), 177-181. Disponível em: https://www.ncbi.nlm.nih.gov/pubmed/26061507

Bardes, C. L. (2012). Defining «patient-centered medicine». *N Engl J Med, 366*(9), 782-783. doi:10.1056/NEJMp1200070

Bertakis, K. D. e Azari, R. (2011). Patient-centered care is associated with decreased health care utilization. *The Journal of the American Board of Family Medicine, 24*(3), 229-239.

Brown, J., Stewart, M., McCracken, E., McWhinney, I. R. e Levenstein, J. (1986). The patient-centred clinical method. 2. Definition and application. *Fam Pract, 3*(2), 75-79. doi:10.1093/fampra/3.2.75

Cammock, R. (1975). Confidentiality in health centres and group practices: the implications for design. *Journal of architectural research*, 5-17.

Colégio de Especialidade de Medicina Geral e Familiar. (2019). *Perfil de competências do especialista em Medicina Geral e Familiar.* Disponível em: https://ordemdosmedicos.pt/wp-content/uploads/2019/08/2019_Perfil_Compete%CC%82ncias_Objetivos-de-Formac%CC%A7a%CC%83o-MGF.pdf

Constantino, L. e Rosendo, I. (2018). Condições para a prática da consulta de MGF com doentes de patologia psiquiátrica. *In* H. Firmino, L. M. Santiago, J. Andrade e V. Nogueira (Org.), *Psiquiatria Básica em Medicina Familiar* (pp. 11-29): LIDEL.

da Graça Pereira, M., Pedras, S. e Machado, J. C. (2013). Adaptação do questionário de confiança no médico em pacientes com diabetes tipo 2 e seus companheiros. *Psicologia: Reflexão e Crítica, 26*(2), 287-295.

de Almeida, L. M. (2005). Da prevenção primordial à prevenção quaternária. *Prevenção em saúde, 23.*

Domingues, A. C., Santiago, L. M., Rodrigues, A. R., Pires, B., Velho, D. e Ferreira, P. L. (2019). Cross-cultural adaptation and validation of the Jefferson Scale of Patient's Perceptions of Physician Empathy (JSPPPE) for the Portuguese population. *Patient Prefer Adherence, 13,* 1145-1152. doi:10.2147/PPA.S211764

Duque, A. S., Gruner, H., Clara, J. G., Ermida, J. G. e Veríssimo, M. T. (2009). *Avaliação Geriátrica Global*: Núcleo de Estudos de Geriatria da Sociedade Portuguesa de Medicina Interna.

Fazio, S. B., Demasi, M., Farren, E., Frankl, S., Gottlieb, B., Hoy, J., ... Ogur, B. (2016). Blueprint for an Undergraduate Primary Care Curriculum. *Acad Med, 91*(12), 1628-1637. doi:10.1097/ACM.0000000000001302

Ferreira, P. L., Ferreira, L. N. e Pereira, L. N. (2013). [Contribution for the validation of the Portuguese version of EQ-5D]. *Acta Med Port, 26*(6), 664-675. Disponível em: https://www.ncbi.nlm.nih.gov/pubmed/24388252

Ferreira, P. L. e Raposo, V. (2006). A governação em saúde e a utilização de indicadores de satisfação. *Revista Portuguesa de Medicina Geral e Familiar, 22*(3), 285-296.

Floss, M., Hoedebecke, K. e Vidal-Alaball, J. (2019). Where is the patient's chair? Differences in general practitioner consultation room layouts-an exploratory questionnaire. *F1000Res, 8*(1439), 1439.

Harrison, M., Milbers, K., Hudson, M. e Bansback, N. (2017). Do patients and health care providers have discordant preferences about which aspects of treatments matter most? Evidence from a systematic review of discrete choice experiments. *BMJ Open, 7*(5), e014719. doi:10.1136/bmjopen-2016-014719

Kickbusch, I. e Nutbeam, D. (1998). Health promotion glossary. *Geneva: World Health Organization, 14.*

Kleij, K. S., Tangermann, U., Amelung, V. E. e Krauth, C. (2017). Patients' preferences for primary health care — a systematic literature review of discrete choice experiments. *BMC Health Serv Res, 17*(1), 476. doi:10.1186/s12913-017-2433-7

Kocaballi, A. B., Coiera, E., Tong, H. L., White, S. J., Quiroz, J. C., Rezazadegan, F., ... Laranjo, L. (2019). A network model of activities in primary care consultations. *J Am Med Inform Assoc, 26*(10), 1074-1082. doi:10.1093/jamia/ocz046

Laranjo, L., Dunn, A. G., Tong, H. L., Kocaballi, A. B., Chen, J., Bashir, R., ... Coiera, E. (2018). Conversational agents in healthcare: a systematic review. *J Am Med Inform Assoc, 25*(9), 1248-1258. doi:10.1093/jamia/ocy072

Lombardo, F. C., Ramírez, E. L. e Joaquín, E. B. (2003). *Manual d'atenció domiciliaria.* Barcelona: Societat Catalana de Medicina Familiar i Comunitària.

Macedo, A., Cavadas, L. F., Sousa, M., Pires, P., Santos, J. A. e Machado, A. (2011). Empathy in family medicine. *Revista Portuguesa de Medicina Geral e Familiar, 27*(6), 527-532.

Mann, L. e Chambers, D. (2001). Designing a consumer friendly practice. *Aust Fam Physician, 30*(3), 241-244. Disponível em: https://www.ncbi.nlm.nih.gov/pubmed/11301762

Marcinowicz, L., Pawlikowska, T., Konstantynowicz, J. e Chlabicz, S. (2014). New insight into the role of patients during medical appointments: a synthesis of three qualitative studies. *Patient, 7*(3), 313-318. doi:10.1007/s40271-014-0056-1

Martins, C., Godycki-Cwirko, M., Heleno, B. e Brodersen, J. (2018). Quaternary prevention: reviewing the concept. *Eur J Gen Pract, 24*(1), 106-111. doi:10.1080/13814788.2017.1422177

McKinley, R. K. e Middleton, J. F. (1999). What do patients want from doctors? Content analysis of written patient agendas for the consultation. *Br J Gen Pract, 49*(447), 796-800. Disponível em: https://www.ncbi.nlm.nih.gov/pubmed/10885083

Nunes, J. M. (2010). *Comunicação em contexto clínico.* Lisboa: Bayer.

Nunes, J. M., Yaphe, J. e Santos, I. (2013). Sintomas somatoformes em medicina de família: um estudo descritivo da incidência e evolução em uma unidade de saúde familiar de Portugal. *Revista Brasileira de Medicina de Família e Comunidade, 8*(28), 164-171.

Peck, C., McCall, M., McLaren, B. e Rotem, T. (2000). Continuing medical education and continuing professional development: international comparisons. *BMJ, 320*(7232), 432-435. doi:10.1136/bmj.320.7232.432

Pereira, A. V., Jorge, G. P., Guerra, N. C. e Branco, P. R. (2008). O médico de família ideal — Perspectiva do utente. *Revista Portuguesa de Medicina Geral e Familiar, 24*(5), 555-564.

Pinheiro, A. P. (2018). Os sistemas de informação na prática do médico de família: onde está a interoperabilidade? *Revista Portuguesa de Medicina Geral e Familiar, 34*(4), 250-254.

Pintalhão, I., Botas, P., Pereira, C. e Santiago, L. M. (2013). Desenvolvimento de Tradução para Português do Patient Enablement Instrument. *Revista ADSO, 1*(2), 18-22.

Pires, V. L. A. (2018). *A Codificação Clínica e os problemas associados à qualidade dos dados: perspetiva dos codificadores.* (Mestrado em Informática Médica). Universidade do Porto,

Queiroz, M. J. (2009). SOAP revisitado. *Revista Portuguesa de Medicina Geral e Familiar, 25*(2), 221-227.

Ramos, V. (2008). *A consulta em 7 passos*: VFBM Comunicação, Lda.

Rebelo, L. (2018). *A Família em Medicina Geral e Familiar-Conceitos e Práticas*: Leya.

Roque, H., Veloso, A. e Ferreira, P. L. (2016). Versão portuguesa do questionário EUROPEP: contributos para a validação psicométrica. *Rev Saude Publica, 50*, 1-7.

Santos, I. e Ribeiro, I. L. (2009). Indicadores de desempenho na consulta. *Revista Portuguesa de Medicina Geral e Familiar, 25*(2), 228-236.

Simões, J. A. (2009). A consulta em Medicina Geral e Familiar. *Revista Portuguesa de Medicina Geral e Familiar, 25*(2), 197-198.

Stewart, M., Brown, J. B., Weston, W., McWhinney, I. R., McWilliam, C. L. e Freeman, T. (2013). *Patient-centered medicine: transforming the clinical method* (3.ª ed.): CRC press.

Ulrich, R. S. (2000). *Evidence based environmental design for improving medical outcomes.* Paper apresentado em Proceedings of the Healing by Design: Building for Health Care, na 21st Century Conference, Montreal, Quebec, Canadá.

Vala, J., Pinto, A. M., Moreira, S. e Lopes, R. C. (2016). *Burnout na classe médica — principais resultados do estudo nacional.* Disponível em: http://ordemdosmedicos.pt/wp-content/uploads/2017/09/Principais_resultados_do_Estudo_nacional_de_Burnout_na_classe_medica.pdf

Vale, M. J. M. (2018). *Influências Ambientais Na Relação Médico-Doente.*

Wells, J. E. (2007). Efficient office design for a successful practice. *Fam Pract Manag, 14*(5), 46-50. Disponível em: https://www.ncbi.nlm.nih.gov/pubmed/17523381

Woolf, S. H., Chan, E. C., Harris, R., Sheridan, S. L., Braddock, C. H., 3rd, Kaplan, R. M., ... Tunis, S. (2005). Promoting informed choice: transforming health care to dispense knowledge for decision making. *Ann Intern Med, 143*(4), 293-300. doi:10.7326/0003-4819-143-4-200508160-00010

World Organization of National Colleges Academies and Academic Associations of General Practitioners/Family Physicians. (2005). *ICPC-2-R : international classification of primary care* (2.ª ed. revista). Oxford; Nova Iorque: Oxford University Press.

Zaharias, G. (2018a). Learning narrative-based medicine skills. *Narrative-based medicine 3, 64*(5), 352-356. Disponível em: https://www.cfp.ca/content/cfp/64/5/352.full.pdf

Zaharias, G. (2018b). Narrative-based medicine and the general practice consultation. *Narrative-based medicine 2, 64*(4), 286-290. Disponível em: https://www.cfp.ca/content/cfp/64/4/286.full.pdf

Zaharias, G. (2018c). What is narrative-based medicine? *Narrative-based medicine 1, 64*(3), 176-180. Disponível em: https://www.cfp.ca/content/cfp/64/3/176.full.pd

CAPÍTULO 4

COMUNICAÇÃO CLÍNICA

José Mendes Nunes

A **comunicação clínica** é a troca de informações sobre o cuidar de uma pessoa que ocorre entre clínicos, membros de uma equipa multidisciplinar, médicos, pacientes, familiares e cuidadores. É parte integrante do cuidar, e a comunicação efetiva é essencial para garantir cuidados seguros com alta qualidade.

É frequente os conceitos de comunicação clínica e de comunicação em saúde serem usados como sinónimos, embora sejam diferentes.

A **comunicação em saúde** é o estudo e o uso de estratégias de comunicação de informações de saúde para informar e influenciar os indivíduos e as comunidades, a fim de fazerem escolhas que aumentem a saúde (Teixeira, 2004). O objetivo da disseminação de informações de saúde é influenciar as escolhas de saúde pessoal, tendo como premissa que a literacia em saúde leva a melhores escolhas. É habitual considerar-se este conceito sinónimo de promoção da saúde, mas a promoção da saúde é o que se pretende alcançar através da comunicação em saúde. Claro que também há a ideia de que comunicação em saúde (ou da saúde) é um conceito lato que engloba a comunicação clínica, as campanhas de saúde pública, o *marketing* da saúde, a comunicação transdisciplinar.

Neste texto assumimos estas definições, mas estamos conscientes de que existem muitas outras que aumentam a confusão. Estas variações de entendimento estão associadas aos contextos culturais em que nascem e ao próprio conceito de saúde, que também varia com a cultura.

Assim, temos que a comunicação clínica visa essencialmente a segurança do doente e a melhoria dos cuidados de saúde. A comunicação em saúde visa aumentar os níveis de literacia em saúde do doente ou da população.

Neste capítulo, pretendemos focar a nossa atenção na comunicação clínica, ou seja, a comunicação usada em contexto clínico.

A comunicação clínica efetiva é a capacidade de integrar conhecimento, comunicação (no sentido de partilha de significados), exame físico, habilidades práticas e solução de problemas. A comunicação clínica efetiva não é apenas estabelecer empatia e relação terapêutica, mas também envolve a colheita da história, a escolha e explicação dos planos terapêuticos, o trabalho com os doentes e com os profissionais de saúde (Silverman, 2009).

A comunicação clínica efetiva é parte integrante de qualquer atividade médica, sendo o alicerce da qualidade dos cuidados de saúde porque catalisa a rentabilização da entrevista clínica e aumenta a fidedignidade do diagnóstico. Recorde-se que a informação colhida na história clínica fornece 80% da informação diagnóstica (Silverman, 2009), portanto, 80% do rigor diagnóstico depende da comunicação entre o médico e o paciente. Para além disso, a comunicação clínica efetiva aumenta a satisfação do utente (e do profissional) e favorece melhores resultados em saúde.

A comunicação clínica efetiva é o instrumento da Medicina Centrada na Pessoa (MCP) e assim, ao longo deste texto, é sinónimo de Comunicação Centrada na Pessoa (CCP).

Habilidade comunicacionais

Quando se pensa na formação em comunicação clínica, a expectativa é de aprender habilidades, truques, «skills» comunicacionais. Esta expectativa traduz numa ideia simplista de atomização em habilidades uma realidade complexa como é comunicação clínica. Contudo, a aprendizagem deve ter sempre como pressuposto a criatividade do clínico, reconhecendo que cada decisão comunicacional é original, ou não fosse a comunicação clínica o reconhecimento da individualidade do paciente como ser único e irrepetível (Salmon & Young, 2011) e um encontro de incertezas do paciente e ou do médico (Fenning, Smith e Calderwood, 2019).

Apenas e só por razões didáticas e concetuais, podemos considerar três tipos de habilidades comunicacionais:

1. **Habilidades de conteúdo** referem-se ao que é perguntado e às respostas que se obtêm. É a informação que é colhida, a que é disponibilizada e a discussão dos possíveis tratamentos. São os conteúdos da mensagem, o que deve ser dito (partilhado). É a capacidade de escolher, entre tanta informação que está disponível, o que deve ser dito e interessa

ao interlocutor. Esta talvez seja a dimensão mais ensinada, embora se coloque sempre uma dúvida: se o que achamos que o doente deve saber é realmente o que ele precisa de saber. Se é o que lhe *importa*, ou seja, que ele deve *importar* (levar para dentro de *portas*) para dentro de si e integrar no seu esquema mental.

2. **Habilidades de processo** dizem respeito ao «como se faz». Como é que os sujeitos comunicam entre si. Que recursos verbais e não-verbais usam, como organizam e estruturam a comunicação, criam e desenvolvem a relação clínica.
3. **Habilidades percetuais** são o que se pensa e sente; a capacidade de raciocinar e resolver problemas clínicos, as suas atitudes, intenções, crenças e valores; a consciência que o médico tem dos pensamentos e sentimentos que o doente, a doença e outros aspetos relacionados lhe despertam. Nas habilidades percetuais cabe o autoconceito do médico, a autoconfiança, os vieses determinados pelos seus estereótipos e preconceitos, por exemplo, sentimentos de racismo, xenofobias, etnocentrismo, etc... (Cary & Kurtz, 2013)

Então, para haver comunicação efetiva é necessário saber o que comunicar, como comunicar e quem comunica, ou seja, em termos pessoais, podemos dizer: «o que digo, como digo e quem sou eu».

Saber quem comunica é ter autoconsciência e autoconhecimento. Este é o conhecimento mais difícil (Quadro 4.1), exigente e prolongado (em princípio *ad aeternum*), tanto mais que nos vamos modificando ao longo da vida. O conhecimento de nós constrói-se na interação com os outros e refletindo sobre a informação que recebemos. Para isso é imprescindível expormo-nos e escutarmos. A escuta é a habilidade básica de qualquer atividade clínica. Contudo, é uma aptidão complexa, como o demonstra o signo chinês para a palavra «escutar» (Figura 4.1). Dele fazem parte as perceções do ouvir e do ver, a atividade cognitiva (pensar), a atitude de escuta (estar presente e focado na pessoa), e sentimentos de compreensão e compaixão, i.e., o que é do coração (van Dulmen, 2017). Esta escuta também se dirige a nós próprios, atendermos ao que sentimos, às nossas emoções e sabermos lê-las e, através desse conhecimento, nos tornarmos mais habilitados a conhecer e compreender a nós e aos outros. Este é 3.º ouvido. Se não nos ouvimos, se não sabemos ler as nossas emoções, como podemos compreender as emoções dos outros?

Quadro 4.1. Características do autoconhecimento

1. É o mais difícil e doloroso.
2. Constrói-se na interação com os outros.
3. Capacidade de usar as próprias emoções para comunicar e compreender o doente. (*usar o 3.º ouvido*)
4. Capacidade de sentir e de saber o que está a sentir.
5. Capacidade de separar o «papel« da «pessoa».
6. Formação médica «superior»: ***capacidade de aprender com os nossos doentes.***

Figura 4.1. A palavra «escutar» em Chinês tradicional (adaptado de van Dulmen, 2017)

A alexitimia é um problema de que muitos clínicos sofrem e negam pelo mito de terem de ser «duros». Dentro do autoconhecimento inclui-se a necessidade de cada um saber como reage (reflexamente) perante as diferentes situações e tipo de doentes. Só assim se pode preparar para não realizar comportamentos comunicacionais totalmente inúteis ou mesmo desastrosos. Deve saber separar o papel que desempenha da função que exerce, assumindo que a eventual agressividade do doente não é contra o médico enquanto pessoa, mas contra o papel que desempenha. Só com inteligência emocional pode responder com comportamento positivo a comportamento negativo. Finalmente, a assunção da humildade de quem tem a consciência que sabe muito pouco, mas ambiciona aprender, assumindo-se eterno estudante, deixa (ou mesmo pede) que os doentes o ensinem. Porque a verdadeira formação médica, a «superior», é a que se vai recebendo ao longo da vida profissional, no contacto com os doentes, assim saibamos respeitar e venerar estes nossos «professores».

O conselho de John Witehorn, citado por Irvin Yalom, (Yalom, 1999) é revelador de grande sabedoria: «Escuta os teus doentes. Deixa-os ensinarem-te. Para cresceres sabiamente tens de permanecer estudante».

1. Comunicação clínica centrada no paciente (CCCP)

A comunicação clínica centrada no paciente deve ser vista como um processo (o *como*) de alcançar o objetivo clínico (o *quê*) de ter os melhores resultados em saúde. (Saba *et al.*, 2006)

Moira Stewart e colaboradores consideram quatro componentes no Método Clínico Centrado no Paciente (MCCP): 1) que tipo de diálogo tem o paciente consigo próprio; 2) que tipo de diálogo tem com o seu meio ambiente proximal e distal; 3) procurar entendimento comum; 4) construir e manter a relação médico-paciente (Stewart *et al.*, 2013). Outros definem o MCCP com cinco componentes: 1) perspetiva bio-psico-social em que o médico tem em consideração os aspetos psíquicos e sociais dos problemas de saúde, para além dos biológicos; 2) o médico, como pessoa, usa a sua sensibilidade e subjetividade para construir a relação médico-doente; 3) o doente, é pessoa ativa e perito no seu sofrimento e, como tal, o médico está atento à doença, às circunstancias e às experiencias de dolência; 4) o médico partilha o poder e a responsabilidade envolvendo o doente na tomada de decisão, para o que lhe fornece toda a informação necessária, funcionando como curador de conteúdos de saúde; 5) procura aliança terapêutica que resulta da criação de um ambiente emocional durante a consulta, graças à partilha profissional e pessoal que se estabelece entre médico e doente (Mead & Bower, 2000).

Partindo destas três últimas dimensões, de Boer e colaboradores operacionalizam a CCP com base nos comportamentos ou perceções básicas do doente: 1) sentir escuta ativa; 2) ser capaz de colocar questões; 3) ser levado a sério; 4) receber informação tangível; e 5) haver partilha de decisão. (de Boer, Delnoij e Rademakers, 2013)

Na comunicação clínica centrada no paciente, o médico valoriza o processo de raciocínio conducente ao diagnóstico tradicional e dá igual importância à compreensão do significado, expectativas, sentimentos e medos que a dolência tem para o doente (Figura 4.2). Assim, em paralelo, implementa dois planos de investigação diagnóstica. 1) tenta chegar ao diagnóstico clínico através de anamnese, exame físico e exames complementares de diagnóstico; 2) procura conhecer o quadro de representações do doente. (Stewart *et al.*, 2013)

A CCCP pressupõe algumas mudanças de atitudes médicas: 1) perder a noção hierárquica de que o profissional de saúde deve manter o comando da relação e o doente limitar-se a um comportamento passivo e complacente; procurar o empoderamento do paciente e partilhar o poder na relação; 3) modificar a ideia de que o médico deve manter um distanciamento objetivo em relação ao paciente, reconhecendo que este comportamento gera insensibilidade ao sofrimento.

Figura 4.2. As duas vertentes de diagnóstico integrado.

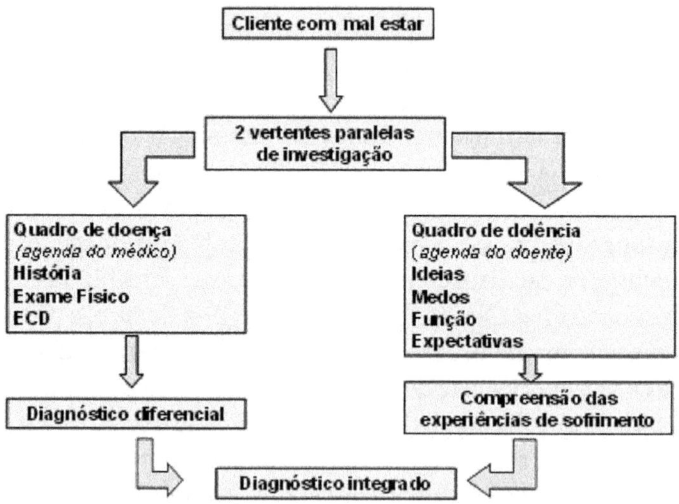

A investigação tem demonstrado que uma boa parte das pessoas com alguma perturbação de saúde não procura os cuidados de saúde e, quando procura, mais de metade não tem uma causa ou diagnóstico definido ao fim de seis meses. Se o médico de família assume que o seu único objetivo é a doença então, pelo menos um em cada dois clientes que o procuram, não satisfaz as suas necessidades e, ao outro, responde de modo insuficiente.

Procura-se, então, um equilíbrio entre o *objetivo* e o *subjetivo*, explorar as pontes entre físico e psíquico, valorizar tanto os números como as pessoas, a tecnologia como a relação, considerar as emoções e o seu reflexo na biologia e, vice-versa, a biologia provocando emoções.

O método fundamenta-se nos princípios da abordagem holística e, como tal, a interação deve ser analisada e interpretada como um todo integrado que só por razões de ordem esquemática se apresentam de forma tão analítica e simplificada como no Quadro 4.2, com os quatro componentes definidos por Moira Stewart e colaboradores. (Stewart *et al.*, 2013)

Quadro 4.2. Componentes do Método Clínico Centrado no Paciente

Componentes	***Conteúdos***
1º. Exploração das experiências de saúde, doença e dolência.	Tempo de avaliação dos conceitos de saúde, doença e dolência do doente. Para além de avaliar o processo da doença através da história clínica e exame objetivo, o clínico tenta compreender a visão que o doente tem do seu mundo, procurando conhecer os seus sentimentos, as suas ideias, o impacto na sua vida e as expectativas. Avaliação do potencial do cliente para a saúde. Identificação dos comportamentos de risco para saúde, dos obstáculos à saúde. Avaliação da importância atribuída aos problemas de saúde. Avaliação do grau de confiança percecionada para a mudança de comportamentos ou para a implementação de planos terapêuticos. Avaliação do grau de preparação para a mudança.
2º. Compreensão da pessoa no todo e no seu contexto.	Integração dos conceitos de doença e dolência na compreensão global da pessoa, i.e., na sua personalidade, história de vida, grau de formação, nos seus contextos próximo (família, profissão, etc.) e distal (económico, *mass media*, político, etc.) Avaliação dos obstáculos à saúde. Avaliação de recursos e suportes na saúde na doença.
3º. Estabelecer terreno comum ou *grounding*.	Inclui a mútua decisão quanto à definição dos problemas, aos objetivos do tratamento ou intervenção, e clarificação dos papéis a assumir por cada um dos intervenientes. A partilha do plano terapêutico.
4º. Construir a relação médico-doente.	Cada contacto deve ser usado para construir a relação médico-doente incluindo a compaixão, confiança, cuidar e partilha de poder. Este objetivo exige autoconhecimento e autoconsciência estando atento aos fenómenos de transferência e contratransferência. Pressupõe continuidade de cuidados e constância (manter a *beginner's mind*).

Na medicina centrada no paciente, o médico dá prioridade ao Mundo do doente, assumindo que só nele se encontram os esquemas explicativos, capazes de fornecer lógica à peculiaridade do significado, diagnóstico e tratamento dos seus problemas. O paciente pode sentir-se desconfirmado pelo médico se este ignorar o seu mundo, as tentativas para o revelar ou se as inibir através da utilização da voz da medicina. Numa perspetiva biomédica, diremos que o doente procura os serviços de saúde pelo sintoma. Na perspetiva centrada no paciente, **o que determina a procura dos serviços de saúde não é o sintoma, mas aquilo que o doente *pensa* sobre o sintoma**. Nestas condições, se desejamos ajudar o doente naquilo que realmente o preocupa, então, toda a abordagem clínica passa por conhecer quais são as suas reais preocupações. Na perspetiva centrada na pessoa, a pergunta é «qual é a principal preocupação do doente?» e não «qual é a principal queixa do doente?». A história da dolência tem dois protagonistas: o corpo e a pessoa. Só a abordagem centrada no doente permite identificar os factos relacionados com a disfunção orgânica e os significados que o doente lhes associa. O modelo explicativo do doente ou o quadro de representações é o modo como ele conceptualiza a origem, a forma e as consequências do seu problema. Este modelo só pode ser conhecido através do questionamento cultural de Kleinman, colocando questões do tipo das que se encontram no Quadro 4.3. (Kleinman, Eisenberg e Good, 1978). O significado dos sintomas varia com o contexto do doente, por exemplo, os significados para um paciente em cuidados paliativos é diferente de outro numa visita domiciliária. Nos cuidados paliativos, as preocupações são sobretudo situacionais, como os receios referentes à capacidade funcional para o dia-a-dia e como lidar com a adversidade, e existenciais, como o medo de que se trate de agravamento da doença ou do fim da vida (Estacio, Butow, Lovell, Dong e Clayton, 2017). Já no cuidado a idosos no domicílio, são os receios de ser um peso para terceiros, perda de autonomia, quebra de laços sociais, incertezas quanto ao apoio dos cuidados de saúde, medos do futuro e da morte (Hafskjold *et al.*, 2016). No entanto, perante os índices mínimos[3] de significados funcionais e existenciais expressos pelo paciente, o clínico tende a ignorá-los e responde medicamente com explicações científicas, tratamento sintomático, revisão de dosagens e de planos, em vez de incentivar o doente para elaborar sobre as suas preocupações e medos (Estacio *et al.*, 2017). Contudo, a evidencia mostra que o facto de «simplesmente» estar presente e escutar empaticamente é de muito mais valia para o doente (Kearsley & Lobb, 2013). A ausência de empatia revelado pelo estudo de Estacio e colaboradores vinca a necessidade do treino da comunicação para ajudar os profissionais de saúde a responder e a lidar com a ansiedade relacionada com o sintoma (Estacio

[3] Índices mínimos ou *minimal cues* são os componentes, não-verbais ou verbais, de uma mensagem emitidos sem intenção de comunicar e que traduzem emoções ou sentimentos do emissor.

et al., 2017). De acordo com Hashim, o clínico deve atuar como parteiro das emoções do doente facilitando o «parto emocional» (Hashim, 2017).

Quadro 4.3. Questões para avaliar a cultura do doente.

Como descreve o seu problema? Conhece alguém que tenha tido o mesmo problema? O que pensa que poderá ter provocado este problema? No seu entender, porque acha que isto lhe aconteceu a si e neste momento? O que acha que poderia ser feito para resolver este problema? Tem ideia de alguém, para além de mim, que possa ajudar a ultrapassar este problema?

O Grupo de Investigação MaGPle, da Nova Zelândia, que entrevistou 775 doentes e 70 médicos, verificou que 37% dos doentes com sintomas correntes não revelaram ao médico problemas psicológicos por si identificados. Destes, cerca de 34% justificaram este comportamento com o facto de entenderem que o seu clínico geral não era a pessoa indicada para falar do assunto, e 27% entendiam que os problemas mentais não deviam ser discutidos com ninguém. Um número significativo de doentes não revelou os seus problemas psicológicos pelo receio de o médico lhes prescrever psicofármacos (Bushnell *et al.*, 2005).

2. Avaliar o quadro de referências do paciente

Na identificação do quadro de representações do doente, o clínico mantém uma escuta ativa, estando atento às «deixas» ou índices emitidos pelo doente e descodificá-los.

Brown e outros propõem quatro dimensões da dolência para avaliar na consulta: 1) os sentimentos e os **medos** relacionados com o problema; 2) as explicações ou **ideias** acerca das queixas ou do problema; 3) o impacto do problema na sua vida ou em que medida a **função** se modificou; 4) e as **expectativas** do doente face ao médico e aos serviços de saúde. A estas dimensões eu acrescento conhecer os **recursos** com que o doente pode contar para fazer face ao seu problema e/ou que o ajudam a manter a sua saúde. A título de exemplo, no Quadro 4.4, descrevem-se algumas perguntas a colocar para avaliar cada uma destas dimensões da dolência.

Quadro 4.4. Questões na avaliação das dimensões da dolência

Ideias e Explicações *No seu entender, a que se deve isto?* **Medos** *Neste problema, o que o preocupa mais?* **Função ou impacto** *Como é que este problema o afeta no seu dia-a-dia?* **Expectativas** *Tem alguma ideia do que podemos fazer para o ajudar neste problema?* **Recursos** *Com quem pode contar para o ajudar nesta situação?*

A título de mnemónica, permitam-me que crie um neologismo: **IMFERar**. IMFErar é o processo de avaliar as **I**deias, os **M**edos, o impacto na **F**unção, as **E**xpectativas que o doente traz para a consulta e os **R**ecursos e forças com que pode contar. Fazem parte destas forças os sucessos do passado, o desejo de melhorar, a literacia em saúde, o interesse pela vida, a saúde mental e física restantes e os suportes sociais (proximais e distais) e os média.

Os doentes com baixa literacia para a saúde têm maior probabilidade de serem hospitalizados que os de maior literacia (Haun *et al.*, 2015), e o grau de literacia em saúde afeta o controlo da diabetes *mellitus* (Rothman *et al.*, 2004). Por outro lado, os médicos, muitas vezes, julgam que os doentes possuem maior grau de literacia do que realmente têm (Safeer & Keenan, 2005). A família é outro recurso importante para a manutenção e recuperação da saúde; por exemplo, o risco cardiovascular aumenta nas pessoas que experimentam relações negativas com pessoas próximas significantes (De Vogli, Chandola e Marmot, 2007). A espiritualidade funciona como suporte potente, particularmente nas situações de doenças mais graves (McCord *et al.*, 2004). Contudo, a medicina, com a sua abordagem exclusivamente científica, tem subestimado a importância da espiritualidade e da esperança para o bem-estar dos doentes (Kuyck, de Wit e Kuyvenhoven, 2000). Compaixão e esperança são qualidades de qualquer bom médico e não dependem da fé. Esta abordagem exige competência cultural definida como o conhecimento, a consciência e o respeito pela cultura dos outros (Juckett, 2005), o que exige treino, tanto mais que o médico é o produto de uma cultura, geralmente arrogante, que no extremo pode ser etnocentrista[4].

[4] Etnocentrismo é a convicção de que a sua cultura é superior à dos outros.

A informação obtida na Internet pode ser de grande utilidade e funcionar como um recurso de acesso a informação que pode colmatar a limitação do tempo de consulta, sobretudo se houver uma relação médico-paciente estabelecida (Stevenson, Kerr, Murray e Nazareth, 2007). Contudo, os novos *media* podem contribuir para acentuar as desigualdades em saúde, porque os que mais têm serão os que mais beneficiarão com estes novos recursos (McCray, 2005). Além de que a utilização da net como fonte de informação pode condicionar negativamente a literacia, se desinserida da relação médico-doente (Santos, Sá, Couto e Hespanhol, 2018). Neste sentido, os profissionais de saúde e os serviços de saúde devem assumir explicitamente uma função de provedoria dando maior atenção na utilização de outros meios de chegar aos sectores «infoexcluídos». Tudo isto, tendo em atenção que os novos *media* podem gerar, nas classes que a eles têm acesso, novas necessidades de informação e, até, modificação do papel do prestador de cuidados, por exemplo, uma mulher com elevada literacia, facilmente, pode saber quando fazer a mamografia de rastreio, pelo que a sua necessidade pode ser a de saber onde fazer e como obter os benefícios financeiros que os normais utilizadores do sistema de saúde têm.

Podemos dizer que IMFERar é o antónimo de inferir. Inferir é o que mais frequentemente o clínico faz: a partir de uma característica do doente, ou de um curto ato de fala, constrói uma pseudorrealidade do doente, que é mais o resultado da experiência e imaginação do terapeuta que da realidade do doente. Ora, IMFERar é exatamente o contrário. É o clínico tomar conhecimento da realidade do doente, livre de pressupostos, julgamentos ou inferências cognitivas.

Em resumo, o médico deve estar atento às instituições que compõem o contexto da relação médico-doente: a cultura, o trabalho, a família, a comunicação social, a ideologia e a religião.

REFERÊNCIAS

Bushnell, J., McLeod, D., Dowell, A., Salmond, C., Ramage, S., Collings, S., ... Ma, G. R. G. (2005). Do patients want to disclose psychological problems to GPs? *Fam Pract, 22*(6), 631-637. doi:10.1093/fampra/cmi080

Cary, J. e Kurtz, S. (2013). Integrating clinical communication with clinical reasoning and the broader medical curriculum. *Patient Educ Couns, 92*(3), 361-365. doi:10.1016/j.pec.2013.07.007

de Boer, D., Delnoij, D. e Rademakers, J. (2013). The importance of patient-centered care for various patient groups. *Patient Educ Couns, 90*(3), 405-410. doi:10.1016/j.pec.2011.10.002

De Vogli, R., Chandola, T. e Marmot, M. G. (2007). Negative aspects of close relationships and heart disease. *Arch Intern Med, 167*(18), 1951-1957. doi:10.1001/archinte.167.18.1951

Estacio, C. F., Butow, P. N., Lovell, M. R., Dong, S. T. e Clayton, J. M. (2017). What is symptom meaning? A framework analysis of communication in palliative care consultations. *Patient Educ Couns, 100*(11), 2088-2094. doi:10.1016/j.pec.2017.05.006

Fenning, S. J., Smith, G. e Calderwood, C. (2019). Realistic Medicine: Changing culture and practice in the delivery of health and social care. *Patient Educ Couns, 102*(10), 1751-1755. doi:10.1016/j.pec.2019.06.024

Hafskjold, L., Eide, T., Holmstrom, I. K., Sundling, V., van Dulmen, S. e Eide, H. (2016). Older persons' worries expressed during home care visits: Exploring the content of cues and concerns identified by the Verona coding definitions of emotional sequences. *Patient Educ Couns, 99*(12), 1955-1963. doi:10.1016/j.pec.2016.07.015

Hashim, M. J. (2017). Patient-Centered Communication: Basic Skills. *Am Fam Physician, 95*(1), 29-34. Disponível em: https://www.ncbi.nlm.nih.gov/pubmed/28075109

Haun, J. N., Patel, N. R., French, D. D., Campbell, R. R., Bradham, D. D. e Lapcevic, W. A. (2015). Association between health literacy and medical care costs in an integrated healthcare system: a regional population based study. *BMC Health Serv Res, 15*, 249. doi:10.1186/s12913-015-0887-z

Juckett, G. (2005). Cross-cultural medicine. *Am Fam Physician, 72*(11), 2267-2274. Disponível em: https://www.ncbi.nlm.nih.gov/pubmed/16342851

Kearsley, J. H. e Lobb, E. A. (2013). «It is not a disease we treat, but a person»: medical students' reflections on their first rotations to an oncology and palliative care unit. *J Palliat Care, 29*(4), 232-236. Disponível em: https://www.ncbi.nlm.nih.gov/pubmed/24601074

Kleinman, A., Eisenberg, L. e Good, B. (1978). Culture, illness, and care: clinical lessons from anthropologic and cross-cultural research. *Ann Intern Med, 88*(2), 251-258. doi:10.7326/0003-4819-88-2-251

Kuyck, W. G., de Wit, N. J. Kuyvenhoven, M. M. (2000). Do doctors pay attention to the religious beliefs of their patients? A survey amongst Dutch GPs. *Fam Pract, 17*(3), 230-232. doi:10.1093/fampra/17.3.230

McCord, G., Gilchrist, V. J., Grossman, S. D., King, B. D., McCormick, K. E., Oprandi, A. M., ... Srivastava, M. (2004). Discussing spirituality with patients: a rational and ethical approach. *Ann Fam Med, 2*(4), 356-361. doi:10.1370/afm.71

McCray, A. T. (2005). Promoting health literacy. *J Am Med Inform Assoc, 12*(2), 152-163. doi:10.1197/jamia.M1687

Mead, N. Bower, P. (2000). Patient-centredness: a conceptual framework and review of the empirical literature. *Soc Sci Med, 51*(7), 1087-1110. doi:10.1016/s0277-9536(00)00098-8

Rothman, R. L., DeWalt, D. A., Malone, R., Bryant, B., Shintani, A., Crigler, B. ... Pignone, M. (2004). Influence of patient literacy on the effectiveness of a primary care-based diabetes disease management program. *JAMA, 292*(14), 1711-1716. doi:10.1001/jama.292.14.1711

Saba, G. W., Wong, S. T., Schillinger, D., Fernandez, A., Somkin, C. P., Wilson, C. C. Grumbach, K. (2006). Shared decision making and the experience of partnership in primary care. *Ann Fam Med, 4*(1), 54-62. doi:10.1370/afm.393

Safeer, R. S. e Keenan, J. (2005). Health literacy: the gap between physicians and patients. *Am Fam Physician, 72*(3), 463-468. Disponível em: https://www.ncbi.nlm.nih.gov/pubmed/16100861

Salmon, P. e Young, B. (2011). Creativity in clinical communication: from communication skills to skilled communication. *Med Educ, 45*(3), 217-226. doi:10.1111/j.1365-2923.2010.03801.x

Santos, P., Sá, L., Couto, L. e Hespanhol, A. (2018). Sources of information in health education: A crosssectional study in Portuguese university students. *AMJ, 11*(6), 352-360. doi:https://doi.org/10.21767/AMJ.2018.3135

Silverman, J. (2009). Teaching clinical communication: a mainstream activity or just a minority sport? *Patient Educ Couns, 76*(3), 361-367. doi:10.1016/j.pec.2009.06.011

Stevenson, F. A., Kerr, C., Murray, E. e Nazareth, I. (2007). Information from the Internet and the doctor-patient relationship: the patient perspective--a qualitative study. *BMC Fam Pract, 8*, 47. doi:10.1186/1471-2296-8-47

Stewart, M., Brown, J. B., Weston, W., McWhinney, I. R., McWilliam, C. L. e Freeman, T. (2013). *Patient-centered medicine: transforming the clinical method* (3.ª ed.): CRC press.

Teixeira, J. A. C. (2004). Comunicação em saúde: relação técnicos de saúde-utentes. *Análise Psicológica, 22*(3), 615-620.

van Dulmen, S. (2017). Listen: When words don't come easy. *Patient Educ Couns, 100*(11), 1975-1978. doi:https://doi.org/10.1016/j.pec.2017.06.021

Yalom, I. D. (1999). *Momma and the Meaning of Life: Tales of Psychotherapy* (B. Books Ed.). Nova Iorque: Universidade de Michigan.

CAPÍTULO 5
CAPACITAÇÃO DOS DOENTES

Jaime Correia de Sousa

1. Introdução

A necessidade do envolvimento da pessoa nos seus próprios cuidados resulta da constatação de que pessoas que compreendem melhor a natureza da sua doença, a forma como ela evolui e as suas possíveis complicações, que estão conscientes dos riscos envolvidos no uso inadequado ou na adesão incorreta à medicação, que estão mais aptas para lidar com a sua própria doença, obtêm melhores resultados em saúde: menos complicações, menor recurso a cuidados hospitalares e mais qualidade de vida (Funnell & Anderson, 2004; Jones, Pill e Adams, 2000; Katon, 2000; Lahdensuo, 1999; Newman, Steed e Mulligan, 2004; Wallerstein, 2006).

A capacitação dos cidadãos deve ser vista numa perspetiva de cidadania, de aumento do controlo do indivíduo sobre a sua própria vida. Pessoas mais aptas permitem aliviar a carga de trabalho dos serviços de saúde, libertando tempo que pode ser dedicado a prestar cuidados a pessoas culturalmente menos autónomas, menos diferenciadas, mais idosas, pertencentes a minorias étnicas, com problemas psíquicos ou menores recursos económicos, geralmente menos capacitadas e mais fragilizadas. Cidadãos mais saudáveis, mais habilitados em relação à promoção da saúde, prevenção da doença e estilos de vida saudáveis irão utilizar os cuidados de saúde de forma mais efetiva.

No século XXI, os profissionais de saúde terão que lidar cada vez mais com pessoas idosas, com mais doenças crónicas, o que vai exigir novas aptidões clínicas e formas diferentes de organização dos cuidados de saúde (Kennedy, Gask e Rogers, 2005). A importância de novos modelos e de novas formas de organização das equipas de saúde para lidar com a multimorbilidade tem sido salientada em diversas publicações (Bodenheimer, Wagner e Grumbach, 2002; Grumbach, 2003; Isabel Santos, 2005, 2006; I Santos *et al.*, 2009).

Para lidar adequadamente com pessoas com doenças crónicas, é necessária uma mudança de orientação para modelos de cuidados crónicos em que os vários problemas de saúde da pessoa sejam geridos em complementaridade pelas várias profissões da saúde, desde os cuidados de saúde primários aos cuidados secundários, com a participação da comunidade e, sobretudo, com a participação ativa do próprio doente e da sua família (Correia-de-Sousa, 2005; Wagner, Austin e Von Korff, 1996).

Daí a importância de se abordar o tema da capacitação dos cidadãos, com o objetivo de melhorar as competências dos profissionais de saúde sobre as formas de a promover e as estratégias para apoiar os doentes a desenvolver essas competências (Kennedy *et al.*, 2005; Strong, Mathers, Epping-Jordan e Beaglehole, 2006).

2. Os efeitos da capacitação no contexto da pessoa

2.1. A promoção da saúde do indivíduo e da sua família

Em promoção da saúde, capacitação é um processo através do qual as pessoas ganham maior controlo sobre decisões e ações que afetam a sua saúde.

A capacitação dos cidadãos não se resume à gestão das doenças crónicas; ela deve ser vista num sentido mais lato de promoção da independência individual e coletiva, numa perspetiva de autonomia e autodeterminação das pessoas em relação à sua saúde.

Podem-se individualizar diversas formas de expressão dessa independência do cidadão, tais como decidir quando consultar (ou não consultar) um médico, escolher o tipo de prestador de cuidados de saúde, procurar uma segunda opinião, utilizar medicinas alternativas, antes, durante e/ou depois de usar tratamentos médicos, decidir aceitar ou rejeitar a realização de exames ou tratamentos, automedicar-se ou interromper tratamentos.

A capacitação é um processo social, cultural, psicológico ou político através do qual indivíduos e grupos sociais são capazes de expressar as suas necessidades, apresentar as suas preocupações, elaborar estratégias de envolvimento na tomada de decisões e alcançar ação política, social e cultural para atender a essas necessidades.

Tradicionalmente, a relação de muitos profissionais de saúde com os seus doentes assenta num relacionamento paternalista com desequilíbrio de poder a favor dos profissionais de saúde. Em algumas situações-limite em que pode haver risco de vida, este tipo de relação pode ser adequado. Contudo, na maioria das ocasiões, o objetivo deve ser o respeito pela autonomia e o apoio ao cidadão para que possa tomar decisões autónomas — a decisão informada. A decisão informada é a expressão mais elevada do nível de capacitação do paciente e deve conduzir a uma decisão partilhada entre doente e profissional.

A decisão partilhada em cuidados de saúde pretende garantir que os indivíduos sejam apoiados para tomar as decisões mais adequadas para eles próprios. É um processo colaborativo através do qual profissionais de saúde apoiam pacientes para tomarem decisões sobre diagnósticos, atividades preventivas, tratamentos ou alterações do estilo de vida. O diálogo junta a experiência do clínico sobre opções de tratamento, evidências, riscos e benefícios e o que o paciente sabe melhor, as suas preferências, as circunstâncias pessoais, os seus objetivos, os seus valores e as crenças (NHS England, 2020).

2.2. A gestão dos problemas de saúde agudos

Pessoas mais capazes de lidar com pequenos problemas de saúde, mais bem informadas, serão capazes de melhores autocuidados, consumindo, por isso, menos cuidados de saúde.

Os profissionais e as entidades de saúde dedicam tempo e esforço na produção de recomendações, brochuras, desdobráveis, cartazes, livros e sítios na Internet contendo conselhos úteis e explicações sobre como agir em determinadas situações clínicas, apesar de a evidência existente nem sempre conseguir confirmar a ideia de que doentes mais bem informados consomem menos cuidados de saúde (Heaney, Wyke, Wilson, Elton e Rutledge, 2001; Little *et al.*, 2001).

Trata-se de uma área onde não abundam os artigos de investigação, tendo sido incluída na agenda de investigação para a medicina familiar desenvolvida pelo EGPRN (Hummers-Pradier *et al.*, 2009).

2.3. A gestão da doença crónica

A doença crónica apresenta desafios adicionais para a decisão partilhada, a autonomia do paciente e os autocuidados. A gestão adequada da doença crónica, particularmente no contexto de multimorbilidade, implica o desenvolvimento e a adoção de modelos mais complexos, integradores, dirigidos não apenas à doença, mas sobretudo à pessoa total integrando toda a constelação de problemas de saúde dessa pessoa (Correia de Sousa, 2005). Para isso, é necessário que, para além do método clínico centrado na pessoa, se desenvolva uma organização e um sistema de cuidados de saúde que compreenda a saúde como um padrão e não como um conjunto de diagnósticos (Isabel Santos, 2006).

Têm sido propostos diferentes modelos de gestão da doença crónica:

- O Modelo Clínico Centrado no Paciente tem como objetivos gerais integrar as experiências do doente, explorando tanto a doença como a experiência de enfermidade; procurar compreender a pessoa total; encontrar um campo comum em relação à gestão; incorporar a prevenção e promoção de saúde, realçando a relação médico-doente numa perspetiva realista (Brown, Stewart, McCracken, McWhinney e Levenstein, 1986; Levenstein, McCracken, McWhinney, Stewart e Brown, 1986).
- O Modelo de Cuidados Crónicos (MCC) incorpora a perspetiva clínica do modelo clínico centrado no paciente, procurando enquadrá-la numa nova perspetiva que compreende os componentes de apoio à autogestão, a organização do sistema de prestação de cuidados, o apoio à decisão e os sistemas de informação clínica. O apoio à autogestão é uma responsabilidade e uma parte integral do sistema de prestação de cuidados (Correia-de-Sousa, 2005; Wagner *et al.*, 1996).
- O Modelo de Cuidados Crónicos Expandido (*Expanded Chronic Care Model*) inclui elementos da área da promoção da saúde populacional para que os esforços de prevenção alargados, o reconhecimento dos determinantes sociais da saúde e a participação alargada da comunidade possam igualmente fazer parte da atividade das equipas dos sistemas de saúde que trabalham com as doenças crónicas (Barr *et al.*, 2003).
- A Estrutura de Cuidados Inovadores para as Doenças Crónicas (*The Innovative Care for Chronic Conditions Framework* — ICCC). Considerando que as doenças crónicas são cada vez mais a preocupação dos cuidados primários em todo o Mundo, a Organização Mundial de Saúde associou-se ao MacColl Institute for Healthcare Innovation para adaptar o Modelo de Cuidados Crónicos numa perspetiva global. Este modelo expande os aspetos comunitários e políticos da melhoria dos cuidados de saúde para as doenças crónicas e inclui componentes de nível micro (paciente e família), meso (organização de cuidados de saúde e comunidade) e macro (políticos). O projeto fornece uma base flexível e integradora a partir da qual se podem construir ou redesenhar os sistemas de saúde de acordo com os recursos e necessidades locais (Epping-Jordan, Pruitt, Bengoa e Wagner, 2004; World Health Organization. Noncommunicable Disease and Mental Health Cluster, 2002).

Estes diversos modelos constituem contextos teóricos importantes para a compreensão e enquadramento conceptual do problema, para a perceção dos objetivos a atingir na gestão das doenças crónicas, para o planeamento e organização de serviços de saúde e para o ensino e investigação. Contudo, a realidade da atividade diária dos cuidados de saúde primários é constituída por uma grande variabilidade de situações clínicas em pessoas muito diferentes quanto à personalidade, experiência de doença, contexto familiar, social e cultural. Qualquer modelo que seja adotado deve ter em conta uma prática individualizada construída à medida de cada pessoa, perspetivando uma maior capacitação dos doentes.

Existem, no entanto, situações frequentes na prática clínica que constituem obstáculos e dificuldades acrescidas à capacitação dos doentes, como é o caso das crianças, dos doentes psiquiátricos, pessoas com sintomas físicos clinicamente não explicáveis (MUPS) e doentes muito graves, entre outros. No espectro oposto, doentes com aparente grande autonomia de decisão, mas sem hábitos de decisão partilhada com o seu médico de família, encontram-se especialmente vulneráveis a práticas cientificamente não comprovadas, à medicalização (Melo, 2007a) ou à promoção da doença (*disease mongering*) (Melo, 2007b).

3. A capacitação no contexto da comunidade

Deve-se distinguir entre capacitação individual e comunitária. A capacitação individual refere-se principalmente à capacidade do indivíduo para tomar decisões e ter controlo sobre sua vida pessoal. A capacitação da comunidade envolve indivíduos agindo coletivamente para obter maior influência e controlo sobre os determinantes da saúde e da qualidade de vida na sua comunidade, e é um objetivo importante na ação comunitária para a saúde. Neste contexto, é importante salientar, entre outros, o papel da promoção da literacia em saúde e a atividade das associações de doentes e dos grupos de autoajuda.

3.1. A promoção da literacia em saúde

Literacia em saúde é definida pelo conjunto de competências cognitivas e sociais que determinam a motivação e a capacidade dos indivíduos em aceder, compreender e utilizar a informação de forma a promover e a manter uma boa saúde (Division of Health Promotion Education and Communication, 1998).

A literacia em saúde implica a obtenção de níveis de conhecimentos, competências pessoais e autoconfiança para tomar medidas para melhorar a saúde a nível individual e comunitário, alterando estilos de vida pessoais e condições de vida.

Ao melhorar o acesso das pessoas à informação de saúde e a aptidão para usar essa informação de forma efetiva, a literacia em saúde é fundamental para promover a capacitação. A literacia em saúde depende ela própria de níveis mais gerais de literacia. Um nível educacional baixo afeta a saúde das pessoas de forma direta, limitando o seu desenvolvimento pessoal, social e cultural, além de dificultar o desenvolvimento da literacia em saúde.

A promoção da literacia em saúde é uma obrigação de toda a sociedade e não apenas dos profissionais de saúde, devendo estes, contudo, ser envolvidos em iniciativas e programas específicos para a sua promoção. Contudo, a literacia e a capacitação não podem ser determinadas nem impostas do exterior, têm de ser desenvolvidas pelas pessoas de forma gradual e à medida das suas aptidões. No processo de promoção da literacia em saúde, o cidadão deve ser considerado como um parceiro ativo na gestão da sua saúde e no processo de cuidados de saúde, sendo o grau de envolvimento determinado pela sua vontade e capacidade.

3.2. As associações de doentes e os grupos de autoajuda

As associações de doentes

Historicamente, a partilha das experiências dos pacientes com a sua própria doença foi a principal razão para a criação de organizações de doentes. Uma das primeiras organizações a fornecer apoio foram os Alcoólicos Anónimos, criada em 1937 nos EUA. Essas organizações oferecem ambientes seguros e de suporte para compartilhar experiências e conselhos. Décadas depois, essa continua a ser uma função crucial da maioria das organizações de pacientes. No entanto, os meios pelos quais esse suporte e conselho são compartilhados mudaram consideravelmente. («Patient organisations and the European Lung Foundation», 2012)

As associações de doentes têm vindo a desempenhar um papel crescente na relação entre os prestadores de cuidados de saúde e os cidadãos. Esse papel compreende a atividade de provedoria, direitos dos doentes, questões de confidencialidade, consentimento informado, representação dos doentes, consciencialização, apoio e educação de doentes, sobreviventes e seus cuidadores. Os defensores dos pacientes dão voz aos doentes, sobreviventes e seus prestadores de cuidados em fóruns relacionados com a saúde, informando o público, o mundo político e regulatório, os prestadores de serviços de saúde, organizações de saúde, profissionais de saúde, o mundo educacional e as comunidades de investigação médica e farmacêutica.

Existem vários exemplos de associações de doentes com grande atividade e impacto quer junto dos seus associados quer das organizações profissionais ou governamentais. Em Portugal, destacam-se a Associação Protetora dos Diabéticos de Portugal (APDP), a RESPIRA, Associação para pessoas com DPOC e outras doenças respiratórias crónicas, e a Associação Portuguesa de Asmáticos (APA). A nível internacional, existem exemplos de associações de doentes e federações com grande dinamismo, tais como a European Lung Foundation ou a American Diabetes Association (ADA).

Os grupos de autoajuda ou de apoio

Num grupo de autoajuda, os membros prestam uns aos outros vários tipos de ajuda, geralmente não profissional e não material, para uma determinada característica compartilhada, geralmente uma doença ou adição. Membros com os mesmos problemas podem-se unir para compartilhar estratégias, sentir-se mais capacitados e ter um sentido de comunidade. A ajuda pode assumir a forma de proporcionar e avaliar informações relevantes, relacionando experiências pessoais, ouvindo e aceitando as experiências de outras pessoas, fornecendo compreensão empática e estabelecendo redes sociais. Um grupo de apoio também pode trabalhar para informar o público ou envolver-se em atividades de provedoria. Um dos exemplos mais conhecidos são os Alcoólicos Anónimos, mas existem atualmente numerosos grupos de autoajuda com um papel importante por exemplo, na saúde mental.

4. Capacitação dos profissionais para a promoção da capacitação dos cidadãos

Em virtude das limitações quanto à capacidade de aculturação dos profissionais em relação aos conceitos e práticas ligadas à capacitação, é desejável que se promova uma progressiva alteração dos comportamentos dos profissionais (mais respeito, mais responsabilidade, menos paternalismo, maior preocupação com a qualidade, facilitação da autonomia). Nesse sentido, devem ser desenvolvidas metodologias adequadas para promover a literacia em saúde e aumentar a capacitação das pessoas, famílias e comunidades para a autogestão da saúde como uma tarefa de toda a sociedade através de programas de capacitação e cidadania par a saúde, desde a escola ao local trabalho. É preciso mais formação sobre abordagens centradas nas pessoas e sobre promoção da autonomia e da capacitação dos cidadãos (Quadro 5.1).

O tema capacitação de cidadãos, famílias e comunidades deve ser incluído na formação pré-graduada das disciplinas de saúde sendo abordado em todos os programas curriculares que abordem os assuntos atrás listados. Ao nível da formação pós-graduada, os aspetos conceptuais e práticos da capacitação devem ser trabalhados na abordagem da promoção da saúde e prevenção da doença, da intervenção comunitária, da gestão da doença crónica e dos cuidados de fim de vida.

Quadro 5.1. Competências necessárias aos profissionais de saúde em cuidados de saúde primários (Lawn *et al.*, 2009)

— Competências de entrevista
— Avaliação das necessidades dos cidadãos
— Aptidões de comunicação
— Colaboração com os cidadãos e reconhecimento do seu papel de autogestão
— Levantar questões aos utentes («aprendendo a perguntar»)
— Desenvolvimento de uma relação
— Identificar os pontos fortes das pessoas e apoiar a sua autoeficácia
— Compreensão dos estádios de mudança e de motivação dos cidadãos
— Estabelecimento de metas e apoio à realização dessas metas
— Compreender como usar os recursos da comunidade com mais eficiência
— Ajudar os cidadãos a navegar no sistema

5. Como promover a capacitação?

A prevenção e autogestão da doença crónica devem ser aspetos centrais da formação de profissionais de saúde a nível pré e pós-graduado e do desenvolvimento profissional contínuo.

As estruturas oficiais e as organizações profissionais deverão dar mais atenção às organizações de cidadãos em torno da defesa da sua saúde enquanto consumidores de cuidados ou entidades de autoajuda e organizações de doentes, integrando-os na programação dos cuidados e chamando-os de forma ativa a participar nas decisões políticas e organizacionais que lhes digam respeito.

Os programas de saúde devem incluir referências específicas à necessidade de capacitação dos cidadãos e famílias para lidarem com a doença crónica. São bons exemplos a diabetes e a asma, em que as referências já existentes a autocuidados podem ser ampliadas para verdadeiros programas de capacitação.

Ao nível da investigação, é necessário desenvolver instrumentos adequados à avaliação e promover a validação de métodos e estratégias de capacitação individual e coletiva.

Deve-se promover a melhoria da oferta e fomentar a procura e utilização da informação sobre saúde pelos cidadãos.

REFERÊNCIAS

Barr, V., Robinson, S., Marin-Link, B., Underhill, L., Dotts, A., Ravensdale, D. e Salivaras, S. (2003). The expanded Chronic Care Model: an integration of concepts and strategies from population health promotion and the Chronic Care Model. *Hosp Q, 7*(1), 73-82. doi:10.12927/hcq.2003.16763

Bodenheimer, T., Wagner, E. e Grumbach, K. (2002). Improving primary care for patients with chronic illness: the chronic care model, Part 2. *JAMA, 288*(15), 1909-1914. doi:10.1001/jama.288.15.1909

Brown, J., Stewart, M., McCracken, E., McWhinney, I. e Levenstein, J. (1986). The patient-centred clinical method. 2. Definition and application. *Fam Pract, 3*(2), 75-79. doi:10.1093/fampra/3.2.75

Correia-de-Sousa, J. (2005). A doença crônica e o desafio da comorbilidade. *Revista Portuguesa de Medicina Geral e Familiar, 21*(6), 533-534.

Division of Health Promotion Education and Communication. (1998). *Health promotion glossary*. Disponível em: Geneve: https://www.who.int/healthpromotion/about/HPR%20Glossary%201998.pdf

Epping-Jordan, J., Pruitt, S., Bengoa, R. e Wagner, E. (2004). Improving the quality of health care for chronic conditions. *Qual Saf Health Care, 13*(4), 299-305. doi:10.1136/qhc.13.4.299

Funnell, M. M. e Anderson, R. M. (2004). Empowerment and self-management of diabetes. *Clinical diabetes, 22*(3), 123-127.

Grumbach, K. (2003). Chronic illness, comorbidities, and the need for medical generalism. *Ann Fam Med, 1*(1), 4-7. doi:10.1370/afm.47

Heaney, D., Wyke, S., Wilson, P., Elton, R. e Rutledge, P. (2001). Assessment of impact of information booklets on use of healthcare services: randomised controlled trial. *BMJ, 322*(7296), 1218-1221. doi:10.1136/bmj.322.7296.1218

Hummers-Pradier, E., Beyer, M., Chevallier, P., Eilat-Tsanani, S., Lionis, C., Peremans, L., ... Van Royen, P. (2009). The Research Agenda for General Practice/Family Medicine and Primary Health Care in Europe. Part 1. Background and methodology. *Eur J Gen Pract, 15*(4), 243-250. doi:10.3109/13814780903452184

Jones, A., Pill, R. e Adams, S. (2000). Qualitative study of views of health professionals and patients on guided self management plans for asthma. *BMJ, 321*(7275), 1507-1510.

Katon, W. (2000). Improvement of outcomes in chronic illness. *Archives of family medicine, 9*(8), 709.

Kennedy, A., Gask, L. e Rogers, A. (2005). Training professionals to engage with and promote self-management. *Health Educ Res, 20*(5), 567-578. doi:10.1093/her/cyh018

Lahdensuo, A. (1999). Guided self management of asthma—how to do it. *BMJ, 319*(7212), 759-760.

Lawn, S., Battersby, M., Lindner, H., Mathews, R., Morris, S., Wells, L., ... Reed, R. (2009). What skills do primary health care professionals need to provide effective self-management support? Seeking consumer perspectives. *Australian Journal of Primary Health, 15*(1), 37-44.

Levenstein, J., McCracken, E., McWhinney, I., Stewart, M. e Brown, J. (1986). The patient-centred clinical method. 1. A model for the doctor-patient interaction in family medicine. *Fam Pract, 3*(1), 24-30. doi:10.1093/fampra/3.1.24

Little, P., Somerville, J., Williamson, I., Warner, G., Moore, M., Wiles, R., ... Peveler, R. (2001). Randomised controlled trial of self management leaflets and booklets for minor illness provided by post. *BMJ, 322*(7296), 1214-1216, 1217. doi:10.1136/bmj.322.7296.1214

Melo, M. (2007a). A prevenção quaternária contra os excessos da Medicina. *Revista Portuguesa de Medicina Geral e Familiar, 23*(3), 289-293.

Melo, M. (2007b). A promoção da doença. *Revista Portuguesa de Medicina Geral e Familiar, 23*(4), 361-364.

Newman, S., Steed, L. e Mulligan, K. (2004). Self-management interventions for chronic illness. *Lancet, 364*(9444), 1523-1537. doi:10.1016/S0140-6736(04)17277-2

NHS England. (2020). Shared decision making. Disponível em: https://www.england.nhs.uk/shared-decision-making/

Patient organisations and the European Lung Foundation. (2012). In G. J. Gibson, R. Loddenkemper, Y. Sibille e B. Lundback (Eds.), *The European lung white book*: The European Lung Foundation.

Santos, I. (2005). *O doente com patologia múltipla em Medicina Geral e Familiar: comorbilidade de 4 doenças crónicas.* (PhD). Universidade Nova de Lisboa, Disponível em: https://run.unl.pt/handle/10362/5479

SANTOS, I. (2006). O desafio da comorbilidade para os serviços de saúde. *Revista Portuguesa de Medicina Geral e Familiar, 22*(2), 191-194.

SANTOS, I., BOTELHO, A., BORGES, A., CAPELA, A., NORA, D., MARQUES, F., ... LIBORIO, T. (2009). [Co-morbidity and functionality: observational study of a cohort of patients]. *Acta Med Port, 22*(6), 779-788. Disponível em: https://www.ncbi.nlm.nih.gov/pubmed/20350462

STRONG, K., MATHERS, C., EPPING-JORDAN, J. e BEAGLEHOLE, R. (2006). Preventing chronic disease: a priority for global health. *Int J Epidemiol, 35*(2), 492-494. doi:10.1093/ije/dyi315

WAGNER, E., AUSTIN, B. e VON KORFF, M. (1996). Improving outcomes in chronic illness. *Manag Care Q, 4*(2), 12-25. Disponível em: https://www.ncbi.nlm.nih.gov/pubmed/10157259

WALLERSTEIN, N. (2006). *What is the evidence on effectiveness of empowerment to improve health?* Copenhaga: WHO Regional Office for Europe's Health Evidence Network.

World Health Organization. Noncommunicable Disease and Mental Health Cluster. (2002). *Innovative care for chronic conditions : building blocks for action : global report.* Geneva: World Health Organization.

CAPÍTULO 6
DA RELAÇÃO MÉDICO-DOENTE PARA O TRABALHO EM EQUIPA

Luciana Couto

Adquira a arte da objetividade, a virtude do método e a qualidade da meticulosidade, mas cima de tudo a virtude da humildade.

William Osler (1849–1919)

A evolução científica e tecnológica das últimas décadas tem proporcionado avanços notáveis na Medicina, com risco de desvalorização ou deterioração da relação médico-doente, elemento central da relação terapêutica. O todo é maior que a soma das partes. Além dos dois intervenientes, médico e doente, há um conjunto de fatores-chave dos cuidados de saúde que interferem no constructo final (Antunes, 2010; Butalid, 2014).

Depois de o século XX ter sido a era da tecnologia, o século XXI constitui a da comunicação, núcleo da prática de medicina. Na Medicina, esta comunicação é basilar, a par da autonomia do paciente, da decisão partilhada, da centralização do doente como foco dos cuidados e da empatia do médico, como forma de construção da relação médico-doente, importante preditor do resultado clínico no doente. A comunicação é o elo que une a tecnologia à humanidade nos cuidados de saúde, fundamentais na promoção da saúde, e na abordagem holística do doente e no sucesso terapêutico (Nunes, 2009; Pereira & Rocha, 2013; Pinto, Coutinho e Rezende, 2009).

Hipócrates, no século IV a.C., propõe um código da relação médico-doente incluindo formas de comportamento, vestuário e atitudes que considerava adequados ao médico, que deveria comportar-se de forma moderada, sóbria, acessível, cuidadosa, com delicadeza, humildade, e seriedade, e evitando a arrogância (Pereira & Rocha, 2013).

Ao longo dos tempos a postura foi-se adaptando às realidades, mas o enquadramento ético e deontológico manteve-se. Sir William Osler (século XIX) traz algum humanismo ao exercício médico: «É mais importante conhecer o doente que tem a doença do que conhecer a doença que o doente tem». O médico é apresentado como um cavalheiro nobre, respeitador da etiqueta vitoriana da época, paternal, com a missão de ajuda humanitária aos outros seres humanos, desempenhando um papel de defesa dos interesses dos doentes e em seu benefício, alicerçado no respeito pela ciência (Brandão, 2007).

Já no século XX, a psicologia e as teorias psicanalíticas trazem outros componentes ao modelo. A abordagem médica passa a ter em conta os componentes físico, psíquico e social, intimamente interligados influenciando-se mutuamente. Szasz e Hollender (1956) descrevem três modelos básicos de relação médico-doente: *Modelo da Atividade-Passividade*, em que um médico ativo faz alguma coisa por um doente passivo, à semelhança do que acontece com a relação adulto criança; *Modelo do Guia-Cooperante*, com uma clara relação de atividade *versus* passividade, em que o doente vai obedecendo de modo discreto à sabedoria do médico, que mantém ainda um poder do tipo adulto criança; e o *Modelo de Participação Mútua*, onde médico e doente, responsavelmente, empreendem um processo de partilha, de que resultará uma maior capacidade do doente para se ajudar a si próprio. Nesta perspetiva, a relação médico-doente é um sistema complexo adaptativo suficientemente plástico para responder à complexidade atual de integrar os múltiplos problemas de saúde que se vão apresentando, seja uma solução imediata de situações clínicas de urgência, ou a investigação e tratamento e orientação dos casos clínicos complexos (I. P. Carvalho *et al.*, 2010; Emanuel & Dubler, 1995; Merriel, Salisbury, Metcalfe e Ridd, 2015; Silva, 2008).

Introduz-se também o conceito *relação terapêutica*, baseada num conjunto de competências como o saber observar, ouvir, informar, identificar sentimentos, agir adequadamente e lidar com desafios comunicacionais particulares, por si só geradoras de resultados. É uma escuta ativa em que o médico procura perceber não apenas o que o doente diz, mas também como o faz, o conteúdo e a forma de comunicação. Esta característica é valorizada pelo doente na escolha do seu médico, a par da perceção da sua competência, da capacidade de compaixão, e de análise dos constrangimentos económicos (Cardoso, 2018; Carrapiço & Ramos, 2012; A. P. Hespanhol, Couto e Martins, 2008; Schirmer *et al.*, 2005; M. Simpson *et al.*, 1991).

Nesta relação, uma boa colheita semiológica e um exame físico cuidado são fundamentais para o diagnóstico e tratamento. Mas nem tudo o que é importante é verbalizado. A comunicação não-verbal é complementar e bidirecional. Há uma interação pela mímica, entoação vocal e postura que fornece indicações únicas para o diagnóstico e apresenta efeito intrinsecamente terapêutico. O médico deve procurar colher as emoções do doente e perceber as suas próprias emoções e de que forma interagem um e outro. Torna-se necessário aprofundar a comunicação intrapessoal, aprender a conhecer o seu «self» e as respetivas manifestações, e isto exige aprendizagem, treino e uma alocação adequada de tempo (Emanuel & Dubler, 1995; Nunes, 2009).

A comunicação é central para uma prática médica eficaz, e a formação em comunicação adequada à prática profissional dos médicos é inquestionável (Bartlett *et al.*, 1984), mas não existe um modelo único de comunicação que sirva para todos os médicos (Brandão, 2007; Loureiro, Cavaco e Ferreira, 2015; M. Simpson *et al.*, 1991).

Nos últimos anos, um conjunto alargado de autores tem vindo a defender a «comunicação centrada no doente», que procura explorar as perspetivas e expectativas do doente, e compreendê-las e enquadrá-las no seu contexto psicossocial. Resulta da fusão do modelo biomédico e do biopsicossocial. É uma partilha de poder e responsabilidade, capaz de envolver o doente nas decisões responsabilizando-o pela sua saúde. É um fator-chave na melhoria de cuidados baseados numa relação médico-doente eficaz e empática que engloba de forma holística as diferentes dimensões da vida do doente. Integrar assim a agenda do doente com a perspetiva mais técnica do médico, e permitir que a decisão seja conjunta (*modelo de decisão partilhada*), possibilita um ajustamento dos cuidados mais personalizados e geradores de maior satisfação, melhorando a adesão e os resultados alcançados (Beck, Daughtridge e Sloane, 2002; Emanuel & Dubler, 1995; A. P. Hespanhol *et al.*, 2008; Kerasidou & Horn, 2016; Merriel *et al.*, 2015).

Os pacientes são hoje cada vez mais integrados em todas as etapas da interação médico-doente, cooperando com os profissionais de saúde, e partilhando informação disponível e a decisão (Almeida, 2017; Ordem dos Médicos, 2019; Pinto *et al.*, 2009; Theriault, Bell, Grad, Singh e Szafran, 2019).

Do ponto de vista do paciente, a relação com o médico inclui o conhecimento da sua história pelo médico, a confiança no médico como seu cuidador, e a continuidade de cuidados ao longo do tempo (ou, pelo menos, do episódio). Esta abordagem assume especial importância na gestão das doenças crónicas, e nas doenças associadas aos estilos de vida, e na adesão aos tratamentos ou mudanças do estilo de vida (Kerasidou & Horn, 2016; Krasner *et al.*, 2009). Uma boa relação médico-doente tem um impacto positivo na saúde, estando associada a melhor controlo de doenças como a hipertensão ou a diabetes, melhor qualidade de vida e diminuição da mortalidade. O modelo clínico integrado combina as abordagens: biomédica, psicossocial, centrada na pessoa, atenta ao médico e atenta à relação médico doente, procurando equilibrá-las e harmonizá-las, sem menosprezar nenhuma delas. Por outro lado, uma comunicação médico-doente deficiente conduz a fenómenos de automedicação, má adesão terapêutica, e insatisfação do doente com os cuidados prestados, ineficácia da consulta e sentimentos de frustração do doente e do médico (Goff, Mazor, Meterko, Dodd e Sabin, 2008; Merriel *et al.*, 2015; Pereira & Rocha, 2013).

A empatia (do grego *empatheia*, paixão, emoção, sentimento) deriva da capacidade do médico se colocar na pele do doente e de o tentar conhecer melhor, recorrendo ao conhecimento que tem de si próprio. A empatia é parte integrante do exercício profissional do médico, passível de desenvolvimento mediante processos educativos e de reflexão, treino de competências interpessoais, sendo necessário reforçar a implementação de suporte à investigação e avaliação sequenciais aos programas de treino das competências de comunicação clínica que possam ser continuamente melhoradas e sustentáveis (Brandão, 2007; Krasner *et al.*, 2009; Loureiro *et al.*, 2015; Silva, 2008).

Na relação médico-doente, a empatia é um dos fundamentos da identificação e compreensão psicológica. É importante que o médico tenha em conta a emoção do seu doente, sentindo-a e comungando dela, mas sem se consumir nela. E, por outro lado, que compreenda os problemas do doente, e que este sinta essa compreensão, preocupação e vontade em o entender e ajudar, mas sem que isso tolde a visão clara, objetiva e não emocional da pessoa doente que tem à sua frente e com quem fala. Uma interação insatisfatória parece resultar em *burnout* médico e num maior número de reclamações por parte dos doentes. Relações empáticas determinam maior satisfação tanto em doentes e como nos profissionais de saúde, facilitando a colheita de dados de relevância clínica e a adesão aos tratamentos (Goff *et al.*, 2008; Merriel *et al.*, 2015; Pereira & Rocha, 2013).

A continuidade de cuidados é uma característica básica da Medicina Geral e Familiar. Prolongar os cuidados ao longo do tempo oferece a possibilidade única de estabelecimento e reforço da relação, permitindo integrar elementos biológicos, psicológicos, sociais e emocionais, à objetividade dos meios auxiliares tecnológicos fortes e impositivos, numa matriz de relacionamento humano insubstituível. A continuidade de cuidados implica também a continuidade de objetivos e de soluções numa estratégia de tipo PDCA (Plan — Do — Check — Act), promotora de uma melhoria contínua de qualidade. A relação médico-doente ganha em complexidade e exigência, procurando um equilíbrio entre ciência e a arte, entre o perceber o tipo de doença (*ciência da medicina*) e perceber o doente, (*arte da medicina*) entre as necessidades do doente em conhecer e perceber a necessidade percebida interiorizada (Almeida, 2017; Beck *et al.*, 2002; Butalid, 2014; Cardoso, 2018; Silva, 2008).

Este contexto não é compatível com um desencontro mediado por tecnologias, reguladas por um relógio desumanizador. A desejada eficiência não é simples eficácia estatística, não sendo aceitável sacrificar o tempo necessário para a construção desta relação de confiança entre o doente e o seu médico (Almeida, 2017; Cardoso, 2018; Duarte, Silvestre e Milheiro, 2019; Ordem dos Médicos, 2019; Pereira & Rocha, 2013).

O conhecimento explicito, acessível, quantificável e a experiência na utilização das técnicas comunicacionais são necessários para atingir o melhor plano terapêutico para os pacientes e a melhoria da competência profissional (Bartlett *et al.*, 1984; Beck *et al.*, 2002; A. P. Hespanhol *et al.*, 2008).

A Medicina Geral e Familiar é uma medicina personalizada, humanizada, centrada na pessoa, com espaço para a empatia e a compaixão em continuidade, apoiando a escolha do médico pelo doente com base na competência, capacidade de comunicação, sem conflitos de interesses. Entender verdadeiramente a doença vai para além do diagnóstico e tratamento para o conhecimento da pluridimensionalidade da pessoa que dela padece (Cardoso, 2018; A. P. Hespanhol *et al.*, 2008; Ordem dos Médicos, 2019).

1. Aliança terapêutica

O estabelecimento de uma relação baseada na confiança e na verdade leva ao comprometimento mútuo para atingir os resultados esperados. A aliança terapêutica refere-se ao entendimento para alcançar objetivos comuns de melhoria do estado de saúde. Assume um papel significativo na adesão à terapêutica.

De uma forma geral, a adesão à terapêutica refere-se ao processo pelo qual os doentes tomam os medicamentos de acordo com uma dada prescrição/recomendação médica, integrando três componentes distintas entre si: *iniciação* (descrita na literatura como adesão primária), *implementação* e *descontinuação*. O termo adesão implica a noção de uma cooperação entre prescritor e doente desde o início do processo, distinguindo-se de outro termo usado na literatura — *compliance* —, onde o papel do doente é entendido como sendo passivo e de obediência cega à prescrição/recomendação médica (Coelho *et al.*, 2017; Sabaté & World Health Organization., 2003).

A adesão à terapêutica é influenciada por diversos fatores, como os que estão relacionados com os doentes, que alteram a sua capacidade de compreensão ou execução, os que estão relacionados com a terapêutica, como a complexidade posológica ou os efeitos adversos, os que derivam da própria doença, nas doenças mentais ou nas doenças crónicas assintomáticas, os que estão relacionados com os sistemas organizativos na saúde, como a alocação de profissionais, e os fatores socioeconómicos (A. S. Carvalho & Santos, 2019; Sabaté & World Health Organization., 2003).

Apesar de alguma dificuldade em quantificar esta dimensão, estudos evidenciam que 20 a 50 % de doentes não tomam medicação, melhorando com o estabelecimento de uma comunicação médico-doente satisfatória (Coelho *et al.*, 2017). Cabral, em 2010, encontrou como principais causas o esquecimento (46,7%), achar que a medicação já não fazia falta (26,7%) e o aparecimento de efeitos adversos (22,2%) (Cabral & Silva, 2010). A má adesão está associada a um aumento de mortalidade, sobretudo em doenças crónicas como diabetes ou hipertensão arterial (A. S. Carvalho & Santos, 2019; S. H. Simpson *et al.*, 2006). O tempo de acompanhamento médico apresenta uma influência positiva no estabelecimento da aliança terapêutica e na adesão, assim como a decisão partilhada (Sabaté & World Health Organization., 2003). Por outro lado, são conhecidas as dificuldades relacionadas com as diferenças socioculturais entre médicos e os doentes, com a transculturalidade e com a intromissão de terceiros atores na relação, como agências reguladoras e normativas (Almeida, 2017; Coelho *et al.*, 2017; Goff *et al.*, 2008; Ribeiro, 2007; A. M. d. Santos, Giovanella, Botelho e Sousa, 2015).

A aliança terapêutica é facilitadora dos processos. Entendendo-se mutuamente, é fácil simplificar o esquema posológico nas tomas e respetivos horários e existirem horários verdadeiramente adaptados ao doente e às suas circunstâncias sociais e familiares, apesar do risco de subutilização dos serviços de saúde, comprometimento da qualidade dos cuidados e possibilidade de erro médico (Duarte *et al.*, 2019; Goff *et al.*, 2008; Rocque & Leanza, 2015). A saúde é um recurso, mais do que um fim em si mesma, permitindo ao indivíduo atingir o seu próprio objetivo, tornando-o responsável pela sua saúde; e os profissionais de saúde são os «guardiões» para proverem a melhor evidência para o seu cuidado (P. Santos, Sá, Couto e Hespanhol, 2017).

2. Integração de cuidados de saúde

A integração de cuidados está na agenda atual de muitos sistemas de saúde. A Organização Mundial de Saúde debruçou-se sobre o tema em 2015, no Global Strategy on People Centred and Integrated Care Services. Permite uma resposta assistencial mais eficiente, melhorando a acessibilidade aos serviços, a qualidade da prestação dos cuidados e com uma boa relação custo-benefício (A. Hespanhol, Ribeiro e Costa-Pereira, 2005), além de ajudar na educação interprofissional e no desenvolvimento de cada um como indivíduo (Biscaia & Heleno, 2017).

Shortell (1993) identifica o funcionamento das equipas multidisciplinares e interdisciplinares como fator-chave para o sucesso da integração ao nível clínico, podendo ser horizontal, dentro do mesmo nível de prestação ou vertical, quando envolve diferentes níveis de prestação de cuidados (Shortell, Gillies, Anderson, Mitchell e Morgan, 1993). Grõne e Garcia (2001) alargaram a definição ao conceito de agrupar *entradas*, oferta, gestão e organização de serviços relacionados com o diagnóstico, tratamento, cuidados reabilitação e promoção da saúde (Grone, Garcia-Barbero e Services, 2001). Este conceito é particularmente interessante nos Cuidados de Saúde Primários, nos diferentes contextos urbanos ou rurais e envolvendo a capacitação e a promoção de autocuidados nos doentes e a interligação dos diferentes níveis de cuidados (Campos, 2017).

A necessidade de trabalho em equipa é cada vez maior, em relação com o aumento da complexidade científica e tecnológica da atividade clínica. Uma equipa a funcionar permite melhorar a rentabilidade em relação dos profissionais, instrumentos e recursos físicos, e estabelecer mecanismos de comunicação no seu seio que melhorem a resposta tanto em termos diagnósticos, como em termos de terapêutica, de suporte, de apoios sociais, etc. (A. Hespanhol *et al.*, 2005). No ambiente dos Cuidados de Saúde Primários, a integração de cuidados é atualmente um pilar organizativo para melhorar níveis de desempenho e de satisfação tanto para profissionais como para os pacientes (Biscaia & Heleno, 2017; A. Hespanhol *et al.*, 2005; Rocque & Leanza, 2015).

A reforma dos Cuidados de Saúde Primários de 2006 (reforma 2007-2009) trouxe às Unidades de Saúde Familiares (USF) recém-criadas a organização das equipas de saúde multidisciplinares, constituídas por médicos, enfermeiros e secretários clínicos, para a prestação de cuidados de saúde, individuais e familiares. Os centros de saúde não convertidos em USF, agora denominados Unidades de Cuidados de Saúde Personalizados (UCSP), seguiram uma organização idêntica. Unidades de Cuidados na Comunidade (UCC), estruturadas para respostas de âmbito comunitário a situações de vulnerabilidade, de maior risco social ou de saúde, de dependência física e funcional, envolvendo vários profissionais de saúde, e as Unidades de Recursos Assistenciais Partilhadas (URAP), constituídas por um conjunto alargado de profissionais de saúde nas áreas sociais, da psicologia, da nutrição, da saúde oral, entre outros, que complementam a resposta (Biscaia & Heleno, 2017; Ministério da Saúde, 2018).

Alter e Hage (1993) defendiam que a coordenação entre os diferentes profissionais deve garantir três pressupostos: disponibilidade de *todos os meios* (recursos, serviços, competências); garantia do *acesso* a todos os serviços e bens gerados pela organização; e *interação harmoniosa dos elementos* ao longo do tempo (Alter & Hage, 1993). A coordenação implica a regulação dos intervenientes para proporcionar uma melhor interligação funcional. Envolve a definição de objetivos comuns e a criação de planos organizacionais comuns adequados que integrem a diferentes *inputs* do processo, incluindo médicos, enfermeiros, doentes e cuidadores. A integração é um processo que envolve a criação e a manutenção ao longo do tempo de uma estrutura de interdependência entre parceiros independentes, permitindo o funcionamento conjunto no âmbito de projeto coletivo. A sua utilidade é particularmente evidente nos cuidados ao doente crónico, permitindo uma melhoria de gestão de caso e uma melhor orientação da doença e uma referenciação mais eficiente, e na pressão do envelhecimento populacional, acompanhado de uma carga de polipatologia complexa, com um amplo espectro de necessidades. Outro exemplo é o modelo americano do *patient-centered medical home* (PCMH), favorecendo cuidados mais acessíveis, mais seguros, e de maior qualidade, com equipas multidisciplinares capazes de fornecer cuidados abrangentes, envolvendo as diferentes estruturas do sistema de saúde (Campos, 2017).

A abordagem da dimensão fundamental da qualidade que é a continuidade de cuidados deve mobilizar os profissionais para proporcionar aos doentes cuidados integrados, proactivos, contínuos e centrados no paciente, pode ter mais impacto na organização das necessidades e preferências dos doentes (Campos, 2017; A. Hespanhol *et al.*, 2005).

Uma organização em equipa de saúde produz uma resposta integrada a abrangente às necessidades de cuidados. Parte dos conteúdos técnicos e das competências de cada elemento para uma estrutura conjunta de criação de valor onde o todo é maior que a soma das partes, sem descurar a contribuição individualmente considerada.

Estudos feitos com equipas de saúde definiram sete processos interrelacionais que podem beneficiar o funcionamento das equipas: partilha de filosofia, liderança efetiva e respeito pelas capacidades de cada um, partilha de espaços comuns, superação e resolução de conflitos e encorajamento à mudança. No trabalho em equipa deve existir uma liderança clara, monitorização mútua do desempenho, solidariedade, adaptabilidade e objetivos comuns bem definidos (Salas, Sims e Burke, 2005).

De facto, como dizia Lobo Antunes, na interação com o doente o médico não está sozinho, mas acompanhado de gestores, políticos, legisladores e outros profissionais, o que releva o exercício médico ao nível da construção social (Antunes, 2010).

3. Processo de referenciação

O médico de família constitui habitualmente o primeiro ponto de contacto do paciente com o sistema de saúde, assumindo um papel primordial na avaliação clínica e resolução da maioria dos motivos de consulta. Tem a responsabilidade de gerir eficientemente os recursos de saúde, coordenando a prestação de cuidados e trabalhando com outros profissionais, quando necessário. Os motivos para referenciação podem ser o estabelecimento do diagnóstico, a orientação terapêutica, o pedido de opinião sobre anormalidades detetadas em regime de consultadoria entre profissionais ou de segunda opinião para o doente, a tranquilização do doente (Barreiro, 2005; Rocha, Braga, Silva, Martins e Faria, 2019). No Estudo Europeu sobre Referenciação em Cuidados Primários (1994), Portugal apresentou resultados insatisfatórios em termos de comunicação entre níveis de cuidados de saúde. Os melhores desempenhos apareceram nos países do norte da Europa, onde a multidisciplinaridade na prestação de cuidados está institucionalizada, com boa articulação entre os diferentes níveis (Jordão, 1995; Rocha *et al.*, 2019). Muitas vezes, dúvidas clínicas de fácil resolução estão na base da referenciação. A possibilidade de um contato direto entre o médico de família e o médico hospitalar seria suficiente pode ajudar a para resolver o problema e reduzir o número de referenciações, diminuir o tempo de espera para consulta e melhorar a qualidade da informação de referenciação e de retorno (Barreiro, 2005; Rocha *et al.*, 2019).

Do ponto de vista clínico, a referenciação é um processo fácil de perceber e resolver. Um médico assume a condução do doente até ao limite das suas possibilidades e envia-o aos cuidados de outro profissional, médico ou não, quando não está capaz de o fazer. A discussão não se situa no ponto de vista clínico, mas na organização dos serviços e na capacidade de resposta que apresentam (ou não) para as necessidades de saúde prevalentes. Num contexto de suborçamentação crónica com dificuldades de gestão financeira constantes, a referenciação torna-se um tormento, em Portugal e em muitos outros países. Daí a tentação do regulador para resolver por via legislativa este problema. Em Portugal, o Decreto-Lei n.º 11/93 e o n.º 186/99 visavam aumentar a flexibilidade dos serviços. Em 2006, a portaria 1524/2006 criou uma plataforma informática para gestão do processo, passando a ser possível seguir todo o trajeto de marcação das consultas hospitalares, com monitorização dos tempos de triagem, agendamento e efetivação, embora com limitações inerentes a erros nos processos de agendamento e utilização do sistema (Ponte *et al.*, 2006). São definidos por via legislativa os tempos máximos de resposta garantidos no Serviço Nacional de Saúde para todo o tipo de prestações de saúde, num diploma que define também os direitos dos doentes. Mas não basta legislar para resolver os problemas. O tempo de espera entre a referenciação e a efetivação da consulta hospitalar e a qualidade da informação veiculada na referenciação têm sido apontados como fatores de influência na qualidade da comunicação entre os cuidados primários e hospitalares (Araújo *et al.*, 2015; Duarte *et al.*, 2019; Iacobucci, 2017; Rocha *et al.*, 2019; World Health Organization, 2014).

O Royal College of General Practitioners define como critérios de qualidade na referenciação a emissão de informação clínica completa, que possibilite ao médico uma avaliação eficiente dos problemas do doente, e o encorajamento de uma política de transferência e tratamento da informação que possibilite a continuidade de cuidados. A qualidade na informação feita de forma clara e explícita melhora a articulação de serviços e evita perda de tempo em investigações desnecessárias e respostas desadequadas dos cuidados hospitalares. O motivo de referenciação deve ser clarificado com o doente para que ele adeque as expectativas relativamente à consulta pretendida, ou mesmo, em certos casos, para que não sinta a referenciação como uma rejeição por parte do médico de família (Barreiro, 2005; Foot, Naylor e Imison, 2010; Ponte *et al.*, 2006).

Referenciação desadequada pode afetar a qualidade, levando à prestação de cuidados fragmentados e inapropriados, custo-inefetivos, e aumentando o risco e a angústia do utente. Condiciona repetição desnecessária de exames e tratamentos, perigosa poliprescrição medicamentosa, com impacto num aumento dos custos. Pode criar confusão e isolamento nos doentes e quebra de motivação por parte dos médicos de família na atualização de conhecimento. (Iacobucci, 2017; Rocha *et al.*, 2019)

Harrold et al (1999) encontram dois sentidos no problema: a *sub-referenciação,* quando o doente não é referenciado sendo necessário pela complexidade ou gravidade da situação, pode originar indicações terapêuticas perigosas para o utente e tratamentos custo-ineficazes; e a *sobre-referenciação,* quando o doente é referenciado sem que exista um critério clínico justificativo, que leva à exaustão dos serviços e tempos de espera desadequados (Harrold, Field e Gurwitz, 1999).

O Kings Fund identifica três elementos chave de referenciação de alta qualidade: *necessidade* (quando e como referenciar); o *destino* (referenciação para o local serviço mais apropriado); e o *processo* (carta a enviar contendo a informação necessária, envolvimento do doente, envio dos exames necessários à avaliação). (Foot *et al.*, 2010) Os protocolos de cooperação, as reuniões de discussão com estabelecimento de critérios de referenciação e as auditorias regulares podem ajudar a melhorar a referenciação dos doentes, cumprindo a função de «gatekeeper» dos Cuidados de Saúde Primários (Campos, 2017; Lopes, dos Reis, Ramos e Góis, 2017; Sarmento, 1997).

REFERÊNCIAS

ALMEIDA, C. M. C. (2017). A relação Médico-Doente. *Revista Portuguesa de Cirurgia* (43), 39-41.

ALTER, C. e HAGE, J. (1993). *Organizations working together.* Newbury Park, Calif.: Sage Publications.

ANTUNES, J. L. (2010). *Inquietação interminável: ensaios sobre ética das ciências da vida*: Gradiva Publicações SA.

ARAÚJO, M., GOMES, E., FERNANDES, M., BORGES, S., MELO, S., ROMÃO, B. e MENDES, G. (2015). Referenciação dos cuidados de saúde primários a uma unidade de psiquiatria da infância e da adolescência do Norte de Portugal: uma análise de dois anos. *Revista Portuguesa de Medicina Geral e Familiar, 31*(1), 38-45.

BARREIRO, S. (2005). Referenciação e comunicação entre cuidados primários e secundários. *Revista Portuguesa de Medicina Geral e Familiar, 21*(6), 545-553.

BARTLETT, E. E., GRAYSON, M., BARKER, R., LEVINE, D. M., GOLDEN, A. e LIBBER, S. (1984). The effects of physician communications skills on patient satisfaction; recall, and adherence. *J Chronic Dis, 37*(9-10), 755-764. doi:10.1016/0021-9681(84)90044-4

BECK, R. S., DAUGHTRIDGE, R. e SLOANE, P. D. (2002). Physician-patient communication in the primary care office: a systematic review. *J Am Board Fam Pract, 15*(1), 25-38. Disponível em: https://www.ncbi.nlm.nih.gov/pubmed/11841136

BISCAIA, A. R. e HELENO, L. C. (2017). Primary Health Care Reform in Portugal: Portuguese, modern and innovative. *Cien Saude Colet, 22*(3), 701-712. doi:10.1590/1413-81232017223.33152016

BRANDÃO, J. (2007). Relação médico-doente: sua complexidade e papel dos grupos Balint. *Revista Portuguesa de Medicina Geral e Familiar, 23*(6), 733-744.

BUTALID, L. (2014). Changes in doctor-patient communication in general practice= Veranderingen in arts-patiënt communicatie in de huisartsenzorg.

Cabral, M. V. e Silva, P. A. d. (2010). *A adesão à terapêutica em Portugal: atitudes e comportamentos da população portuguesa perante as prescrições médicas, os hábitos de saúde e o consumo de medicamentos*: ICS. Imprensa de Ciências Sociais.

Campos, L. (2017). Integração de Cuidados: A Reforma que Falta! *Medicina Interna, 24*(4), 259-261.

Cardoso, R. M. (2018). *Competências Clínicas de Comunicação* (E. Afrontamento Ed.).

Carrapiço, E. e Ramos, V. (2012). A comunicação na consulta: Uma proposta prática para o seu aperfeiçoamento contínuo. *Revista Portuguesa de Medicina Geral e Familiar, 28*(3), 212-222.

Carvalho, A. S. e Santos, P. (2019). Medication Adherence In Patients With Arterial Hypertension: The Relationship With Healthcare Systems' Organizational Factors. *Patient Prefer Adherence, 13*, 1761—1774. doi:https://doi.org/10.2147/PPA.S216091

Carvalho, I. P., Ribeiro-Silva, R., Pais, V. G., Figueiredo-Braga, M., Castro-Vale, I., Teles, A., ... Mota-Cardoso, R. (2010). [Teaching doctor-patient communication — a proposal in practice]. *Acta Med Port, 23*(3), 527-532. Disponível em: https://www.ncbi.nlm.nih.gov/pubmed/20654275

Coelho, A., Vilares, C., Silva, M., Rodrigues, C., Costa, M., Gordicho, S. e Caetano, P. (2017). Investigação sobre adesão à terapêutica na população portuguesa: uma revisão de âmbito. *Revista Portuguesa de Medicina Geral e Familiar, 33*(4), 262-276.

Duarte, A. L. M., Silvestre, A. R. e Milheiro, J. L. (2019). Passos da consulta e satisfação do utente: estudo piloto observacional. *Revista Portuguesa de Medicina Geral e Familiar, 35*(4), 271-284.

Emanuel, E. J. e Dubler, N. N. (1995). Preserving the physician-patient relationship in the era of managed care. *JAMA, 273*(4), 323-329. Disponível em: https://www.ncbi.nlm.nih.gov/pubmed/7815662

Foot, C., Naylor, C. e Imison, C. (2010). The quality of GP diagnosis and referral. In: London: The King's Fund.

Goff, S. L., Mazor, K. M., Meterko, V., Dodd, K. e Sabin, J. (2008). Patients' beliefs and preferences regarding doctors' medication recommendations. *J Gen Intern Med, 23*(3), 236-241.

Grone, O., Garcia-Barbero, M. e Services, W. H. O. E. O. f. I. H. C. (2001). Integrated care: a position paper of the WHO European Office for Integrated Health Care Services. *Int J Integr Care, 1*, e21. Disponível em: https://www.ncbi.nlm.nih.gov/pubmed/16896400

Harrold, L. R., Field, T. S. e Gurwitz, J. H. (1999). Knowledge, patterns of care, and outcomes of care for generalists and specialists. *J Gen Intern Med, 14*(8), 499-511. doi:10.1046/j.1525-1497.1999.08168.x

Hespanhol, A., Ribeiro, O. e Costa-Pereira, A. (2005). Assegurar qualidade no Centro de Saúde São João: satisfação dos utentes. *Arquivos de Medicina, 19*(5-6), 191-197.

Hespanhol, A. P., Couto, L. e Martins, C. (2008). A medicina preventiva. *Revista Portuguesa de Medicina Geral e Familiar, 24*(1), 49-64.

Iacobucci, G. (2017). Referral management schemes: good for whom? *BMJ, 356*, i6856. doi:10.1136/bmj.i6856

Jordão, J. G. (1995). *A medicina geral e familiar : caracterização da prática e sua influência no ensino pré-graduado.* (PhD). Faculdade de Medicina da Universidade de Lisboa, http://hdl.handle.net/10451/2031.

Kerasidou, A. e Horn, R. (2016). Making space for empathy: supporting doctors in the emotional labour of clinical care. *BMC Med Ethics, 17*, 8. doi:10.1186/s12910-016-0091-7

Krasner, M. S., Epstein, R. M., Beckman, H., Suchman, A. L., Chapman, B., Mooney, C. J. e Quill, T. E. (2009). Association of an educational program in mindful communication with burnout, empathy, and attitudes among primary care physicians. *JAMA, 302*(12), 1284-1293. doi:10.1001/jama.2009.1384

Lopes, M., dos Reis, T. A., Ramos, J. L. e Góis, J. P. (2017). Qualidade da referenciação dos cuidados de saúde primários para a consulta de psiquiatria. *Psilogos, 15*(1), 76-90.

Loureiro, E., Cavaco, A. M. e Ferreira, M. A. (2015). Clinical Communication Skills: Teaching-Learning Objectives for a Core Curriculum in the Areas of Health. *Revista Brasileira de Educação Médica, 39*(4), 491-495.

Merriel, S. W., Salisbury, C., Metcalfe, C. e Ridd, M. (2015). Depth of the patient-doctor relationship and content of general practice consultations: cross-sectional study. *Br J Gen Pract, 65*(637), e545-551. doi:10.3399/bjgp15X686125

Ministério da Saúde. (2018). *Retrato da Saúde, Portugal.*

Nunes, J. M. (2009). A abertura da consulta. O fim está no princípio. *Revista Portuguesa de Medicina Geral e Familiar, 25*(2), 199-207.

Ordem dos Médicos. (2019). *A Relação Médico Doente: Um contributo da Ordem dos Médicos*: By the Book.

Pereira, A. C. e Rocha, F. A. (2013). Relação médico-doente: uma aliança nos cuidados de saúde. *Revista Portuguesa de Medicina Geral e Familiar, 29*(5), 316-321.

Pinto, D., Coutinho, S. S. e Rezende, C. (2009). Cumprimento de expectativas e satisfação com a consulta de Medicina Geral e Familiar. *Revista Portuguesa de Medicina Geral e Familiar, 25*(4), 405-417.

Ponte, C. M. F., Moura, B. G., Cerejo, A. C., Braga, R., Marques, I., Teixeira, A., ... Trancoso, J. (2006). Referenciação aos cuidados de saúde secundários. *Revista Portuguesa de Medicina Geral e Familiar, 22*(5), 555-568.

Ribeiro, C. (2007). Família, saúde e doença: o que diz a investigação. *Revista Portuguesa de Clínica Geral*, 299-306.

Rocha, H., Braga, R., Silva, C., Martins, S. e Faria, S. (2019). Referenciação aos cuidados hospitalares através de um processo informatizado. *Revista Portuguesa de Medicina Geral e Familiar, 35*(4), 285-298.

ROCQUE, R. e LEANZA, Y. (2015). A Systematic Review of Patients' Experiences in Communicating with Primary Care Physicians: Intercultural Encounters and a Balance between Vulnerability and Integrity. *PLoS One, 10*(10), e0139577. doi:10.1371/journal.pone.0139577

SABATÉ, E. e World Health Organization. (2003). *Adherence to long-term therapies : evidence for action.* Geneva: World Health Organization.

SALAS, E., SIMS, D. E. e Burke, C. S. (2005). Is there a «big five« in teamwork? *Small group research, 36*(5), 555-599.

SANTOS, A. M. d., GIOVANELLA, L., BOTELHO, H. e SOUSA, J. C. d. (2015). Desafios organizacionais para fortalecimento da atenção primária à saúde em Portugal. *Revista Brasileira de Educação Médica, 39*(3), 359-369.

SANTOS, P., Sá, L., COUTO, L. e HESPANHOL, A. (2017). Health literacy as a key for effective preventive medicine. *Cogent Social Sciences, 3*(1), 1407522. doi:10.1080/23311886.2017.1407522

SARMENTO, C. M. (1997). [Referring a patient: who, how, when and why? Psychiatry in relation to primary health care]. *Acta Med Port, 10*(5), 339-344. Disponível em: https://www.ncbi.nlm.nih.gov/pubmed/9312977

SCHIRMER, J. M., MAUKSCH, L., LANG, F., MARVEL, M. K., ZOPPI, K., EPSTEIN, R. M., ... PRYZBYLSKI, M. (2005). Assessing communication competence: a review of current tools. *Fam Med, 37*(3), 184-192. Disponível em: https://www.ncbi.nlm.nih.gov/pubmed/15739134

SHORTELL, S. M., GILLIES, R. R., ANDERSON, D. A., MITCHELL, J. B. e MORGAN, K. L. (1993). Creating organized delivery systems: the barriers and facilitators. *Hosp Health Serv Adm, 38*(4), 447-466. Disponível em: https://www.ncbi.nlm.nih.gov/pubmed/10130607

SILVA, P. R. d. (2008). A comunicação na prática médica: seu papel como componente terapêutico. *Revista Portuguesa de Medicina Geral e Familiar, 24*(4), 505-512.

SIMPSON, M., BUCKMAN, R., STEWART, M., MAGUIRE, P., LIPKIN, M., NOVACK, D. e TILL, J. (1991). Doctor-patient communication: the Toronto consensus statement. *BMJ, 303*(6814), 1385-1387. doi:10.1136/bmj.303.6814.1385

SIMPSON, S. H., EURICH, D. T., MAJUMDAR, S. R., PADWAL, R. S., TSUYUKI, R. T., VARNEY, J. e JOHNSON, J. A. (2006). A meta-analysis of the association between adherence to drug therapy and mortality. *BMJ, 333*(7557), 15. doi:10.1136/bmj.38875.675486.55

THERIAULT, G., BELL, N. R., GRAD, R., SINGH, H. e SZAFRAN, O. (2019). Teaching shared decision making: An essential competency. *Can Fam Physician, 65*(7), 514-516. Disponível em: https://www.ncbi.nlm.nih.gov/pubmed/31300437

World Health Organization. (2014). *Global status report on noncommunicable diseases 2014*: World Health Organization.

CAPÍTULO 7

ÉTICA EM MEDICINA GERAL E FAMILIAR

José Augusto Simões

Neste capítulo apresentam-se os conceitos de Ética e de Principialismo Bioético e abordam-se sumariamente decisões assistenciais no âmbito da Medicina Geral e Familiar.

1. A ética

A maioria das pessoas não parece dedicar muito tempo a pensar sobre o seu próprio comportamento, quer nos assuntos domésticos, quer nas atividades relacionadas com a profissão, a menos que surjam circunstâncias especiais. No entanto, se se refletir, constata-se que muitas das ações parecem ser instintivas e são-no de facto. Atua-se de forma automática, orientado apenas pela rotina ou pelo senso comum. Assim, sabe-se como agir, simplesmente agindo. Grande parte da vida profissional é dedicada a lidar com assuntos relativamente rotineiros. No entanto, independentemente de as rotinas serem formais ou informais, é muito importante ser-se responsável pelas próprias ações (Simões & Guerreiro, 2013).

Só no final do século XX a ética foi reconhecida como sendo uma prioridade na formação dos profissionais de saúde. Antes alguns tiveram formação em pensamento moral e ético na escola médica, mas outros não. Alguns estudaram humanidades, mas a maioria não. Mas a situação modificou-se, e as novas gerações de médicos têm, enquanto estudantes, dedicado mais tempo a questões éticas e médico-legais. Esta temática é agora considerada importante e faz parte do currículo pré-graduado de todas as escolas médicas (Wilkinson, Savulescu, Hope e Hendrick, 2008).

A Ética tem sido definida como o estudo filosófico do valor moral da conduta humana e das regras e princípios que devem governá-lo; um código de conduta em que esta é considerada correta, especialmente por um determinado grupo, profissão, ou mesmo por um indivíduo (Orme-Smith & Spicer, 2001).

Ética vem do grego «éthos», correspondendo no latim ao termo «moris» (moral). Mas se etimologicamente as duas palavras são sinónimas, a tradição judaico-cristã conferiu ao termo «moral» uma carga religiosa a que o termo «ética» ficou imune, mantendo-se a ética como uma elaboração científica (filosófica ou teológica) da moral (Cabral, 2003).

A ética refere-se assim aos costumes, à conduta de vida e às regras de comportamento. Circunscreve-se ao agir humano, aos comportamentos quotidianos e às opções de vida (Cabral, 2003) Enquanto estudo do *bem* e do *mal* na ordem do agir, do «a-fazer», do «fazer realizar», da *praxis* no sentido clássico, enuncia normas de agir e não se limita a verificar padrões fáticos de comportamento. É, por isso, eminentemente prática. Pode-se entender a ética ou moral como «um conjunto de normas de conduta, quer em geral, quer aquelas que são reconhecidas por determinado grupo humano ou propostas por determinado autor, corrente ou religião» (Cabral, 2003).

Existe uma grande relação entre lei e ética. Ambas procuram regular o agir do ser humano. Ambas são ordens normativas, na medida em que se traduzem em normas ou regras de conduta (Cardoso, 1996).

A lei pode ser definida como um conjunto consistente de regras universais que são amplamente publicadas, geralmente aceites, e geralmente aplicadas. Essas regras descrevem o modo como as pessoas são obrigadas a agir nas suas relações umas com as outras, em sociedade. São requisitos obrigatórios para agir de determinada forma, e não somente as expetativas ou sugestões para agir dessa maneira. Uma vez estabelecida a Lei em sede própria, a autoridade pode usar o poder que lhe é reconhecido para a fazer cumprir pelos cidadãos.

Há situações em que a lei e a ética se sobrepõem e o que é percebido como falta de ética também é ilegal. No entanto, noutras situações, não se sobrepõem e, por vezes, o que é percebido como falta de ética ainda é legal, outras vezes, o que é ilegal é visto como ético. Desta forma, um comportamento pode ser percebido como ético por uma pessoa ou grupo, mas pode não ser percebido como tal por outros. Para complicar ainda mais esta dicotomia, as legislações representam a posição da maioria em funções de governo e, presumivelmente, o parecer da maior parte da sociedade, sobre o comportamento em causa.

Assim, conclui-se que a lei e a ética não são necessariamente a mesma coisa. A ética é dos princípios aplicados à pessoa casuisticamente, ao passo que a lei é normativa e aplicada a todos por igual. Assim, pode-se ter deveres legais que se considerem não éticos e, no limite, princípios éticos que sejam, num dado momento e enquadramento jurídico, ilegais. Todos podem ter a sua definição e a sua ética pessoal. E todos devem ter uma porque ela atravessa o seu dia-a-dia e a contingência de cada um dos seus gestos e decisões.

A ética também não se confunde com a deontologia, que é a ciência dos deveres, assumindo-se como uma ética profissional normativa. Consiste num conjunto (código) de regras morais, jurídicas e administrativas, próprias dos membros de uma determinada profissão (Neves, 2007).

Para muitos a ética da saúde ocupa um lugar de destaque no conjunto das reflexões éticas, pois poucas questões têm um interesse tão fundamental como o estabelecimento de uma efetiva relação clínica entre o profissional de saúde e o paciente. Pelo que se considera, como Rui Nunes, que a ética na saúde:

> [...] deve pautar-se por critérios éticos bem definidos à luz da tradição profissional e das disposições internacionais que consagram a doutrina da dignidade da pessoa humana e dos seus direitos fundamentais» (Nunes, 1998). Assim, «ao direito compete balizar comportamentos considerados por todas as correntes do pensamento como eticamente inaceitáveis. Numa perspetiva estritamente deontológica, cabe às Ordens, bem como às associações representativas de outros grupos profissionais o estabelecimento de linhas diretrizes, e face à competência que lhes foi delegada pelo Estado, elas têm o dever de pugnar para que essas diretrizes sejam cumpridas na sua íntegra (Nunes, 1998).

Os profissionais de saúde necessitam de passar por um processo de ensino e treino específico (Orme-Smith & Spicer, 2001). As suas atitudes e comportamentos são assim suscetíveis de serem formadas por este processo. Em extremo, poder-se-ia afirmar que um programa de educação médica, científica e tecnicamente bem estruturado, que se concentrasse apenas na aquisição de conhecimentos e competências, iria produzir um médico altamente qualificado científica e tecnicamente. No entanto, isso negaria o conceito de que a prática da medicina é uma arte.

Pode-se, no entanto, concluir que para se ser um bom médico é preciso possuir em alto grau as virtudes intelectuais, mas como a medicina é uma atividade e não um simples saber teórico, necessita também das virtudes morais ou éticas (Garcia, 2008).

2. O principialismo bioético

A Bioética é definida como a ética aplicada à vida: «é um domínio da reflexão e da prática que incide sobre as questões humanas na sua dimensão ética, no âmbito da prática clínica ou da investigação científica em seres humanos com a finalidade de salvaguardar a dignidade das pessoas» (Neves, 2007).

Neste sentido, «a existência de um consenso transcultural implica que a ciência concorra sempre para melhorar as condições de existência da humanidade respeitando a identidade do sujeito e da espécie a que pertence» (Nunes, 2002). Esta linha de pensamento está na base da edificação daquilo que hoje se conhece e se valoriza como direitos humanos fundamentais. Estes mais não são do que o reconhecimento expresso de um marco axiológico fundamental que é o valor intrínseco, inquestionável, da pessoa humana (Nunes, 2010).

O principialismo bioético, esboçado pela primeira vez em 1978 no Relatório Belmont (United States National Commission for the Protection of Human Subjects of Biomedical and Behavioral Research., 1978) e logo desenvolvido pelos norte-americanos Tom Beauchamp e James Childress, no seu livro *Principles of Biomedical Ethics*, de 1979, editado em 2019 pela oitava vez (Beauchamp & Childress, 2019), é o modelo de teorização bioética mais difundido e baseia-se em quatro princípios *prima facie* (Beauchamp & Childress, 2019; Frankena, 1973):

a) O respeito pela autonomia — em que uma pessoa deve ser livre para tomar decisões e atuar sem constrangimentos impostos por outrem, e em que o paciente tem o direito de participar nas decisões clínicas em conjunto com o profissional de saúde;
b) A não maleficência — há a obrigação de não fazer ou promover o mal a um ser humano, *Primum non nocere*. Deste princípio derivam para o profissional de saúde normas concretas como, por exemplo, «não causar dano»; e é a partir dele que se elabora toda a discussão denominada de duplo efeito, segundo o qual determinadas terapêuticas provocam um efeito bom ou efeito pretendido e simultaneamente provocam o mal ou efeito tolerado. Exemplo disso são os atos cirúrgicos, mas igualmente os tratamentos farmacológicos;
c) A beneficência — em que o profissional de saúde deve atuar no melhor interesse do paciente. Implica uma ação positiva, para além do dever, como ajudar as pessoas com incapacidades ou em perigo. Deste princípio derivam para o profissional de saúde normas concretas como

o preservar a confidencialidade em benefício do paciente; e as normas de avaliação do risco benefício das intervenções em saúde;

d) A justiça — em que situações iguais têm de ser tratadas de forma igual. Daí derivam as normas de equidade no acesso e a discussão da distribuição de recursos.

O objetivo primário e racional dos cuidados de saúde é a beneficência, enquanto o respeito pela autonomia, a não maleficência e a justiça estabelecem os limites morais para as ações dos profissionais de saúde. Qualquer destes princípios carece de valor relativo em relação aos outros, sendo, por vezes, mesmo impossível defini-los de uma forma absoluta.

O principialismo bioético evoluiu para uma abordagem prática na tomada de decisão ética, baseada na moralidade comum e que é consistente, ou pelo menos não está em conflito com outras abordagens éticas, teológicas, morais e sociais para a tomada de decisão. Esta abordagem pluralista é essencial na tomada de decisões morais institucionais, pedagógicas, e na comunidade em geral, com grupos interdisciplinares, pluralistas por definição, e que podem não concordar com determinadas teorias morais ou suas justificações epistemológicas. No entanto, grupos interdisciplinares pluralistas podem concordar na aplicação prática de regras comuns, não sendo condição necessária que as origens epistemológicas e justificativas destas sejam estabelecidas. Pelo contrário, a condição suficiente é que haja um amplo acordo com a existência e aceitação dos valores gerais do respeito pela autonomia, não maleficência, beneficência e justiça.

Kemp e Rendtorff (Kemp & Rendtorf, 1998) propõem que se junte aos princípios definidos por Beauchamp e Childress um quinto princípio, o da Vulnerabilidade — constatar que algumas pessoas (deficientes mentais, doentes em coma, crianças, entre outras) e os doentes, de uma forma geral, perante a perceção de doença e a crença de que o médico os pode salvar, estão particularmente vulneráveis ao ponto da sua integridade física ou psicológica estar ameaçada.

O objetivo da tomada de decisão ética é, em última análise, especificar e equilibrar cada um dos princípios, reconhecendo que não há nenhuma ordem hierárquica entre eles, daí serem «*prima facie*« (Beauchamp & Childress, 2019; Frankena, 1973). Nenhum dos princípios morais deve prevalecer «*a priori*«, necessitando assim de serem ponderados e da análise das circunstâncias do caso concreto. Especificando, é o equilíbrio da aplicação dos princípios gerais morais relevantes para uma decisão em particular e a tentativa de maximizar, tanto quanto possível, todos os princípios que contribuem para a tomada de decisão ética.

2.1. Decidir...

Nem em Medicina nem em Bioética é possível decidir com absoluta certeza. Chegamos apenas ao provável, pelo que cabe atuar com prudência. Devemos aprender a tomar decisões incertas, mas racionais. Os médicos de família devem evoluir de uma atitude paternalista, de considerarem que a sua decisão é a que melhor beneficia o paciente, para uma postura que respeite a pessoa livre do paciente, com base nos princípios éticos implicados na relação médico-doente (Serrão, 1996).

O conjunto de princípios desenvolvidos por Beauchamp e Childress (Beauchamp & Childress, 2019) — respeito pela autonomia, beneficência, não maleficência e justiça; a que se adicionou a vulnerabilidade consagrada por Kemp e Rendtorff (Kemp & Rendtorf, 1998) — trouxe um referencial de importância considerável para a Bioética. Não sendo tidos como absolutos, estes princípios são aceites como orientadores da decisão em questões éticas na prática clínica (McCormick, 1998).

Beauchamp e Childress referiram que só examinando os princípios éticos, e determinando em que medida esses princípios se aplicam individualmente, podemos ter uma verdadeira resolução dos problemas (Beauchamp & Childress, 2019).

A decisão em ética clínica é casuística e depende: do problema em si mesmo; das suas características médicas; dos fatores humanos, valores em jogo e prioridades entre eles; dos conflitos originados; e dos critérios empregues.

E as decisões devem ser tomadas ponderando: as consequências originadas por cada caso; os princípios bioéticos; diferentes procedimentos que tenham em conta as máximas morais que condensam a sabedoria prática; hábitos (virtudes) e atitudes (carácter) que deve possuir e usar um bom médico (benevolência, veracidade, respeito, equidade, amizade, discrição, honestidade...).

As questões mais tradicionais da Bioética como por exemplo o início da vida, a manipulação genética, os cuidados de fim de vida surgem mais noutras especialidades. No entanto encontramos diariamente na Medicina Geral e Familiar situações que nos convidam a demonstrar se estamos a trabalhar segundo princípios éticos.

2.2. Será que somos honestos?

Relação triangulada pela intromissão de um contratador (privado ou publico)

Eticamente nenhum condicionante externo deve modificar a nossa livre atuação em benefício da pessoa que nos consulta. Mas, temos que ter consciência que na maioria da nossa prática, o contrato inicial direto com a pessoa passa a ser um contrato diferido, em que os financiadores e reguladores têm um papel muito ativo. Por exemplo, a aplicação de regulação governamental (despachos ministeriais, normas da Direção Geral da Saúde) ou apólices de seguradoras, desenquadrada do contexto clínico pode condicionar perda de acessibilidade a tratamentos (Santos, 2019). Mas, temos de considerar o custo da nossa prescrição. O contrário é eticamente inadmissível. Pois, é nosso dever tentar minimizar os encargos para a pessoa doente relativamente às despesas que ele tem de suportar com a sua saúde. No entanto, não podemos deixar de, em consciência, prescrever o tratamento que melhor serve o nosso doente do ponto de vista terapêutico (Nunes, 1998).

3. Implicações éticas da investigação

Convém considerar algumas situações que ameaçam os princípios éticos da investigação. Inventar um projeto e os seus resultados, modificar os dados de um estudo para obter as conclusões desejadas, incluir um paciente num protocolo de investigação apenas a troco de algum incentivo, publicar projetos de investigação repetidos, aceitar figurar como autor em trabalhos em que não participou ou em que a participação foi mínima, são ainda situações correntes que devem ser erradicadas.

3.1. Será que somos discretos?

Segredo profissional

O segredo profissional é uma implicação fundamental do direito à privacidade individual e deve ser observado na maioria das circunstâncias (Nunes, 1998). Logo, os comentários e a troca de opiniões acerca dos doentes que seguimos devem apenas ser feitos em sessões clínicas ou em locais resguardados. O conhecimento por outrem da história clínica de um paciente não deve prejudicá-lo ou fazer com que ele perca a confiança no seu médico de família.

Interrupções da consulta

Devemos evitar interrupções durante os períodos de consulta. Pois, elas distorcem gravemente a pedra angular da relação médico-doente que é a comunicação. Por isso, é nosso dever delinear estratégias para evitar as interrupções da consulta, como estabelecer um horário para interrupções; pendurar uma bolsa na parte de fora da porta do gabinete de consulta onde os recados vão sendo depositados; entre outras igualmente funcionais e criativas.

3.2. Será que somos sempre verdadeiros?

Moralmente mentir nunca se justifica. No entanto, em Medicina, usamos a omissão ou a meia-verdade com alguma frequência. Podemos então dizer, como João Ribeiro da Silva, «que compete ao médico transmitir ao seu doente a verdade clínica toda, ou seja, a verdade que cada homem, quando doente, tem direito a conhecer» (Ribeiro da Silva, 2000).

Segundo Beauchamp e Childress (Beauchamp & Childress, 2019), existem duas teorias mais evidentes: a teoria deontológica e a teoria utilitarista. Em deontologia, os julgamentos e as ações estão ambos bem ou ambos mal. O utilitarismo, por outro lado, vem referir que os fins justificam os meios. As regras, são sobretudo baseadas nas consequências que impõem e, por isso mesmo, uma ação pode ser justificada, se ela resultar melhor do que outra. Estes conceitos aplicados à prática remetem para a seguinte reflexão: em que medida o seguir rígido das regras deontológicas de falar sempre a verdade nos fornece um bom resultado terapêutico (Nogueira, 2000). No entanto, sem uma informação verdadeira é impossível obter o consentimento informado e tomar decisões firmes e participadas, seguindo o princípio da autonomia. Não é fácil, mas o paciente acredita na verdade das nossas atuações. É isso que devemos exigir de nós próprios. Por exemplo, para dar más notícias é necessário ter: sensibilidade, respeito, sinceridade, amabilidade, prudência... e tempo!

3.3. Será que sabemos ajudar a aceitar a morte?

Não nos sentimos preparados para assumir a responsabilidade de ajudar a morrer. Ou preferimos pensar que não estamos, ou que não é tarefa nossa. Mas o paciente é nosso até ao final. É necessária uma legislação clara, mas não é suficiente. Falar da morte talvez diminua a sensação de que este tema é tabu. Uma atitude serena sobre a nossa própria morte favorecerá a relação e a comunicação com um doente que esteja a precisar de ajuda para aceitar a sua morte. Como afirmou João Ribeiro da Silva: «Pelo direito a um pôr de vida como um pôr de sol ainda tranquilo» (Ribeiro da Silva, 1994).

3.4. Será que o doente tem opinião?

Situações há que não podem ser omitidas e que nos obrigam a atuar. Raramente perguntamos a opinião ao paciente sobre o que vamos fazer com ele. Nem sempre temos em conta as suas crenças, costumes, nível económico, social e cultural, quando tentamos modificar o seu estilo de vida ou para adequar prescrições e recomendações àquela pessoa específica e não a outra.

E devemos tentar tratar da melhor forma os pacientes pouco cumpridores e difíceis, dedicando-lhes tempo e atenção de acordo com as suas necessidades específicas.

3.5. Será que sabemos ouvir?

Ouvir é imprescindível. Uma atitude altiva, arrogante ou paternalista não ajuda qualquer das partes envolvidas nesta relação tão «*sui generis*». Se não conhecermos as expectativas, os medos, os anseios, a informação que possuem sobre a sua doença ou o seu sofrimento, dificilmente poderemos satisfazer as necessidades das pessoas que nos procuram.

4. Convite à reflexão e conclusão

A ética não pretende ser um manual de comportamento, mas é um saber necessário e conveniente. A prudência, a maturidade de espírito, a honestidade, uma sólida formação humanística e uma atitude crítica e pensada perante os nossos atos são imprescindíveis para uma medicina eticamente válida. Com certeza não é preciso lembrar que para além de qualquer outro interesse está a saúde e o bem-estar dos nossos pacientes, que nos escolheram, e ao serviço dos quais nós escolhemos livremente estar.

REFERÊNCIAS

Beauchamp, T. L. e Childress, J. F. (2019). *Principles of biomedical ethics* (8.ª ed.). Nova Iorque: Oxford University Press.

Cabral, R. (2003). *Temas de ética*. Braga: Faculdade de Filosofia da UCP — Braga.

Cardoso, A. (1996). Direito e Ética. *In* L. Archer, J. Biscaia e W. Osswald (Eds.), *Bioética* (pp. 44-49). Lisboa: Verbo

Frankena, W. K. (1973). *Ethics* (2.ª ed.). Englewood Cliffs, N.J.,: Prentice-Hall.

Garcia, D. (2008). *Fundamentos de bioetica*. Madrid: TRIACASTELA.

Kemp, P. e Rendtorf, J. D. (1998). *Basic Principles in Bioethics and Biolaw: Autonomy, dignity, integrity and vulnerability*. Disponível em: Copenhagen: Draft Report of the Biomed II Project. Centre for Ethics and Law in Nature and Society:

McCormick, T. R. (1998). *Principles of bioethics. Ethics in medicine*. Washington: University of Washington School of Medicine.

Neves, M. C. P. (2007). A bioética como reflexão e como prática. In M. C. P. Neves (Org.), *Comissões de Ética: Das Bases Teóricas à Actividade Quotidiana* (3.ª ed., pp. 29-35). Coimbra: Gráfica de Coimbra.

Nogueira, D. (2000). O terapeuta da fala : implicações éticas no exercício da profissão. *Cadernos de Bioética, A11*(24), 75-83.

Nunes, R. (1998). Ética na relação com o doente. In D. Serrão & R. Nunes (Eds.), *Ética em Cuidados de Saúde* (pp. 31-46). Porto: Porto Editora.

Nunes, R. (2002). *Bioética e Deontologia Profissional*: Coimbra Grafica de Coimbra.

Nunes, R. (2010). *Bioética*. Coimbra: Gráfica de Coimbra.

Orme-Smith, A. e Spicer, J. (2001). *Ethics in general practice: a practical handbook for personal development*: Radcliffe Publishing.

Ribeiro da Silva, J. (1994). *A ética na Medicina portuguesa*. Lisboa: Centro de Bioética da Faculdade de Medicina da Universidade de Lisboa.

Ribeiro da Silva, J. (2000). *Bioética Contemporânea*. Lisboa: Centro de Bioética da Faculdade de Medicina da Universidade de Lisboa.

Santos, P. (2019). Diagnostic Test Requests in the Family Medicine Consultation: An Ethical Perspective Concerning Requests for Maxillofacial Computerized Tomography Scan Prior to Dental Implants. *Acta Med Port, 32*(6), 415-418. doi:10.20344/amp.11964

Serrão, D. (1996). Relações entre os profissionais de saúde e o paciente. In M. C. P. Neves (Org.), *Comissões de Ética: Das Bases Teóricas à Actividade Quotidiana* (2.ª ed., pp. 59-69). Ponta Delgada: Centro de Estudos de Bioética / Pólo Açores.

Simões, J. A. e Guerreiro, M. P. (2013). Ética na prestação de cuidados de saúde pelo farmacêutico. In M. P. Guerreiro (Org.), *Deontologia e Legislação Farmacêutica* (pp. 3-16): Lidel-edições técnicas, lda.

United States. National Commission for the Protection of Human Subjects of Biomedical and Behavioral Research. (1978). *The Belmont report : ethical principles and guidelines for the protection of human subjects of research*. Bethesda, Md. Washington: The Commission for sale by the Supt. of Docs., U.S. Govt. Print. Off.

Wilkinson, D., Savulescu, J., Hope, T. e Hendrick, J. (2008). *Medical ethics and law: the core curriculum*: Elsevier Health Sciences.

CAPÍTULO 8
REGISTOS CLÍNICOS

Conceição Outeirinho

1. Introdução

A prática da medicina exerce-se no contacto com o paciente, tendo o médico o propósito da obtenção de informação que lhe permita, ao cruzar com os conhecimentos clínicos, epidemiológicos e sociológicos prévios, chegar a um diagnóstico e poder intervir trazendo benefício em saúde para o seu doente. O processo diagnóstico é entendido, ainda, como a mais elevada intervenção do médico (Correia & Barreto, 2018).

Para tal, é necessário saber colher uma boa história clínica e registá-la adequadamente. Nesta tarefa, a utilização de um método é fundamental, pois permitirá, de um modo seguro e organizado, a reflexão sobre os dados colhidos e o raciocínio clínico que conduzem à identificação do problema de saúde.

É reconhecido que os registos clínicos são essenciais para o exercício de uma medicina de qualidade sendo uma ferramenta fundamental para a gestão clínica. Devem espelhar o mais fielmente possível o estado de saúde da pessoa, funcionando como um veículo de comunicação efetiva, rigorosa e completa sobre os factos relevantes. Só com estes pressupostos se pode fazer uma medicina de qualidade, salvaguardar o erro médico, acautelar a proteção médico-legal e promover o desenvolvimento e a investigação clínica.

Este assunto não pode estar afastado das preocupações dos profissionais e da gestão com qualidade da prática clínica. Parece haver algum descuro nos registos clínicos que reflitam o estado de saúde atualizado do paciente, porquanto o foco de atenção se encontra mais centrado na codificação/classificação das doenças ou procedimentos, nos tempos e locais próprios que servem a leitura de indicadores pelos módulos estatísticos indispensáveis ao processo de contratualização que se refletem, em muitos casos, na remuneração das equipas de saúde (Outeirinho, 2017).

É fundamental que os médicos se mantenham atualizados sobre os métodos de registo, utilizem corretamente o mais adequado ao contexto da sua prática e conheçam os processos disponíveis para melhorar o registo da informação clínica dos pacientes. Impõe-se centrar a atenção na qualidade dos registos clínicos com objetivo de melhorar e contribuir para a segurança do doente, melhorar a prestação de cuidados e promover uma adequada partilha de informação relevante, precisa e atualizada sobre o seu estado de saúde entre os diferentes profissionais dos diversos níveis de cuidados de saúde (Outeirinho, 2017). A centralidade dos cuidados no paciente exige, também, que se reoriente o registo clínico neste sentido.

Se nos debruçarmos sobre a evolução do Registo Clínico, vemos que foi realizado inicialmente com o propósito formativo/didático, passando posteriormente pela descrição exaustiva de achados factuais com carácter científico (séc. XII). No séc. XVIII encontramos já registos que permitiam ao médico ter um arquivo pessoal permitindo que os conhecimentos registados fossem partilhados. No entanto, só no séc. XIX é que adquirem importância e apresentam alguma organização, tornando-se no séc. XX, mais estruturados e padronizados, mas sem a intenção de serem instrumentos de trabalho. É também neste século que se assiste ao extraordinário desenvolvimento da medicina, à sua evolução tecnológica, à especialização/subespecialização, ao aparecimento das doenças crónicas, à multimorbilidade e à consequente fragmentação de cuidados. A compilação de toda a informação clínica de um paciente de modo a identificar os problemas de saúde e estabelecer um plano de intervenção terapêutico tornou-se tarefa árdua, ou por vezes impossível, pelos hiatos e inconsistências encontrados (Correia & Barreto, 2018). Em meados deste século, são propostas algumas metodologias, que suportam o raciocínio clínico e a tomada de decisão (Reiser, 1991; Weed, 1968). Três recomendações são importantes a este respeito: cada instituição deveria organizar um processo clínico único, no qual se devia registar todas as intervenções feitas no paciente; todos os médicos deveriam realizar os registos clínicos considerados relevantes de forma padronizada; a estratégia básica para a ordenação dos dados clínicos deveria ser feita pelo método do Registo Médico Orientado por Problemas (RMOP) proposto por Lawrence Weed.

No final de 2017, foi realizada em Portugal uma reflexão interpares sobre o paradigma dos Registos Clínicos e premência da sua evolução e aperfeiçoamento, despoletada por Médicos de Família ligados à Academia. Foram publicadas circulares normativas e documentos do Ministério da Saúde com recomendações sobre procedimentos nos registos clínicos informáticos, como o Despacho 2784/2013 do Secretário de Estado da Saúde, operacionalizado nas circulares normativas da Administração Central do Sistema de Saúde que se lhe seguiram. Porém, parecem feitas de modo avulso, e mais orientadas para a gestão do que para o paciente.

No entanto, não é apenas a força da legislação ou outros documentos normativos que fazem a mudança de práticas e promovem a otimização de procedimentos. A sensibilidade, o conhecimento, as competências e as atitudes, com melhoria contínua, dos profissionais é que são o motor fundamental para se atingir desse desiderato.

Para trabalharmos a questão da qualidade dos Registo Clínicos há que ter em conta três grandes linhas de intervenção: **a formação**, **a prática clínica** e **os sistemas informáticos** (Outeirinho, 2017).

Na primeira — **Formação** — há que focar a atenção em três áreas:

- No ensino pré-graduado, com formação básica sobre registos clínicos, metodologia a adotar em função do tipo de prestação de cuidados e da área médica envolvida. É reconhecido na comunidade científica e académica que o RMOP, proposto por Lawrence Weed (Weed, 1968), é o mais adequado no âmbito da prestação cuidados longitudinais e contínuos e, por isso mesmo, adotado no âmbito da Medicina Geral e Familiar. Nesta fase, após a aquisição do conhecimento e das competências na colheita da história clínica, é necessário conhecer o método, saber o porquê da sua utilização e treinar a sua aplicação.
- No ensino pós-graduado, com a revisitação dos conceitos, desenvolvimento e melhoria das competências e atitudes neste domínio. Orientando para a importância dos registos que salvaguardem a medicina centrada no paciente, a melhoria dos cuidados de saúde e segurança dos doentes, a gestão clínica, a investigação e o desenvolvimento.
- Na formação e atualização contínua dos profissionais.

Mas, enquanto que na primeira área o grande objetivo é a aquisição de conhecimento e treino básico, nas duas últimas, e porque a formação se faz em exercício, a atenção recai na adequação e rigor dos registos, na utilização correta das classificações (Pinto, 2012, 2014) de doenças padronizadas e validadas, quer a nível do processo do doente (Notas *Clínicas Progressivas* e *Lista de Problemas*) quer nas plataformas informáticas de interface entre os diferentes níveis e os diversos prestadores de cuidados de saúde.

Na segunda linha — **a prática clínica** — a intervenção deverá ser feita através da promoção da otimização dos registos clínicos informáticos pelos clínicos, atendendo, pelo menos, aos seguintes aspetos:

- registos informativos sobre o real estado de saúde do doente, quer no que respeita à sua apresentação, identificação dos seus problemas de saúde e seu grau de resolução no momento, bem como um plano de intervenção bem delineado a curto, médio e longo prazo;
- garantia da existência de registos clínicos atuais, fiáveis e reais;
- adequada classificação (Pinto, 2012, 2014) dos problemas de saúde do doente com a utilização da Classificação Internacional de Cuidados de Saúde Primários (ICPC) nas *Notas Clínicas Progressivas* (NCP) — no item *A* do «SOAP» e *Lista de problemas* (LP);
- atualização periódica e regular da LP (Problemas ativos e Problemas passivos) e respetiva atualização do Registo de Saúde Eletrónico (RSE/RCU2);

Para além disto, deverá ser feito o ajuste do tempo de consulta, para realizar adequadamente o «7.º passo da consulta», (Ramos, 2008) revendo e completando os registos clínicos e prever tempo para esta tarefa no horário semanal de trabalho;

Deverão ainda ser incentivados, desenvolvidos e implementados planos de qualidade organizacional neste âmbito, que atendam aos procedimentos do ciclo da melhoria contínua da qualidade.

Por último e dada a sua relevância no processo, temos a terceira linha: os **sistemas informáticos (SI)**. Na última década o desenvolvimento das plataformas informáticas, inclusive no âmbito do Serviço Nacional de Saúde português (SNS) foi notável. Todavia, há ainda muito a desenvolver e a aperfeiçoar. A sua implementação levou a uma melhoria global no registo e a uma redução dos custos quer para as instituições quer para os doentes. Para a primeira contribuiu a legibilidade e gestão mais eficaz de grande volume de informação, a melhoria da acessibilidade aos dados, a maior capacidade de armazenamento, a possibilidade de fazer cópias de segurança, a facilidade de arquivo e a versatilidade (usar códigos de diferentes utilizadores). Embora de forma lenta e não uniforme a nível nacional, temos assistido ao desenvolvimento da possibilidade da interface com outros programas e registos, permitindo a troca de informação, o acompanhamento do processo, a organização de atividades, a análise estatística da informação, possibilitando uma melhor gestão clínica e uma real interface com outros prestadores e níveis de cuidados (partilha de informação e interoperabilidade). No entanto, é ainda necessário desenvolver e melhorar os SI não só em aspetos como aqueles que se prendem com a velocidade de acesso, a limitação temporal no acesso aos dados, confidencialidade dos mesmos, a morosidade de registo ou a interface com outras instituições, mas também a nível dos próprios registos clínicos (Granja, 2018; Outeirinho, 2018), enfatizando-se a necessidade da aplicabilidade da medicina centrada no paciente.

Em concreto, será necessário acautelar espaço para o registo de problemas de saúde de modo mais completo e não apenas a sua mera classificação/codificação, e tornar possível, a todo o tempo, que essa informação esteja acessível a qualquer profissional de saúde que cuide da pessoa, independentemente do contexto da prática e do nível de prestação de cuidados de saúde. Os módulos estatísticos deverão ser desenvolvidos recentrando-se e servindo a investigação clínica e não apenas na aferição de procedimentos que levam ao cumprimento de metas que suportam a avaliação/auditoria dos profissionais e sistemas de saúde, a contratualização.

A aposta na melhoria e qualidade dos registos clínicos vai requerer a colaboração e complementaridade de várias forças: a Academia, as Associações científicas dos profissionais, os próprios profissionais no terreno e os informáticos. O seu trabalho deve ser conjunto, articulado, complementar e contínuo, contribuindo para o objetivo final: a prestação de serviços de saúde adequados e eficientes, com o exercício de uma medicina personalizada de qualidade.

2. Registo Médico Orientado por Problemas

A importância dos registos clínicos enquanto componente fundamental da *praxis* médica é indiscutível. Um registo organizado, além de permitir uma prática clínica adequada e segura, pode ser considerado, só por si, um documento científico (Weed, 1968). No entanto, não podemos alhearmo-nos de que a finalidade primeira do RC é o da prestação a curto/médio prazo de cuidados de saúde.

As especialidades médicas que fornecem cuidados de saúde abrangentes e longitudinais necessitam de utilizar uma metodologia de registo que atendam aos cinco objetivos operativos definidos por *McWhinney* (McWhinney & Freeman, 2009): permitir o acesso rápido aos dados básicos do *paciente*, fornecer dados contínuos sobre os problemas de saúde, acompanhar as diferentes consultas do *paciente*, possibilitar a obtenção de dados para organizar medidas preventivas e contribuir para a formação contínua. A organização da informação deverá estar estruturada de tal modo que seja de fácil e rápido acesso, facilite a reflexão sobre os dados do doente e leve à tomada de decisão.

O método de *Weed*, conhecido por RMOP — Registo Médico Orientado por Problemas (Weed, 1968), adequa-se perfeitamente a estas premissas, sendo adotado pela Medicina Geral e Familiar e facilmente integrado no registo informático. É, ainda, facilitador da relação médico-doente, melhora a performance da equipa de saúde, aumenta as oportunidades de intervenção no âmbito da educação para a saúde e de *empowerment* do doente, e permite o conhecimento do nível de controlo da doença, a caracterização do perfil de consumo de cuidados de saúde, levando o médico, muitas vezes, a entender a verdadeira natureza subjacente do problema (Granja & Outeirinho, 2018).

A informação clínica estruturada e ordenada facilita não só o conhecimento do *paciente*, como também a reflexão sobre os problemas de saúde identificados, o raciocínio clínico, levando à tomada de decisões de intervenção. O RMOP é, assim, um sistema de resolução de problemas (Granja & Outeirinho, 2018).

É constituído por três componentes fundamentais: dados base, notas clínicas progressivas e lista de problemas, não havendo um padrão sequencial de trabalho definido para a sua utilização no que respeita à localização da lista de problemas (Simons, Cillessen e Hazelzet, 2016). Em Portugal, as publicações encontradas sobre este assunto datam de 1991 e 2000 e orientam para a utilização do RMOP em geral (Caeiro, 1991; Sousa, 2000), e as mais recentes focam-se no registo das NCP na sua estruturação SOAP (Queiroz, 2009; Santiago, 2015).

Dados base: esta componente deve conter todas a informações que permitam conhecer a Pessoa/paciente. Deve ser registada a sua identificação, nome e/ou título pelo qual prefere ser tratada, escolaridade, profissão e/ou atividades profissionais, hábitos saudáveis e nocivos, movimentos migratórios, informação sobre o agregado familiar, recursos sociais e familiares, e eventuais apoios e cuidadores informais, condições da habitação, antecedentes familiares e pessoais, incluindo história familiar, social e laboral e os problemas de saúde, com respetivos tratamentos médicos e cirúrgicos e sequelas resultantes, medicação prolongada, incapacidades e grau de dependência/autonomia, história ginecológica e obstétrica nas mulheres, alergias, imunizações e informação sobre rastreios preconizados. Também devem ser aqui registados os interesses, atividades de lazer e outras, e as relações sociais e familiares.

Apesar de serem dados pregressos a obter numa primeira consulta/encontro, esta secção não deve ser estática, atualizando-se sempre que oportuno, e incluindo aportes de toda a equipa de saúde. São exemplo as mudanças de estado civil, situação laboral, a informação de antecedentes familiares *de novo*, a modificação de hábitos nocivos como o tabagismo ou o consumo de álcool, ou a adoção de comportamentos saudáveis (Granja & Outeirinho, 2018).

Notas clínicas progressivas (NPC): as NPC (ou notas de seguimento) correspondem aos registos da abordagem do paciente em cada consulta e organizam-se numa estrutura de quatro itens segundo a nomenclatura «SOAP».

O ***S*** refere-se a «subjetivo», ou seja, regista o *ponto de vista* do paciente. Inclui os motivos de consulta, devendo-se registar não só os motivos que o paciente refere expressamente, mas também os que possam estar implícitos, e inclusive aqueles que o paciente por vezes revela apenas ao longo da consulta. Deve ser, também, registado o contexto: se é uma consulta com o médico de família (MF), programada ou não programada, se é de intersubstituição e de quem foi a iniciativa (MF, enfermeiro, outro profissional de saúde, cuidador ou outro). A anamnese, com esclarecimento e caracterização de sintomas, queixas e sentimentos, (da agenda do paciente), e identificação de outros sinais ou sintomas associados, assim como o resultado da exploração de questões levantadas pelo médico sobre a saúde global restante bem como relativas à agenda do médico também tem aqui o seu lugar. A perspetiva do paciente sobre os seus problemas, as suas expectativas e a avaliação que faz dos recursos de que dispõe para resolver os seus problemas deve ser aqui registado (Pinto, 2014; Santiago, 2015).

O ***O*** diz respeito a «objetivo». Neste item devem ser registadas as informações factuais, objetiváveis do paciente, tais como os dados do exame objetivo orientado pela natureza da consulta. Pode ser um exame dirigido/orientado, tendo em conta a pessoa e o tipo de problema que a traz à consulta (problema único e/ou específico), ou um exame completo (exame de recém-nascido, uma primeira consulta para avaliação de saúde geral ou estudo de quadros sistémicos).

Registam-se ainda resultados de exames complementares de diagnóstico relevantes e eventualmente trazidos à consulta, assim como resultados da aplicação de escalas ou questionários, incluindo os instrumentos específicos de avaliação em Medicina Geral e Familiar. Embora não haja consenso, há quem recomende que neste item se inclua, a informação clínica pertinente de outros prestadores (notas de alta de outros níveis de cuidados, relatórios ou registos de outras consultas) (Santiago, 2015; Sousa, 2000). É, também, neste item que deve ser registado quem acompanha o paciente à consulta (Quadro 8.1).

Quadro 8.1. Notas clínicas progressivas: Conteúdo dos itens *Subjetivo* e *Objetivo.*

Subjetivo	Objetivo
Contexto intersubstituição/outra consulta programada/outra iniciativa médica/de enfermagem/outra Fonte da informação Motivos de consulta expressos / reais agenda do paciente/agenda do médico Anamnese, incluindo sentimentos agenda do paciente agenda do médico Perspetiva e expectativas do paciente Recursos identificados pelo paciente	Apresentação acompanhado (por quem) ou não Exame objetivo Resultados relevantes de exames complementares de diagnóstico Informação clínica de outros prestadores Resultados de aplicação de escalas/ questionários Resultados da aplicação de instrumentos de avaliação familiar

Adaptado de Granja & Outeirinho, 2018

Os registos feitos, em *Dados base, S* e *O* das NCP devem ter toda a informação que permita ao próprio médico ou qualquer outro que não observou o doente, refletir e tirar as suas próprias conclusões ou seja desenvolver o seu próprio raciocínio clínico.

O ***A*** apresenta a «avaliação» que o médico faz dos problemas de saúde do paciente e identificados na consulta. Devem ser registados segundo o seu mais alto grau de resolução no momento. Poderão ser registados diagnósticos bem definidos, problemas de saúde ou sinais ou sintomas a esclarecer. Para cada problema, deve ser especificada a evolução, gravidade, nível de controlo e lateralidade (Pinto, 2014). As hipóteses de diagnósticos/diagnósticos diferenciais tem aqui o seu espaço de registo. Apenas devem ser listados neste item os problemas identificados e abordados nessa consulta. É a partir do ***A*** que se constrói a LP, mas nem todos os problemas do «*A*« da consulta (lista de episódio) transitam para a LP do paciente. No caso de consultas de vigilância/programas de saúde, também deve ser feito o registo do tipo de vigilância (Quadro 8.2).

Por fim, no «plano de atuação» ou ***P*** deve estar registada a intervenção ou plano de atuação acordado entre médico e paciente. A sua organização deve ser sistematizada e hierarquizada, tendo em conta cada problema identificado no ***A*** e de acordo com a carga de doença ou grau de importância para o doente e os recursos disponíveis ou mobilizáveis. Para cada problema serão registados os procedimentos e intervenções realizadas na consulta e propostos para o imediato no que respeita à investigação diagnóstica (Barreto & Paiva, 2008), à terapêutica (farmacológica ou não), aos aconselhamentos e intervenções motivacionais, aos procedimentos de educação para a saúde e preventivos (primários, secundários e terciários) e à mobilização dos recursos necessários (familiares, sociais e institucionais), bem como todos os procedimentos e intervenções a desenvolver, no âmbito da abordagem global (biopsicossocial) de saúde do paciente. As intervenções previstas ou recomendadas a médio e longo prazo devem ser também registadas (Quadro 8.2).

Quadro 8.2. Notas clínicas progressivas: Conteúdo do item *Avaliação* e *Plano*

Avaliação	Plano
Tipo de vigilância/programa de saúde saúde infantil e juvenil saúde materna planeamento familiar hipertensão arterial diabetes outra Problemas identificados na consulta gravidade evolução controlo lateralidade	Plano de estudo/investigação diagnóstica Plano terapêutico farmacológico e não farmacológico Plano educacional Plano preventivo Plano preventivo (A curto , médio e longo prazo) Recursos a mobilizar Referenciações Certificados, declarações e outros documentos Agendamento de consultas Com médico de família Com outros prestadores

Adaptado de Granja & Outeirinho, 2018

É também aqui que se registam as referenciações a outros prestadores, a emissão de documentos (relatórios, certificados de incapacidade temporária, etc...) e agendamento de consultas de reavaliação, vigilância de saúde ou noutros níveis de cuidados. As notas e reflexões do médico sobre o paciente e a sua circunstância, bem como eventuais lacunas a colmatar na consulta seguinte também têm lugar nesta área, assim como o *feedback* dado pelo médico ao paciente em contexto de comunicação não presencial (*e-mail*, telefone, outro).

Lista de problemas (LP): Weed refere-se à LP como sendo uma espécie de índice dos restantes registos (Simons *et al.*, 2016; Weed, 1968). É um resumo dos problemas de saúde relevantes do paciente e por isso, é considerada como a componente mais importante do RMOP. Embora não haja um consenso sobre a definição de problema de saúde, este pode ser considerado «tudo aquilo que preocupa o médico, o doente, ou ambos» (Hurst, 1971) ou tudo o que o doente defina ou for importante nos cuidados do paciente (McWhinney & Freeman, 2009). Os problemas devem ser listados ao mais alto nível de resolução, à data, podendo ser sintomas ou sinais para os quais (ainda) não haja uma explicação ou diagnóstico estabelecido, problemas familiares (como doenças ou conflitos), problemas psicológicos ou sociais (como a pobreza ou o desemprego) e diagnósticos já definidos (Sousa, 2000; Weed, 1968). Deste modo, a LP é uma componente dinâmica, que deve ser atualizada sempre que problemas são resolvidos ou identificados de novo, ou quando um dos problemas registado é revisto e passa a integrar um novo problema ou diagnóstico (Weed, 1968).

Cada problema deve ser indicado de modo completo (incluindo, se adequado, etiologia, estádio, nível de controlo e lateralidade), consistente e rigoroso. Não deve ser limitado a uma mera lista de classificação de problemas de saúde/doenças.

Para cumprir a sua função de índice ou de resumo, nem todos os problemas da consulta devem transitar para a lista de problemas, devendo ser excluídos os problemas *minor*, isolados e/ou autolimitados (Granja & Outeirinho, 2018).

Na LP devem constar as doenças crónicas ou recidivantes, as doenças com mau prognóstico, os problemas que determinaram tratamentos cirúrgicos, internamentos ou incapacidades, bem como aqueles que, apesar de resolvidos, possam condicionar a saúde ou as decisões terapêuticas futuras. A decisão clínica do médico é que definirá que problemas integrarão esta lista. Na dúvida sobre a relevância de um novo problema pode a decisão ser adiada e revista posteriormente (Granja & Outeirinho, 2018). Existem recomendações para que sejam criadas localmente orientações quanto ao tipo de problemas a incluir na LP, bem como a terminologia a adotar, de modo a tornar coerentes os registos de pacientes que circulam entre diferentes prestadores (Simons *et al.*, 2016). Se estas orientações forem adotadas possibilitando uma coerência interprofissional, poder-se-á afirmar que haverá uma relação direta entre a dimensão da LP e a complexidade de um paciente (Granja & Outeirinho, 2018).

Os problemas da lista devem ser classificados como «ativos» ou «passivos», conforme, respetivamente, afetem o paciente no momento ou se encontrem resolvidos, mas tendo o potencial de voltar a afetar o paciente ou de condicionar decisões clínicas. Esta classificação dos problemas é dinâmica pois um problema passivo num dado momento pode tornar-se ativo mais tarde e vice-versa.

A LP deve ser periodicamente revista, em função da complexidade de cada paciente. São momentos-chave para esta atualização o primeiro e último passos da consulta (Ramos, 2008), a execução de relatórios clínicos, cartas de referenciação, a receção de informação de outros níveis de cuidados e qualquer momento de reavaliação da situação clínica.

3. Avaliação familiar

Não existe orientação para localização nos registos clínicos dos resultados dos métodos de avaliação familiar. Quando se justifica a utilização destes métodos, os seus resultados, na maioria dos casos, devem ser registados no *O*, enquanto resultado da aplicação de uma Escala ou Questionário. O genograma será uma exceção, pois é nos *Dados-base* o seu local de registo adequado por quanto contribui para o conhecimento básico do doente (Quadro 8.3). Há que ressalvar os aspetos de intervenção terapêutica que a aplicação, em si mesma, de alguns instrumentos de avaliação familiar têm e, nesse caso poderia justificar-se o seu registo no subcapítulo *P* das NCP (Granja & Outeirinho, 2018).

Quadro 8.3. Aplicação de instrumentos de avaliação familiar. Registos.

Instrumentos de avaliação familiar	Dados-base	Notas clínicas progressivas	
		O	*P*
Genograma	X	X a)	
Ciclo de vida familiar de *Duvall*	X		
Biopatografia/Linha de vida de *Medalie*	X		
Psicofigura de *Mitchell*		X	
Círculo familiar de *Thrower*		X	X b)
Apgar familiar de *Smilkstein*		X	
Risco familiar de *Segóvia-Dryer e de Garcia-Gonzalez*		X	
Escala de readaptação social de *Holmes e Rahe*		X	
Dinâmica familiar de *Minuchin*		X	
Eco-mapa		X	X b)
Modelo de *Olsen*		X	X b)

a) em situações de reavaliação perante os critérios de Janet-Christie-Seely
b) enquanto instrumento de avaliação familiar e processo de intervenção terapêutico familiar
Adaptado de Granja & Outeirinho, 2018

4. Classificações /codificações dos registos clínicos

Tendo em conta a contribuição dos registos clínicos para auditorias, investigação e gestão clínica, é premente que estes sejam válidos, fiáveis, reais, padronizados e sejam suportados por processos de leitura únicos e uniformizados. Os SI foram e são uma mais-valia, mas exigem, concomitantemente, uma boa e sólida formação de quem regista sobre conhecimentos médicos e colheita da história clínica, a metodologia do registo, a plataforma informática em que opera e sobre a utilização das classificações/codificações internacionalmente validadas.

A Classificação Internacional dos Cuidados de Saúde Primários (ICPC) está orientada para os Cuidados de Saúde Primários com a possibilidade, em parte, de correspondência com a Classificação Internacional de Doenças (ICD). Permite classificar os motivos de consulta, os problemas de saúde e os procedimentos. Esta possibilidade, porém, não corresponde exatamente ao registo que deve ser feito no *S*, *A* e *P* das NCP (Pinto, 2014), nem classificar deve substituir o ato de registar completamente, pois corre-se o risco de transformar registos num «repositório seco» de códigos onde é difícil apurar seja a história da doença atual (Braga, 2012), seja o resumo dos principais problemas do paciente (Granja, 2018). Classificar contribui para alguns dos objetivos dos registos médicos (gestão de cuidados e investigação) (Pinto, 2012), mas não para processo individual de cuidados.

No *S* apenas devemos classificar os motivos de consulta, sendo registado em texto livre a caracterização dos sintomas e sinais, a sua evolução ou a negação da presença de sintomas relevantes no quadro em causa, tal como foi descrito anteriormente. O(s) motivo(s) de consulta a classificar deve(m) ser registado (s) de acordo com a perspetiva do utente e não do médico (World Organization of National Colleges Academies and Academic Associations of General Practitioners/Family Physicians, 2005).

Fora do âmbito da investigação e do treino formativo, a classificação do motivo de consulta na prática clínica diária é pouco útil, uma vez que frequentemente é feita de forma pouco fiável (Pinto, 2012) e, atualmente, não contribui para conhecer os motivos de acesso aos cuidados de saúde nem fazer a sua análise informática.

No *O*, apenas o procedimento do exame objetivo é classificável, enquanto procedimento, mas não o(s) resultado(s). Toda a descrição do exame objetivo, com achados presentes ou ausentes, deve ser feita em texto livre ou em campos próprios disponíveis na plataforma informática em uso.

No *A* e na *LP*, podem ser classificados os problemas de saúde para os quais existe uma razoável certeza diagnóstica. Mas não se pode limitar apenas à mera classificação pois torna-se insuficiente a caracterização do verdadeiro e adequado estado de saúde do paciente. A possibilidade de utilização de uma classificação de doenças mais especifica pode ser obtido fazendo a correlação com a ICD, no entanto, é necessário completar em texto livre a caracterização desses problemas de saúde com o seu grau de resolução na altura. Os SI devem prever a possibilidade de registar notas e adendas em texto livre (Weed, 1968) e não devem forçar as classificações na LP (Simons *et al.*, 2016).

Reafirma-se que apenas os problemas de saúde abordados na consulta devem ser registados e classificados no *A*, enquanto na *LP* todos os problemas de saúde do doente devem ser elencados. A classificação dos problemas de saúde nestas duas áreas é fundamental para a gestão (conhecimento e planeamento de atividades) da lista de utentes pelo próprio médico, permite a partilha de informação entre prestadores de cuidados, assim como conhecer o padrão de morbilidade de uma população e identificar surtos de doenças infeciosas, permite a investigação clínica e ainda serve para suporte a formas de pagamento de desempenho. Tudo isto reforça o dever de classificar os problemas de saúde identificados e manter a LP atualizada. No *P*, a grande maioria da informação registada pode ser classificada. No entanto, há informação que não pode ser traduzida em classificação e que não deve ser perdida, com pena de prejuízo para a continuidade de cuidados (plano acordado com o paciente, notas e reflexões do médico, plano de intervenção a médio-longo prazo, entre outros).

A preocupação com a classificação pela ICPC, realizada de um modo correto e sistemático deve recair apenas na LP e no *A* das NCP (lista de episódios), podendo e devendo ser melhorada fazendo a correspondência com a ICD. Será fundamental a formação e treino contínuos dos médicos na utilização das classificações de modo a que os dados resultantes sejam verdadeiramente úteis para a gestão clínica, com benefício da assistência aos doentes, do planeamento de serviços e da investigação.

Em jeito de conclusão relembramos:

«Nós não cuidamos de registos, cuidamos de pessoas, mas os registos não podem ser separados dos cuidados» (Weed, 1971).

«The record is the principal means to understand and monitor how the entire enterprise of medicine functions» (Reiser, 2009).

REFERÊNCIAS

Barreto, J. V. e Paiva, P. (2008). O registo clínico orientado por problemas. *Rev Soc Port Med Int, 15*(3), 201-206.

Braga, R. (2012). Os registos clínicos e a codificação. *Revista Portuguesa de Medicina Geral e Familiar, 28*(3), 155-156.

Caeiro, R. (1991). *Registos clínicos em Medicina Familiar*: Ministério da Saúde de Portugal.

Correia, J. A. e Barreto, J. V. (2018). *Registo e raciocínio clínico*: Lidel.

Granja, M. (2018). Os registos dos médicos de família estão em perigo. *Revista Portuguesa de Medicina Geral e Familiar, 34*(1), 33-39.

Granja, M. e Outeirinho, C. (2018). Registo médico orientado por problemas em medicina geral e familiar: atualização necessária. *Revista Portuguesa de Medicina Geral e Familiar, 34*(1), 40-44.

Hurst, J. W. (1971). The art and science of presenting a patient's problems. (As an extension of the Weed system). *Arch Intern Med, 128*(3), 463-465. Disponível em: https://www.ncbi.nlm.nih.gov/pubmed/5093218

McWhinney, I. R. e Freeman, T. (2009). *Textbook of family medicine* (3.ª ed.). Oxford ; Nova Iorque: Oxford University Press.

Outeirinho, C. (2017). Qualidade dos registos clínicos — qualidade na prestação de cuidados de saúde, melhor governação clínica. *Jornal Médico de Família, IV Edição*(8), 10-11.

Outeirinho, C. (2018). Registos clínicos: pedra angular na qualidade da prestação de cuidados de saúde. *Revista Portuguesa de Medicina Geral e Familiar, 34*(1), 6-8.

Pinto, D. (2012). Classificar motivos de consulta e procedimentos com a ICPC na prática clínica? *Revista Portuguesa de Medicina Geral e Familiar, 28*(4), 247-248.

Pinto, D. (2014). O que classificar nos registos clínicos com a Classificação Internacional de Cuidados Primários? *Revista Portuguesa de Medicina Geral e Familiar, 30*(5), 328-334.

Queiroz, M. J. (2009). SOAP revisitado. *Revista Portuguesa de Medicina Geral e Familiar, 25*(2), 221-227.

Ramos, V. (2008). *A consulta em 7 passos*: VFBM Comunicação, Lda.

Reiser, S. J. (1991). The clinical record in medicine. Part 2: Reforming content and purpose. *Ann Intern Med, 114*(11), 980-985. doi:10.7326/0003-4819-114-11-980

Santiago, L. M. (2015). Contributo para a melhoria dos registos em consulta. *Revista da Ordem dos Médicos, 161*(Jul-Ago), 60-62.

Simons, S. M., Cillessen, F. H. e Hazelzet, J. A. (2016). Determinants of a successful problem list to support the implementation of the problem-oriented medical record according to recent literature. *BMC Med Inform Decis Mak, 16*, 102. doi:10.1186/s12911-016-0341-0

Sousa, J. C. d. (2000). Sistema de anotação clínica. Disponível em: https://www.mgfamiliar.net/MMGF/textos/12/10_texto.html

Weed, L. L. (1968). Medical records that guide and teach. *N Engl J Med, 278*(12), 652-657 concl. doi:10.1056/NEJM196803212781204

World Organization of National Colleges Academies and Academic Associations of General Practitioners/Family Physicians. (2005). *ICPC-2-R : international classification of primary care* (2.ª ed. revista). Oxford ; Nova Iorque: Oxford University Press.

CAPÍTULO 9

A ABORDAGEM PREVENTIVA EM CUIDADOS DE SAÚDE PRIMÁRIOS

Bruno Heleno, Paulo Santos

A doença e a incapacidade acompanham a história da humanidade. O seu combate é o objetivo da Medicina, ainda que assumindo desde os primórdios que a cura nem sempre é possível. Em *Peri Tékhne*, tratado sobre a arte médica do *Corpus Hippocraticum* (século V a.C.), Hipócrates marca o objeto da arte médica em afastar o sofrimento do doente e diminuir o impacto das suas doenças, abstendo-se de intervir nas situações para as quais não tem atualmente opções disponíveis (Rezende, 2009). E é também nos primórdios que a observação atenta dos fenómenos permite introduzir o conceito de prevenção. Prevenir é uma palavra com origem no latim *praevenio*, que significa antecipar. Mais do que esperar que as doenças apareçam para as tratar, interessa encontrar estratégias que atuando nos seus determinantes as possam evitar: Panaceia (que tudo cura) *versus* Hygeia (que previne), as duas filhas de Asclépio, o deus da Medicina da mitologia clássica, numa dicotomia resolvida na grandeza do coração de pai albergando ambas as filhas. O objetivo da medicina preventiva é evitar o aparecimento da doença que levará ao sofrimento e à morte prematura, através da implementação de um conjunto de estratégias promotoras da saúde e capazes de alterar a história natural das doenças.

Em 1986, a carta de Otawa operacionaliza a medicina preventiva no conceito de promoção da saúde, entendida como o processo de capacitação dos indivíduos e das populações para controlarem e melhorarem a sua saúde, («Ottawa charter for health promotion», 1986) dividida no modelo de Tannahill nas três dimensões da proteção da saúde, da prevenção da doença e da educação para a saúde (Tannahill, 1985).

A incorporação de conhecimento oriundo de áreas como a sociologia, a educação, a economia, a gestão e a ecologia levou à evolução do modelo. A rigidez inicial com uma categorização estanque entre o momento antes e depois da doença deu lugar a uma abordagem mais dinâmica e integradora (Tannahill, 2008, 2009).

1. Dimensões de promoção da saúde

No modelo inicial, Tannahil propõe que a promoção da saúde seja entendida sob três pontos de vista complementares, mas sobrepostos (Downie, Fyfe e Tannahill, 1990).

A **educação para a saúde** tem um papel central. É um constructo comunicacional que visa influenciar favoravelmente os conhecimentos, atitudes e aptidões das pessoas, melhorando a sua saúde e o seu bem-estar e diminuindo a carga de doença, mobilizando recursos entre os profissionais de saúde, os órgãos de decisão e a comunidade. Neste contexto, a palavra educação não deve ser vista como uma forma de aprendizagem de um professor ativo a transmitir os conteúdos ao seu aluno passivo, mas como uma forma de interação ativa entre dois parceiros que trabalham juntos para atingir objetivos comuns.

A **proteção da saúde** refere-se ao conjunto de ações destinadas a manter ou melhorar o estado de saúde e o bem-estar das pessoas. Inclui medidas legislativas, regulamentos e códigos de conduta, assim como a atuação sobre hábitos e estilos de vida. A lei antitabaco ou a taxação das bebidas açucaradas são exemplos deste tipo de atuação.

A terceira dimensão é a **prevenção**, que engloba as ações com o objetivo de diminuir o risco de aparecimento de doença ou de uma situação não desejada (como uma gravidez, por exemplo). Engloba a prevenção do primeiro episódio de doença, como na vacinação, a deteção precoce da doença com o objetivo de diminuir as suas consequências, como no rastreio do cancro da mama, a prevenção das complicações evitáveis na doença instalada como a evolução para a insuficiência cardíaca nos doentes pós-enfarte e a prevenção da recorrência, como as quedas dos idosos.

A Figura 9.1 posiciona estas dimensões nos seus conteúdos. As interações definem campos comuns de interseção. Podemos definir a proteção da saúde preventiva (campo 1) que corresponde às ações desenvolvidas para melhorar a saúde ao mesmo tempo que previne a doença, como a limitação da alcoolémia nos condutores de veículos motorizados. A educação para a saúde preventiva (campo 2) refere-se aos esforços educacionais para a prevenção de doenças, como o ensino da utilização do preservativo com efeito na incidência das infeções sexualmente transmissíveis ou a capacitação para a utilização adequada dos serviços de saúde. A educação para proteção da saúde (campo 3) refere-se às ações que levam à criação de ambientes salutogénicos, como ensinar as cozinheiras a substituir o sal sódico alimentar por outros aditivos com impacto positivo na saúde. O campo 4 é a educação para a proteção da saúde preventiva e refere-se aos esforços de aprendizagem para a aplicação de regulação capaz de evitar a doença, como no *lobbying* para a implementação da lei de utilização do cinto de segurança nos automóveis.

Figura 9.1. Modelo de promoção da saúde (adaptado de Downie et al, 1990)

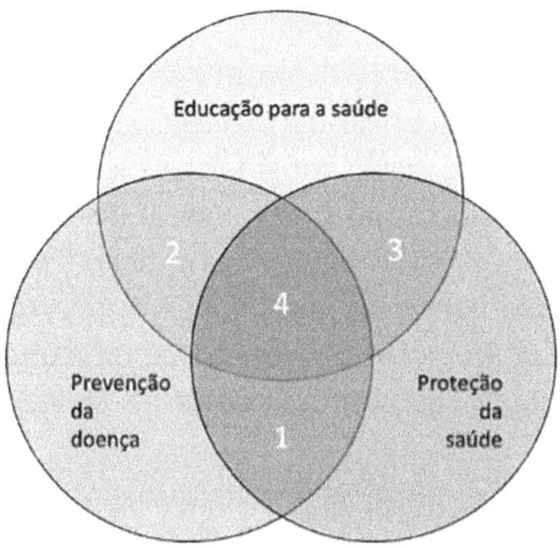

Este modelo teve a vantagem de conseguir estabilizar os conceitos, ainda que a aplicação prática se mostrasse por vezes artificial levantando dúvidas sobre onde classificar determinadas ações em concreto. A perspetiva de sucessão contínua dos diferentes níveis de prevenção, associada à complexidade da intervenção em promoção para a saúde adaptada ao indivíduo e à necessária visão holística do indivíduo justificou a sua evolução. Em 2008, Tannahill publica uma proposta de atualização em que define a promoção da saúde como o esforço para a proteção da saúde e prevenção da doença através de políticas, estratégias e atividades centradas nas pessoas e na comunidade, que englobam os fatores sociais, económicos, culturais e ambientais da população, as estratégias de educação e aprendizagem, a compreensão da diversidade inter-individual e a necessária garantia da equidade e os recursos disponíveis (Tannahill, 2008, 2009).

Mais recentemente, a Organização das Nações Unidas definiu os **objetivos para o desenvolvimento sustentável**, englobando os desafios globais que o mundo enfrenta como a pobreza, as desigualdades, as alterações climáticas, a degradação ambiental, a paz e a justiça (United Nations, 2015). Classicamente, a saúde dedica-se à orientação das doenças integrando os fatores causais e combatendo-os na estratégia terapêutica. Percebemos hoje que uma parte significativa da carga de doença e do número de anos de vida perdidos depende das condições em que as pessoas nascem, crescem, vivem, trabalham e envelhecem, que podem no conjunto proporcionar ou comprometer a liberdade que todos necessitam para maximizar o seu potencial de vida com qualidade. Neste sentido, interessa melhorar as condições de vida, estabelecer a equidade nas oportunidades de acesso a nível regional, nacional e global, e aumentar a consciência pública sobre a importância dos determinantes sociais para a saúde (WHO Commission on Social Determinants of Health & World Health Organization, 2008).

A saúde e a sua promoção são consideradas um investimento e encarados como fatores chave para um futuro sustentável, através da transformação das orientações, leis e regulamentos, da criação de vontade política para a ação e da capacitação para uma governança transformadora (Kickbusch, Bettcher, Abdelaziz e Ligot, 2017). A promoção da saúde enquadra-se assim numa estratégia global de interconexão de várias áreas, muitas delas fora do tradicional controlo do setor da saúde e dos profissionais de saúde, obrigando a programas de colaboração intersectorial, numa lógica de saúde para todos e todos pela saúde.

2. Intervenção preventiva

A Medicina Preventiva foca-se na capacitação da pessoa para controlar os fatores determinantes da saúde, a nível individual, comunitário e ambiental, como forma de alcançar e manter o estado de saúde. A saúde é um recurso de vida mais do que um fim em si mesma, que permitirá ao indivíduo a prossecução dos seus objetivos (Santos, Sá, Couto e Hespanhol, 2017), e entende-se mais como a possibilidade de adaptação às circunstâncias de vida do que propriamente como o idílico completo bem-estar físico, mental e social (Huber *et al.*, 2011).

O indivíduo assume-se como o primeiro responsável pelo processo. O médico é parceiro com responsabilidade pela aplicação da tecnologia disponível na melhor evidência existente e pela educação, como forma de levar a pessoa a apropriar-se da informação necessária a uma opção esclarecida (Sackett, Straus, Richardson, Rosenberg e Haynes, 2000). E são também parceiros os sistemas organizativos de quem se espera a criação de condições básicas de vida, sustentáveis e equitativas, de paz e tranquilidade social, ao nível do rendimento disponível, do trabalho, da habitação, da segurança social, da educação e da saúde, onde se destaca o abastecimento de alimentos e água potável, a higienização sanitária, o acesso universal aos cuidados médicos e aos medicamentos e a coordenação dos diferentes níveis de cuidados [World Health Organization (WHO) & United Nations Children's Fund (UNICEF), 1978].

A literacia para a saúde tem um papel central, integrando os fatores individuais, comunitários e políticos na construção de um corpo de conhecimentos, atitudes, aptidões e competências capaz de mudar comportamentos e práticas (Hou, 2014). Define-se como a «capacidade de obter, processar e entender a informação básica de saúde, bem como os serviços necessários para fazer as opções apropriadas para a sua própria saúde» (Ratzan & Parker, 2000). Melhorar o nível de literacia é uma prioridade de saúde pública (Nutbeam, 2000) e um eixo fundamental na dinâmica de mudança de comportamento (Glanz, Rimer e Viswanath, 2008), promovendo uma melhor racionalidade na alocação de recursos, com ganhos para o indivíduo e para a sociedade.

A comunicação e a informação prestada são expectativas dos doentes no contacto com o seu médico (Sobczak, Leoniuk, Janaszczyk e Pietrzykowska, 2017). A atualidade, porém, traz-nos novas formas de comunicar em complemento do modelo clássico da consulta presencial. A internet e as redes sociais são cada vez mais comuns, permitindo pesquisar informação no conforto da intimidade de cada um, mesmo quando não há uma *query* de pesquisa completamente estabelecida (Santos, Sá, Couto e Hespanhol, 2018). Esta facilitação do acesso não foi, no entanto, acompanhada de um desenvolvimento de filtros de qualidade que permitam distinguir a boa da má informação. Persistem demasiados problemas nos conteúdos (Benigeri & Pluye, 2003) que condicionam de forma significativa a potencial utilidade destes recursos. Não obstante o valor que a melhoria do acesso à informação pode criar, interessa validar a sua qualidade e aproveitar os encontros personalizados da consulta para promover ativamente educação para a saúde, aproveitando em complemento as boas ferramentas, disponíveis nos meios digitais, nos media ou em formatos mais analógicos, com conteúdos que apresentem níveis de rigor, mas que sejam percetíveis pelo utilizador pouco habituado ao jargão médico (Costa *et al.*, 2019; Santos *et al.*, 2018).

3. Níveis de prevenção: prevenção primária, secundária e terciária

Pode simplificar-se a história natural da doença em quatro estados: a pessoa saudável, a pessoa com doença assintomática, a pessoa com doença sintomática e a pessoa com complicações da doença. A prevenção pode atuar na transição destes estados. Isto é, pode prevenir-se que pessoas saudáveis venham a desenvolver doença (prevenção primária), que a doença assintomática se torne sintomática (prevenção secundária) ou que a doença sintomática evolua para as suas complicações (prevenção terciária). Isto constitui o modelo tripartido da prevenção (Tannahill, 1985). Por exemplo, se pensarmos na infeção pelo vírus da imunodeficiência humana podemos atuar de forma a evitar que pessoas saudáveis sejam infetadas pelo VIH (prevenção primária), podemos diagnosticar a infeção nas suas fases assintomáticas de forma a iniciar terapêutica antirretroviral precocemente (prevenção secundária) ou pode iniciar-se terapêutica antirretroviral em pessoas com doença definidora de SIDA (prevenção terciária).

Reconhecemos a importância desta categorização na estabilização dos conceitos e na facilidade com que lidamos com eles, mas não podemos esquecer que a saúde, como a vida, é contínua, com ciclos de prevenção e tratamento que se sucedem desde o nascimento até à morte (Santos, 2018). Na doença cardiovascular, a prevenção da doença coronária é a abordagem dos fatores de risco e controlar a elevação da pressão arterial será prevenção primária do enfarte. Mas ao assumirmos a hipertensão arterial como uma doença, com critérios de diagnóstico, tratamento e prognóstico muito bem definidos, o seu tratamento será prevenção secundária, a abordagem das opções alimentares, nomeadamente quanto à ingestão de sal, será prevenção primária e o enfarte aparece como prevenção terciária. A abordagem preventiva é assim parte integrante da medicina e um fator chave para uma vida com saúde, ainda que inevitavelmente se tenha de conviver com as doenças.

Este modelo é útil porque permite identificar diferentes tipos de intervenções preventivas. A vacinação e as intervenções comportamentais, farmacológicas ou cirúrgicas para eliminação de fatores de risco são as estratégias principais da prevenção primária. O rastreio organizado e o diagnóstico precoce são as estratégias principais da prevenção secundária. O tratamento comportamental, farmacológico ou cirúrgico das doenças e a reabilitação são as estratégias principais da prevenção terciária. Todas estas estratégias têm como fim último evitar mortes, perda de qualidade de vida ou outros eventos indesejados. Diferem, contudo, na fase da história natural da doença em que atuam.

4. Dolência sem doença e prevenção quaternária

Os sociólogos da saúde distinguem dois conceitos: a doença, que consiste na alteração da função de moléculas, tecidos, órgãos ou sistemas, e a dolência, que consiste na experiência psicossocial da doença (Eisenberg, 1977; Kleinman, 2017; J. M. Nunes, 2010). Uma das razões para o sucesso da medicina moderna é a sua capacidade de explicar parte do sofrimento humano (a dolência) como resultado de doenças e propor um conjunto de tratamentos eficazes para mitigar esse sofrimento. No entanto, existem pessoas cujos sintomas não são congruentes com modelos explicativos de doença biomédica (J. Nunes *et al.*, 2013). Existem também pessoas que estão persistentemente preocupadas com a possibilidade de doença, mesmo tendo poucos ou nenhuns sintomas. Nestas pessoas, existe dolência sem doença.

As pessoas com sintomas sem explicação médica e as pessoas persistentemente preocupadas com a doença são particularmente vulneráveis a iatrogenia. Por um lado, há uma tendência para procurar frequentemente serviços de saúde (Sunderland *et al.*, 2013), diferentes médicos no mesmo episódio (Kasteler *et al.*, 1976; Sansone & Sansone, 2012) e de realizar exames complementares de diagnóstico. Por outro, os médicos têm um enorme receio de deixar por diagnosticar uma apresentação rara de doença grave (Ringsberg & Krantz, 2006; Woivalin, Krantz, Mantyranta e Ringsberg, 2004). Mesmo admitindo que há uma explicação psicossocial para o sintoma, é frequente o pedido de exames complementares de diagnóstico ou a introdução de tratamentos biomédicos. A realização destes exames não reduz sintomas ou tranquiliza as pessoas (Rolfe & Burton, 2013). No decurso da investigação destes sintomas, podem encontrar-se falsos-positivos e achados acidentais que levam a uma sucessão de procedimentos diagnósticos para os esclarecer (Nguyen, Sullivan e Makam, 2015). Os tratamentos são frequentemente ineficazes, o que leva a frustração das pessoas com dolência (Kornelsen, Atkins, Brownell e Woollard, 2016; J. Nunes, Ventura, Encarnacao, Pinto e Santos, 2013) e dos médicos (Johansen & Risor, 2017; May *et al.*, 2004).

Em 1986, Marc Jamoulle propõe um novo modelo de prevenção que surge da distinção entre doença e dolência (Marc Jamoulle, 1986). À semelhança do modelo tripartido, este modelo permite conceptualizar diferentes intervenções para diferentes fases da história natural da doença biomédica. Isto é, o indivíduo saudável (sem doença e sem dolência) pode desenvolver uma doença assintomática (com doença e sem dolência) e, ao longo do tempo, essa doença pode tornar-se sintomática (com doença e com dolência). No entanto, a maior contribuição deste modelo foi chamar a atenção para a necessidade de prevenir a iatrogenia nas pessoas com dolência, mas sem doença. Originalmente, definia-se prevenção quaternária como a «identificação de doentes em risco de sobremedicalização, com o fim de os proteger de intervenções médicas invasivas e de lhes sugerir alternativas eticamente aceitáveis» (Bentzen, 2003). Havia por isso, um enfoque nas pessoas com sintomas sem explicação médica e nos persistentemente preocupados com doença.

4.1. Evolução do conceito de prevenção quaternária

A história recente da medicina tem vários exemplos de prevenção que causou prejuízos não intencionais e até uma maior mortalidade (Martins, Godycki-Cwirko, Heleno e Brodersen, 2018): adolescentes vacinados contra a gripe pandémica que desenvolveram narcolepsia (Wijnans *et al.*, 2013); o rastreio de neuroblastoma levou a sobrediagnóstico e sobretratamento sem reduzir a mortalidade (Riley *et al.*, 2003); a utilização de antiarrítmicos em doentes pós-enfarte do miocárdio (Echt *et al.*, 1991) ou o controlo glicémico intensivo na diabetes de tipo 2 (Group of Action to Control Cardiovascular Risk in Diabetes Study *et al.*, 2008). Por isso, tornou-se claro que a prevenção quaternária é necessária para pessoas com diferentes combinações de doença e dolência (Brodersen, Schwartz e Woloshin, 2014; Kuehlein, Sghedoni, Visentin, Gérvas e Jamoulle, 2010).

Atualmente, a prevenção quaternária inclui quatro perspetivas complementares e que se inter-relacionam: o combate à medicalização (M. Jamoulle *et al.*, 2018; Norman & Tesser, 2019), o combate ao sobrediagnóstico e sobretratamento e a utilidade da medicina baseada na evidência (Martins *et al.*, 2018; Martins, Godycki-Cwirko, Heleno e Brodersen, 2019).

A prevenção quaternária preocupa-se com a medicalização, isto é, com o processo em que eventos ou comportamentos passam a ser interpretados como doenças (Weiss & Lonnquist, 2015). Exemplos incluem a menopausa, a gravidez, obesidade, a calvície, a ansiedade social e a hiperatividade e défice de atenção. A medicalização nem sempre é motivada pelo interesse das pessoas doentes. A definição de uma nova doença ou a mudança dos critérios de diagnósticos de uma doença existente pode levar ao aumento do poder de uma especialidade médica (a maior prevalência pode justificar a atribuição de mais recursos), aumentar o mercado para a indústria farmacêutica ou para os prestadores de serviços de saúde (Conrad, 2005). A tecnologia médica pode passar a ter outros fins que não o diagnóstico ou o tratamento de doenças (por exemplo, a cirurgia estética ou os fármacos para aumentar o rendimento escolar). Permanecer atento a tentativas de medicalizar eventos da vida quotidiana e procurar desmedicalizar algumas doenças são também estratégias de prevenção quaternária (M. Jamoulle *et al.*, 2018; Norman & Tesser, 2019).

A prevenção quaternária preocupa-se com os efeitos inesperados de tentar atuar precocemente na história natural da doença: o rastreio e a mudança de fatores de risco. A ideia de rastrear doença assintomática surge da observação que as doenças em fases iniciais são mais fáceis de tratar e têm melhor prognóstico do que as fases tardias dessas mesmas doenças. Existem, no entanto, efeitos adversos dos programas de rastreio (Heleno, Thomsen, Rodrigues, Jorgensen e Brodersen, 2013). Os falsos-positivos (alterações do teste de rastreio na ausência de doença) e achados acidentais (alterações detetadas nos testes de rastreio ou investigação diagnóstica, não relacionados com a doença rastreada) e o sobrediagnóstico (deteção de doença que não progrediria para sintomas durante a restante esperança de vida da pessoa) podem levar a dano físico, dano psicológico, problemas financeiros e custos de oportunidade (Harris *et al.*, 2014). Há várias estratégias de prevenção quaternária relacionadas com rastreios. Uma é assegurar que as pessoas são informadas sobre os benefícios e malefícios dos rastreios e que tomam decisões sobre rastreio congruentes com os seus valores. Outra passa por mudar a designação de algumas doenças para termos com menos estigma, por exemplo mudar a terminologia de «carcinoma in situ» para «lesão indolente de origem epitelial» (Esserman, Thompson e Reid, 2013).

Na ausência de tratamentos que permitam recuperar todo o dano provocado por uma doença, tentar prevenir que a doença aconteça é uma abordagem atraente. Por isso, muita da atividade em cuidados de saúde primários é reduzir fatores de risco (pressão arterial, colesterol, diabetes, tabaco, sedentarismo, excesso de peso, e muitos outros). Ao longo da história médica recente, houve várias tentativas de baixar os limiares de fatores de risco (por exemplo, definir diabetes como glicémia >126mg/dL em vez de 140mg/dL, hipertensão com indicação para medicamentos como PA > 140/90 mm Hg em vez de >160/90 mm Hg) (Oliveira & Santos, 2018; Schwartz & Woloshin, 1999). Estas redefinições permitem diminuir ainda mais a incidência de uma doença, mas para isso é necessário tratar um número cada vez maior de doentes. Vários investigadores notaram que, considerando apenas fatores de risco cardiovascular, cerca de 75% das pessoas em países ocidentais tem pelo menos dois fatores de risco (Petursson, Getz, Sigurdsson e Hetlevik, 2009; Schwartz & Woloshin, 1999). Isto é problemático, pelo menos, por duas razões: primeiro, ao tentar abarcar um número cada vez maior de pessoas a intervir pode haver menos tempo para dedicar às pessoas que estão de facto doentes; segundo, a hipótese de benefício de um tratamento é proporcional à magnitude de risco (Quadro 9.1). Ao procurar intervir em pessoas com níveis mais baixos de risco, é necessário tratar cada vez mais pessoas para prevenir um evento. Se essa intervenção tiver efeitos adversos ou custos elevados, a relação entre benefícios e malefícios é progressivamente pior, à medida que diminui o risco de doença. A prevenção quaternária advoga que os profissionais de saúde tenham sempre presente esta relação entre benefícios e malefícios de outras formas de prevenção.

Quadro 9.1. Potencial benefício da intervenção em função do risco de base.

	Risco de evento cardiovascular sem tratamento (Rc)	Redução de risco relativo do tratamento (RRR)	Redução de risco absoluto do tratamento (RRA=Rc*RRR)	Risco de evento cardiovascular com tratamento (Rt=Rc-RRA)	Número necessário tratar (NNT = 1/RRA)
Pessoa alto risco	20% (5% fatal, 15% não fatal)	30%	6%	14%	17
Pessoa médio risco	8% (2% fatal, 6% não fatal)	30%	2,4%	5,6%	42
Pessoa baixo risco	1% (0,25% fatal, 0,75 não fatal)	30%	0,3%	0.7%	333

Rc: risco basal de evento; RRR: redução de risco relativo; RRA: redução de risco absoluto; Rt: redução de risco após tratamento; NNT: número necessário tratar

Há uma segunda definição de prevenção quaternária, que a descreve como «intervenções para proteger indivíduos (pessoas/doentes) de intervenções médicas que provavelmente causarão mais prejuízos do que benefícios» (Brodersen *et al.*, 2014). Esta definição faz uma ponte com o movimento da medicina baseada na evidência, que considera que as melhores decisões em saúde são informadas pelos valores do doente, experiência clínica e evidência científica (Sackett *et al.*, 1996). Pretende-se com isso proteger os doentes de intervenções que não foram adequadamente estudadas, ou de intervenções em que não haja benefícios que claramente sejam maiores que os malefícios. Este tipo de conduta favorece o respeito pelos princípios éticos da não--maleficência e da beneficência (Martins *et al.*, 2019).

Em resumo, a prevenção quaternária descreve atividades de prevenção da iatrogenia. Inclui a utilização judiciosa de exames complementares e tratamentos em todas as pessoas que procuram os profissionais de saúde, mas com particular atenção às pessoas com sintomas sem explicação médica e em pessoas persistentemente preocupadas com a doença. Para além disso, advoga cautela perante a medicalização de eventos de vida ou comportamentos, em particular quando as causas de medicalização entram em conflito com o interesse das pessoas doentes. Procura ainda mitigar os efeitos adversos de falsos-positivos, achados acidentais e sobrediagnóstico quando se tenta detetar doença em fase assintomática e os efeitos adversos de reclassificar fatores de risco.

REFERÊNCIAS

BENIGERI, M. e PLUYE, P. (2003). Shortcomings of health information on the Internet. *Health Promot Int, 18*(4), 381-386.

BENTZEN, N. (2003). *WONCA Dictionary of General/Family Practice*. http://www.ph3c.org/4daction/w3_CatVisu/en/wonca-dictionary-of-general/family-practice.-2003.html?wDocID=92.

BRODERSEN, J., SCHWARTZ, L. M. e WOLOSHIN, S. (2014). Overdiagnosis: how cancer screening can turn indolent pathology into illness. *APMIS, 122*(8), 683-689. doi:10.1111/apm.12278

CONRAD, P. (2005). The shifting engines of medicalization. *J Health Soc Behav, 46*(1), 3-14. doi:10.1177/002214650504600102

COSTA, A. S., ARRIAGA, M., MENDES, R. V., Miranda, D., Barbosa, P., Sakellarides, C., ... Ribeiro, S. (2019). A Strategy for the Promotion of Health Literacy in Portugal, Centered around the Life-Course Approach: The Importance of Digital Tools. *Portuguese Journal of Public Health, 37*, 50-54. Disponível em: http://www.scielo.mec.pt/scielo.php?script=sci_arttext&pid=S2504-31452019000100007&nrm=iso

Downie, R. S., Fyfe, C. e Tannahill, A. (1990). *Health promotion: models and values.* Nova Iorque: Oxford University Press,.

Echt, D. S., Liebson, P. R., Mitchell, L. B., Peters, R. W., Obias-Manno, D., Barker, A. H., ... *et al.* (1991). Mortality and morbidity in patients receiving encainide, flecainide, or placebo. The Cardiac Arrhythmia Suppression Trial. *N Engl J Med, 324*(12), 781-788. doi:10.1056/NEJM199103213241201

Eisenberg, L. (1977). Disease and illness. Distinctions between professional and popular ideas of sickness. *Cult Med Psychiatry, 1*(1), 9-23. doi:10.1007/bf00114808

Esserman, L. J., Thompson, I. M., Jr. e Reid, B. (2013). Overdiagnosis and overtreatment in cancer: an opportunity for improvement. *JAMA, 310*(8), 797-798. doi:10.1001/jama.2013.108415

Glanz, K., Rimer, B. K. e Viswanath, K. (2008). *Health behavior and health education: theory, research, and practice*: John Wiley & Sons.

Group of Action to Control Cardiovascular Risk in Diabetes Study, Gerstein, H. C., Miller, M. E., Byington, R. P., Goff, D. C., Jr., Bigger, J. T., ... Friedewald, W. T. (2008). Effects of intensive glucose lowering in type 2 diabetes. *N Engl J Med, 358*(24), 2545-2559. doi:10.1056/NEJMoa0802743

Harris, R. P., Sheridan, S. L., Lewis, C. L., Barclay, C., Vu, M. B., Kistler, C. E., ... Brewer, N. T. (2014). The harms of screening: a proposed taxonomy and application to lung cancer screening. *JAMA Intern Med, 174*(2), 281-285. doi:10.1001/jamainternmed.2013.12745

Heleno, B., Thomsen, M. F., Rodrigues, D. S., Jorgensen, K. J. e Brodersen, J. (2013). Quantification of harms in cancer screening trials: literature review. *BMJ, 347*, f5334. doi:10.1136/bmj.f5334

Hou, S.-I. (2014). Health Education Theoretical Concepts, Effective Strategies and Core Competencies. *Health promotion practice, 15*(5), 619-621.

Huber, M., Knottnerus, J. A., Green, L., van der Horst, H., Jadad, A. R., Kromhout, D., ... Smid, H. (2011). How should we define health? *BMJ, 343*, d4163. doi:10.1136/bmj.d4163

Jamoulle, M. (1986). Information et informatisation en médecine générale. *Les informa--G-iciens. Les professionnels de l'informatique dans leurs rapports avec les utilisateurs Actes des III° Journées de Réflexion sur l'Informatique (3° JRI), Namur, 28 et 29 novembre 1986.*, 193-209.

Jamoulle, M., Roland, M., Bae, J. M., Heleno, B., Visentin, G., Gusso, G., ... Rossi, I. (2018). [Ethical, pedagogical, socio-political and anthropological implications of quaternary prevention]. *Rev Med Brux, 39*(4), 383-393. Disponível em: https://www.ncbi.nlm.nih.gov/pubmed/30321004

Johansen, M. L. e Risor, M. B. (2017). What is the problem with medically unexplained symptoms for GPs? A meta-synthesis of qualitative studies. *Patient Educ Couns, 100*(4), 647-654. doi:10.1016/j.pec.2016.11.015

Kickbusch, I., Bettcher, D., Abdelaziz, F. B. e Ligot, J. (2017). *Promoting health: Guide to national implementation of the Shanghai Declaration* (Vol. (WHO/NMH/PND/18.2)). Geneve: World Health Organization.

Kleinman, A. (2017). The Illness Narratives: Suffering, Healing, and the Human Condition: [Excerpt]. *Acad Med, 92*(10), 1406. doi:10.1097/ACM.0000000000001864

Kornelsen, J., Atkins, C., Brownell, K. e Woollard, R. (2016). The Meaning of Patient Experiences of Medically Unexplained Physical Symptoms. *Qual Health Res, 26*(3), 367-376. doi:10.1177/1049732314566326

Kuehlein, T., Sghedoni, D., Visentin, G., Gérvas, J. e Jamoulle, M. (2010). Quaternary prevention: a task of the general practitioner. *Primary Care, 18.*

Martins, C., Godycki-Cwirko, M., Heleno, B. e Brodersen, J. (2018). Quaternary prevention: reviewing the concept. *Eur J Gen Pract, 24*(1), 106-111. doi:10.1080/13814788.2017.1422177

Martins, C., Godycki-Cwirko, M., Heleno, B. e Brodersen, J. (2019). Quaternary prevention: an evidence-based concept aiming to protect patients from medical harm. *Br J Gen Pract, 69*(689), 614-615. doi:10.3399/bjgp19X706913

May, C., Allison, G., Chapple, A., Chew-Graham, C., Dixon, C., Gask, L., ... Roland, M. (2004). Framing the doctor-patient relationship in chronic illness: a comparative study of general practitioners' accounts. *Sociol Health Illn, 26*(2), 135-158. doi:10.1111/j.1467-9566.2004.00384.x

Nguyen, L. T., Sullivan, C. T. e Makam, A. N. (2015). The Diagnostic Cascade of Incidental Findings: A Teachable Moment. *JAMA Intern Med, 175*(7), 1089-1090. doi:10.1001/jamainternmed.2015.1520

Norman, A. H. e Tesser, C. D. (2019). Quaternary prevention: a balanced approach to demedicalisation. *Br J Gen Pract, 69*(678), 28-29. doi:10.3399/bjgp19X700517

Nunes, J., Ventura, T., Encarnacao, R., Pinto, P. R. e Santos, I. (2013). What do patients with medically unexplained physical symptoms (MUPS) think? A qualitative study. *Ment Health Fam Med, 10*(2), 67-79. Disponível em: https://www.ncbi.nlm.nih.gov/pubmed/24427173

Nunes, J. M. (2010). *Comunicação em contexto clínico.* Lisboa: Bayer.

Nutbeam, D. (2000). Health literacy as a public health goal: a challenge for contemporary health education and communication strategies into the 21st century. *Health Promotion International, 15*(3), 259-267. doi:10.1093/heapro/15.3.259

Oliveira, A. C. e Santos, P. (2018). Hypertension: Drug Adherence and Social Factors. *J Hypertens Manag, 4*(2), 034. doi.doi.org/10.23937/2474-3690/1510034

Ottawa charter for health promotion. (1986). *Can J Public Health, 77*(6), 425-430.

Petursson, H., Getz, L., Sigurdsson, J. A. e Hetlevik, I. (2009). Can individuals with a significant risk for cardiovascular disease be adequately identified by combination of several risk factors? Modelling study based on the Norwegian HUNT 2 population. *J Eval Clin Pract, 15*(1), 103-109. doi:10.1111/j.1365-2753.2008.00962.x

Ratzan, S. e Parker, R. (2000). Introduction. In C. R. Selden, M. Zorn, S. Ratzan e R. M. Parker (Eds.), *Health literacy. Current bibliographies in medicine 2000-1* (pp. v-vii). Bethesda, Md. (8600 Rockville Pike, Bethesda 20894): U.S. Dept. of Health and Human Services, Public Health Service, National Institutes of Health, National Library of Medicine, Reference Section,.

Rezende, J. M. (2009). Curar algumas vezes, aliviar quase sempre, consolar sempre. In J. M. Rezende (Org.), *À sombra do Plátano: crônicas de história da medicina* (pp. 55-59). S. Paulo: Editora Fap-Unifesp.

Riley, R. D., Burchill, S. A., Abrams, K. R., Heney, D., Lambert, P. C., Jones, D. R., ... Lewis, I. J. (2003). A systematic review and evaluation of the use of tumour markers in paediatric oncology: Ewing's sarcoma and neuroblastoma. *Health Technol Assess, 7*(5), 1-162. doi:10.3310/hta7050

Ringsberg, K. C. e Krantz, G. (2006). Coping with patients with medically unexplained symptoms: work-related strategies of physicians in primary health care. *J Health Psychol, 11*(1), 107-116. doi:10.1177/1359105306058853

Rolfe, A. e Burton, C. (2013). Reassurance after diagnostic testing with a low pretest probability of serious disease: systematic review and meta-analysis. *JAMA Intern Med, 173*(6), 407-416. doi:10.1001/jamainternmed.2013.2762

Sackett, D. L., Straus, S. E., Richardson, W. S., Rosenberg, W. e Haynes, R. B. (2000). How to practice and teach EBM. *Edinburgh: Churchill Livingstone.*

Santos, P. (2018). Prevenção em oncologia: mais rastreios ou melhor intervenção. *Rev Port Med Geral Fam, 34*(2), 59-60.

Santos, P., Sá, L., Couto, L. e Hespanhol, A. (2017). Health literacy as a key for effective preventive medicine. *Cogent Social Sciences, 3*(1), 1407522. doi:10.1080/23311886.2017.1407522

Santos, P., Sá, L., Couto, L. e Hespanhol, A. (2018). Sources of information in health education: A crosssectional study in Portuguese university students. *AMJ, 11*(6), 352-360. doi:https://doi.org/10.21767/AMJ.2018.3435

Schwartz, L. M. e Woloshin, S. (1999). Changing disease definitions: implications for disease prevalence. Analysis of the Third National Health and Nutrition Examination Survey, 1988-1994. *Eff Clin Pract, 2*(2), 76-85. Disponível em: https://www.ncbi.nlm.nih.gov/pubmed/10538480

Sobczak, K., Leoniuk, K., Janaszczyk, A. e Pietrzykowska, M. (2017). Patients' Expectations as to Doctors' Behaviors During Appointed Visits. *Health Commun, 32*(4), 517-519. doi:10.1080/10410236.2016.1140285

Tannahill, A. (1985). What is health promotion? *Health Education Journal, 44*(4), 167-168.

TANNAHILL, A. (2008). Health promotion: the Tannahill model revisited. *Public Health, 122*(12), 1387-1391. doi:10.1016/j.puhe.2008.05.009

TANNAHILL, A. (2009). Health promotion: the Tannahill model revisited. *Public Health, 123*(5), 396-399. doi:10.1016/j.puhe.2008.05.021

Transforming our world: the 2030 Agenda for Sustainable Development (2015).

WEISS, G. L. e LONNQUIST, L. E. (2015). *Sociology of health, healing, and illness* (8.ª ed.). Nova Iorque: Routledge.

WHO Commission on Social Determinants of Health. e World Health Organization. (2008). *Closing the gap in a generation : health equity through action on the social determinants of health: Commission on Social Determinants of Health final report*. Geneva, Switzerland: World Health Organization, Commission on Social Determinants of Health.

WIJNANS, L., LECOMTE, C., DE VRIES, C., WEIBEL, D., SAMMON, C., HVIID, A., ... STURKENBOOM, M. C. (2013). The incidence of narcolepsy in Europe: before, during, and after the influenza A(H1N1)pdm09 pandemic and vaccination campaigns. *Vaccine, 31*(8), 1246-1254. doi:10.1016/j.vaccine.2012.12.015

WOIVALIN, T., KRANTZ, G., MANTYRANTA, T. e RINGSBERG, K. C. (2004). Medically unexplained symptoms: perceptions of physicians in primary health care. *Fam Pract, 21*(2), 199-203. doi:10.1093/fampra/cmh217

World Health Organization (WHO) e United Nations Children's Fund (UNICEF). (1978). Primary health care: report of the International Conference on Primary Health Care, Alma-Ata, USSR, 6-12 September 1978.

CAPÍTULO 10
A FAMÍLIA

Luísa Sá, Paulo Santos

The bond that links your true family is not one of blood, but of respect and joy in each other's life. Rarely do members of one family grow up under the same roof.
Richard Bach, 1977

1. Conceito de família

O Homem é um ser gregário e social. Esta capacidade de estabelecer relacionamentos e de os manter ao longo do tempo em proveito mútuo fortalece a aparente fragilidade física na comparação com outras espécies e favorece a estruturação de redes neuronais de inteligência capazes de ultrapassar na construção de conhecimento os constrangimentos de um meio adverso.

O núcleo familiar é a base desta construção social, ao permitir o desenvolvimento harmonioso e equilibrado até à maturidade suficiente ao estabelecimento da autonomia, entendida como a capacidade do indivíduo para livremente decidir sobre a sua própria vida. É na família que se processam os mecanismos reprodutivos, os padrões de socialização e a organização dos papéis e relações na comunidade (Hansluwka, Browning, McEwan e Herberger, 1978).

Família é uma palavra de origem latina que significa o conjunto das pessoas que vivem sob o mesmo teto, incluindo os que se encontram unidos por laços de matrimónio ou de sangue, mas também os criados e os servos, chamados *famuli*, aquele que serve.

Em 1948, a Declaração Universal dos Direitos do Homem estabelece que a família é a unidade básica de agrupamento na comunidade, merecedora de proteção pela Sociedade e pelos Governos (United Nations General Assembly, 1948).

Há muitas definições de família. De uma forma geral, os conceitos mais académicos focam-se em questões de estrutura (como a vinculação biológica ou legal), de função (como o apoio mútuo financeiro e no estabelecimento de objetivos e tarefas comuns), ou nas transações (como a criação de vínculos afetivos ou de comunicação simbólica). Esta caracterização nem sempre é completamente percetível para a generalidade da população que prefere definições mais casuísticas (Thompson *et al.*, 2015). A definição clássica da família como um conjunto de pessoas relacionadas por laços de sangue, casamento ou adoção está ultrapassada. Ackerman definiu a família como uma unidade básica de crescimento e experiência, de desempenho ou falha, e também de saúde e doença (Ackerman, 1958). Mais tarde, Ranson & Vandervoort apresentaram a família como um grupo de pessoas íntimas com um passado e um futuro em comum (Ransom & Vandervoort, 1973), e Christie-Seely como um grupo de pessoas, frequentemente mas não necessariamente ligadas pelo sangue ou pelo casamento, com um compromisso para coabitar e cuidar umas das outras ao longo do tempo (Christie-Seely, 1984). Entendemos a família como uma estrutura social de indivíduos que se apoiam e acarinham reciprocamente, com objetivos comuns, e capazes de se potencializar mutuamente.

Independentemente dos conceitos, a família é uma estrutura viva e como tal evolutiva, o que leva a que qualquer sistema de classificação deva assumir a sua própria volubilidade em função das circunstâncias. Não obstante, classificar as famílias ajuda a perceber os contextos, a antecipar os acontecimentos e a orientar na necessidade.

A família nuclear é constituída pelos progenitores e pelos descendentes: mãe, pai e filhos vivendo sob o mesmo teto. É a tipologia clássica que reflete a organização no contexto da função reprodutiva do casal. Começa no momento do casamento e prolonga-se até à sua dissolução, por morte de um dos cônjuges ou separação. Atualmente, vamos encontrando numerosas variantes deste modelo: casais sem filhos, famílias com filhos adotados, famílias numerosas, casais homossexuais, entre outros (Caniço, Bairrada, Rodriguéz e Carvalho, 2010), que mantêm no essencial os papéis de cada elemento na estrutura, mas implicam uma especificidade na interpretação e avaliação de cada caso.

A existência mais do que duas gerações na mesma estrutura configura a tipologia de família alargada.

As famílias monoparentais apresentam uma composição vertical, mas apenas com um progenitor que terá de acumular os dois papéis. Um caso especial será o de casais divorciados onde muitas vezes se verifica a manutenção das funções parentais, monoparentais na estrutura, mas nucleares na funcionalidade.

As famílias reconstruídas caracterizam-se pela união de duas famílias previamente constituídas, com necessidade de reajustamento nos papéis paternos, mas também nos filhos.

As famílias unitárias são cada vez mais comuns. Constituídas apenas por um elemento que vive sozinho de forma autónoma. É o exemplo de muitos idosos entre a viuvez e perda de autonomia, e é também o exemplo de jovens e adultos deslocados por motivos de trabalho ou por opção pessoal.

Outros tipos de famílias incluem as institucionais, como as ordens religiosas ou os grupos de militares, ou outras estruturas que não se enquadrem nas anteriores.

Esta classificação é interessante, mas apenas descritiva dos elementos do agregado familiar, o que a torna incompleta por não se ajustar à organização do funcionamento familiar.

A influência da família na saúde deriva de três vetores fundamentais: genética, partilha do ambiente físico e partilha do ambiente sociocultural. (Medalie & Cole-Kelly, 2002) A carga genética é a matriz fundadora onde se baseia todo o funcionamento do organismo. Permite uma melhor compreensão da doença atual e preventivamente do risco de a vir a desenvolver no futuro. Sabemos que a estrutura genética é plástica com aportes epigenéticos que moldam a evolução geracional e que dependem da interação interpessoal e com o meio ambiente. O ambiente físico engloba aspetos alimentares e do meio envolvente, na exposição aos fatores físicos, químicos e biológicos e na partilha dos espaços. O ambiente sociocultural tem um impacto conhecido na saúde desde a teoria do materialismo de Engels do século XIX. É no seio familiar que se estruturam os comportamentos que se vão repetindo ao longo da vida, nos hábitos, nos estilos de vida, nas crenças e expectativas e nas respostas aos fatores causadores de stresse e conflitos. White identifica como principais fatores sociais com impacto na saúde a alimentação, a habitação, as condições de trabalho, a exposição à poluição, e a organização dos espaços (White, 2017), ao que Barltey vem acrescentar o papel estabilizador dos serviços públicos enquanto instrumento de equidade social (Bartley, 2016).

2. A avaliação familiar em Medicina Geral e Familiar

Em Medicina Geral e Familiar, até por causa da própria denominação, a família ocupa um lugar central (McWhinney & Freeman, 2009). Os cuidados em continuidade ao longo da vida implicam acompanhar a pessoa nos seus processos de saúde e de doença, e também nas suas vivências em termos de escolha de parceiros e de relacionamentos. Muitas vezes, a própria pessoa traz o acompanhante consigo, inserindo-o simbolicamente nesta relação de que passa a fazer parte (Flocke, Goodwin e Stange, 1998). Para compreender a pessoa teremos de integrar a história familiar, não apenas no conjunto de doenças ou fatores de risco que apresentam, como nas expectativas e estratégias de resolução de problemas. Muitas vezes a pessoa que contacta com os serviços é portadora de um conjunto de questões transversais aos membros do seu núcleo familiar ou mesmo específicas em relação a um dos elementos, nomeadamente quando implicam a função de suporte que a família assume (Medalie, Zyzanski, Langa e Stange, 1998).

É assim fundamental uma atenção especial à família no exercício em Medicina Geral e Familiar, sobretudo quando perante determinados fatores que Rebelo resume nas indicações para avaliação familiar, baseado nos trabalhos de Seely, McWhyney, e Saultz (Christie-Seely, 1984; McWhinney & Freeman, 2009; Rebelo, 2018; Saultz, 2000).

Quadro 10.1. Indicações para avaliação familiar

1. Aparecimento de problemas específicos de saúde:
   a. Com carga genética associada
   b. Relacionados com estilos de vida e ambiente
   c. Doença mental ou comportamentos aditivos
   d. Problemas conjugais e sexuais
   e. Doença significativa nas crianças
2. Problemas inespecíficos de saúde
   a. Sintomas inexplicados
   b. Grande consumo de consultas
   c. Sintomas idênticos em vários membros da família
   d. Má adesão à terapêutica
3. Mudanças de fase de ciclo de vida
   a. Morte
   b. Diagnóstico de doença crónica ou incapacidade
   c. Primeira gestação
   d. Separação ou divórcio
   e. Mudança de fase
4. Situações sociais
   a. Desemprego
   b. Diminuição significativa dos meios de subsistência
   c. Stresse e *burnout* profissionais

A abordagem da família em Medicina Geral e Familiar não pretende ter um caráter terapêutico ou de intervenção na disfunção familiar. Está mais focada na sua observação, acompanhamento, apoio à mudança e prevenção. Abordaremos adiante os instrumentos de avaliação familiar mais usados na prática clínica da Medicina Geral e Familiar.

3. Instrumentos de avaliação familiar em Medicina Geral e Familiar

3.1. Genograma familiar e psicofigura

O genograma é um instrumento de descrição da estrutura familiar. Permite o registo gráfico da composição da família, fornecendo uma visão rápida e integrada dos problemas biomédicos e biopsicossociais (De la Revilla & Fleitas Cochoy, 2003; Rebelo, 2007). Em complemento, a psicofigura de Mitchell permite o registo do padrão de interação familiar e uma rápida perceção da funcionalidade das relações na família.

Foi introduzido pelos geneticistas no estudo de doenças de transmissão hereditária, e adaptado à terapia familiar na década de 70, nos Estados Unidos (Bowen, 1980; Rebelo, 2007). Já nos anos 80, Monica McGoldrick e Randy Gerson popularizaram-no para o estudo da família na Medicina Geral e Familiar (McGoldrick, Gerson e Petry, 2008), acrescentado da psicofigura de Mitchell que marca o contexto emocional e a forma como os elementos se relacionam entre si.

O genograma familiar é amplamente utilizado em Medicina, constituindo uma competência básica de interpretação familiar. Tem especial indicação nas primeiras consultas (como método de diagnóstico, apoiando o raciocínio e a decisão clínica) ou quando o modelo biomédico não dá resposta satisfatória aos problemas dos doentes (por dificuldade de diagnóstico, falta de adesão ao plano de ação, alta frequência de doenças agudas ou na doença crónica ou terminal) (Rebelo, 2007).

A construção do genograma começa com um ou vários elementos da família e é completada ou modificada ao longo das consultas subsequentes. Pode ser desenhado pelo médico, pelo paciente ou por ambos (Figura 10.1). Há regras estabelecidas que facilitam a universalidade do instrumento:

- Usa uma simbologia própria, conforme estabelecido por Rakel, a mais usada e aceite (Like, Rogers e McGoldrick, 1988; Rakel, 1990). Os símbolos não estandardizados devem ser anotados na legenda;

- Cada elemento é representado por um quadrado (homem) ou círculo (mulher);
- Deve-se assinalar sempre o doente em questão (símbolo duplo ou uma seta);
- Os símbolos devem ter o mesmo tamanho;
- O marido é representado à esquerda e a esposa à direita;
- Os laços familiares são representados por linhas;
- Os elementos das fratrias são representados por idade decrescente (da esquerda para a direita);
- Devem estar presentes pelo menos três gerações da família;
- Cada geração é apresentada na mesma linha e identificada por um número romano;
- Deve representar-se a família de origem de cada um dos cônjuges;
- O agregado familiar (elementos que coabitam na mesma casa) são circundados por uma linha a tracejado;
- Sempre que vivam na mesma casa outras pessoas não pertencentes à família, estas devem ser representadas pelos respetivos símbolos e colocadas no genograma mas não ligadas por linhas contínuas;
- Registam-se nomes e datas de nascimento; datas de falecimento e causas; datas de casamento, separação ou divórcio;
- Registam-se os problemas de saúde relevantes de cada um dos membros, como neoplasias, doenças com padrão de repetição familiar (diabetes *mellitus*, hipertensão arterial, obesidade, entre outras), problemas reprodutivos (esterilidade, abortamentos, nados mortos, adoções, anomalias congénitas), problemas de saúde mental, comportamentos aditivos, problemas legais e acontecimentos de vida significativos;
- Podem ser anotadas outras informações familiares críticas como emigração, religião, profissão, desemprego, reforma ou serviço militar;
- Regista-se o padrão de interação familiar através da psicofigura de Mitchell, com símbolos de significado convencionado da qualidade das relações pessoais intrafamiliares: relações pobres, escassas, boas, excelentes ou o grau de dominância de um elemento;
- Deve constar a data de elaboração.

Figura 10.1. Representação familiar no genograma

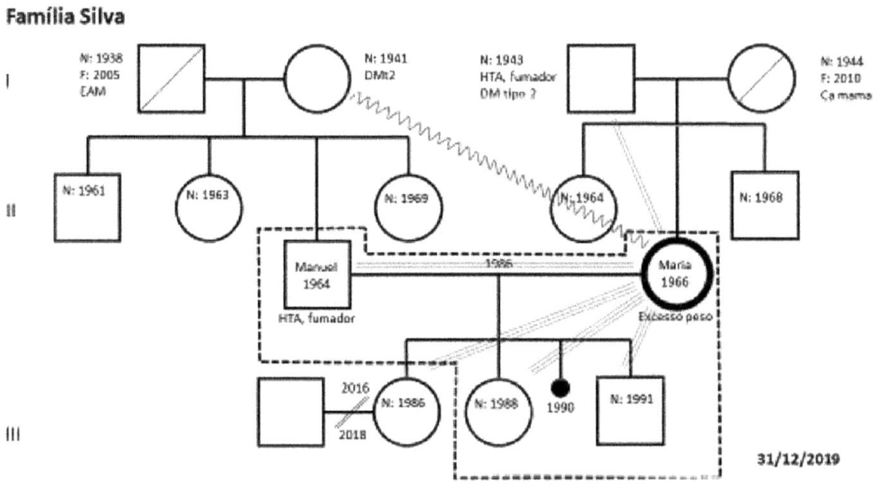

Genograma da família Silva, realizado em 31/12/2019 por entrevista à D. Maria

Figura 10.2. Simbologia de Rakel no Genograma

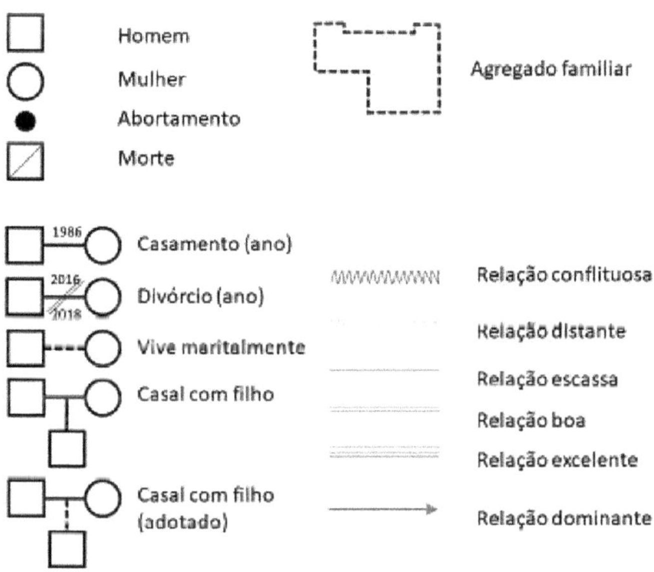

Não basta desenhar um genograma. É fundamental que a sua interpretação seja metódica e sistemática para que tenha valor diagnóstico. McGoldrick & Gerson propuseram seis categorias interpretativas para a sua leitura (Like *et al.*, 1988; McGoldrick *et al.*, 2008):

Quadro 10.2: Categorias interpretativas do Genograma

Categorias	
1. Estrutura da família	• Tipologia da família • Subsistema fraternal • Configurações não usuais
2. Fase do ciclo de vida familiar	• Estadio atual • Transições, crises e eventos «fora de ciclo»
3. Repetição transgeracional de padrões	• Padrões de doença • Padrões de funcionamento • Padrões relacionais • Padrões estruturais
4. Acontecimentos de vida significativos	• Eventos de vida geradores de stresse recentes ou crónicos • Coincidências ou recorrências em datas significativas, idades e eventos de vida • Fatores culturais, sociais, económicos, políticos ou ambientais
5. Padrões relacionais da família	• Tipos de relações na família • Triangulações • Tipos de relações com elementos não familiares
6. Equilíbrio e desequilíbrio familiar	• Estrutura familiar • Regras familiares • Nível ou tipo de funcionamento • Apoios

Adaptado Like, Rogers & McGoldrick (1988)

Apresenta várias limitações: só por si, ainda que muito completo, não permite fazer diagnóstico ou extrair implicações clínicas ou terapêuticas; a sua interpretação está muito dependente da qualidade da sua construção e da experiência do médico que o constrói e que o utiliza; está muito dependente da memória e dos registos, e tem um carácter datado ao momento da sua construção; nem sempre reflete a verdade dos factos, mas a versão de quem os relata, estando sujeito ao «efeito Rashomon» (numa mesma família o mesmo acontecimento suscita várias versões); não está devidamente integrado nos sistemas informáticos.

Apesar das limitações oferece uma perspetiva visual da composição e funcionamento familiar, muito útil na avaliação clínica permitindo integrar o contexto familiar do doente. Será muito útil encontrar uma forma de o integrar nos atuais registos médicos eletrónicos.

3.2. Ciclo de vida familiar de Duvall

O Ciclo de Vida Familiar de Duvall é um instrumento de descrição da estrutura familiar. Aplica-se unicamente a famílias nucleares, descrevendo a evolução esperada ao longo do tempo, desde a constituição (casamento) até à dissolução (por morte de um ou ambos os cônjuges, ou por separação). Define uma sequência de fases ou estadios, ordenados e previsíveis, com fases de estabilidade na estrutura e nos papéis familiares, separadas por períodos de transição de curta duração, mas maior instabilidade (Duvall & Kerckhoff, 1958).

Este modelo foi descrito em 1958 com base em trabalhos teóricos e empíricos, e retrata a sociedade americana do pós-Segunda Guerra Mundial: o homem provia o sustento económico da casa e a mulher dedicava-se ao trabalho doméstico e cuidado dos filhos (Nunes, 2018). Serviu de base para múltiplos modelos de avaliação do ciclo vital da família usados na terapia familiar (Barnhill & Longo, 1978; Carter & McGoldrick, 1988), mas a realidade da época era significativamente diferente da que se seguiu, o que cria alguma dificuldade na adaptação à atualidade.

Nunca foi validado para a língua portuguesa, apesar de ser muito difundido entre a Medicina Geral e Familiar.

Evelyn Duvall definiu oito fases do ciclo de vida familiar, pela combinação de quatro fatores: o número de pessoas na família; a idade do filho mais velho do casal; a posição escolar do filho mais velho; e as funções e o estatuto das famílias antes das crianças nascerem e após estas saírem de casa (Duvall & Kerckhoff, 1958). Associa cada fase a tarefas que devem ser cumpridas e que podem comprometer o sucesso do desenvolvimento familiar se não forem concretizadas, e identifica as fases de transição (ou de crise), permitindo a introdução de cuidados antecipatórios.

Quadro 3. Tarefas de desenvolvimento no Ciclo de Vida Familiar de Duvall

Estadios do Ciclo de Vida Familiar	Definição	Posições na família	Tarefas de desenvolvimento críticas de cada fase
Estadio I: Casal sem filhos	-	Marido Mulher	Estabelecer um casamento com satisfação mútua. Adaptação à gravidez e à perspetiva de paternidade. Adaptação à rede familiar de ambos.
Estadio II: Família com filhos até aos 30 meses	Filho mais velho nascido há menos de 30 meses	Marido-pai Mulher-mãe Criança filho/a	Ter filhos, adaptar-se e encorajar o desenvolvimento das crianças. Criar um lar satisfatório para pais e crianças.
Estadio III: Famílias com filhos com idade pré-escolar	Filho mais velho nascido entre os 30 meses e os 6 anos	Mulher-mãe Marido-pai Filha-irmã Filho-irmão	Adaptar-se às necessidades e interesses das crianças em idade pré-escolar no sentido da promoção do crescimento. Tolerância da falta de privacidade e exaustão dos pais.
Estadio IV: Famílias em idade escolar	Filho mais velho nascido entre os 6 e os 13 anos	Mulher-mãe Marido-pai Filha-irmã Filho-irmão	Adaptação à comunidade das famílias com filhos em idade escolar de forma construtiva. Encorajar o desenvolvimento escolar das crianças.
Estadio V: Famílias com filhos adolescentes	Filho mais velho nascido entre os 13 e os 20 anos	Mulher-mãe Marido-pai Filha-irmã Filho-irmão	Equilibrar a liberdade e a responsabilidade à medida que os adolescentes amadurecem e se emancipam. Estabelecer interesses pós-parentais e carreiras à medida que os pais envelhecem.
Estadio VI: Famílias com jovens adultos	Desde o 1.º filho que saiu até à saída do último	Mulher-mãe-avó Marido-pai-avô Filha-irmã-tia Filho-irmão-tio	Lançar os jovens adultos para o trabalho, serviço militar, universidade, ou casamento, com rituais e apoio adequados. Manter a base de suporte familiar.

Estadio VII: Casais na meia idade	Desde o ninho vazio até à reforma	Mulher-mãe-avó Marido-pai-avô	Reconstrução da relação conjugal. Manter os laços com as gerações mais velhas e mais novas.
Estadio VIII: Envelhecimento e pós-reforma	Desde a reforma à morte de um ou dos dois elementos	Viúvo/viúva Mulher-mãe-avó Marido-pai-avô	Adaptação à reforma. Fechar a casa de família ou adaptá-la ao envelhecimento. Lidar com o luto e com o viver só.

Adaptado de Duvall, 1958

Apesar de ser um modelo datado e eminentemente descritivo das famílias nucleares da classe média, as ideias de Duvall são ainda consideradas úteis, relevantes e com sentido no acompanhamento das famílias. Oferece uma descrição útil das tarefas de desenvolvimento, das competências interpessoais e dos objetivos de educação ao longo do desenvolvimento familiar, mas falha na rigidez com que as apresenta, e na falta de suporte às etapas de transição, altura em que as famílias necessitariam de maior intervenção (Barnhill & Longo, 1978; Carter & McGoldrick, 1988).

As circunstâncias atuais afastam-nos deste modelo (Yaphe, 2013). Temos dúvidas sobre a fase em que se encontra uma família nuclear em que os filhos têm 30 ou mais anos e ainda vivem no mesmo agregado, ou filhos divorciados que voltam a casa dos pais, por exemplo. Será necessário encontrar um modelo que integre as necessidades e especificidades de desenvolvimento de outras tipologias familiares, cada vez mais frequentes na organização da sociedade atual (famílias com divórcio, reconstruídas ou alargadas) e que integre várias mudanças sociais, como o papel das mulheres na sociedade ou a diminuição da taxa de natalidade.

3.3. Círculo familiar de Thrower

O Círculo Familiar de Thrower é um instrumento de caracterização da funcionalidade da família. Fornece informação sobre os processos de relação e de dinâmica familiar.

O método nasceu para clarificar sistemas familiares com problemas psicossociais ou em doentes mais complexos. Susan Thrower, professora de Medicina Familiar, na Universidade de Asheville, North Carolina, desenvolveu e explorou o método do Círculo Familiar, usando-o em sessões de terapia familiar durante sete anos, com objetivo diagnóstico e terapêutico e para fins educativos. Em 1982, propôs a utilização dos diagramas familiares como uma fonte rica de informações sobre a dinâmica familiar, fornecendo uma visão geral do sistema familiar, visto pela pessoa que faz o desenho, com utilidade para estabelecer metas para mudanças no sistema familiar (Thrower, Bruce e Walton, 1982). É uma ferramenta ao dispor da Medicina Geral e Familiar, ajudando a fazer a integração biomédica e psicossocial do doente e a formalizar o interesse nas suas relações familiares e no seu sistema de suporte (Marau, 2007). Em Portugal, é um dos instrumentos mais utilizados para o estudo da funcionalidade familiar.

O círculo familiar é potencialmente útil para o enriquecimento dos dados clínicos de todos os doentes. Permite a avaliação do sistema familiar atual (aqui e agora), em complemento à avaliação transgeracional do genograma (o presente e o passado) (Thrower *et al.*, 1982).

Faz a representação pictórica do sistema familiar e dos seus vários componentes, mediante o desenho de círculos de dimensão e proximidade diferente, valorizando o relacionamento existente entre eles (Figura 10.4). É de auto-administração, de rápida realização e de discussão interativa entre o paciente e o médico de família, permitindo a verbalização dos seus sentimentos sobre a família e a perceção de sistemas sociais de suporte (como, por exemplo, quem prepara as refeições numa família com diabetes). Depois de dadas as instruções, a presença do médico não é obrigatória. Pode ser aplicado a partir da adolescência (Marau, 2007), e ser obtido apenas de um indivíduo, de um agregado familiar ou individualmente de todos os membros de um grupo familiar na presença um dos outros. Demora cerca de 5 minutos a ser feito e a discussão pode durar até 30 minutos (Thrower *et al.*, 1982).

Figura 10.4. Representação do círculo de Thrower

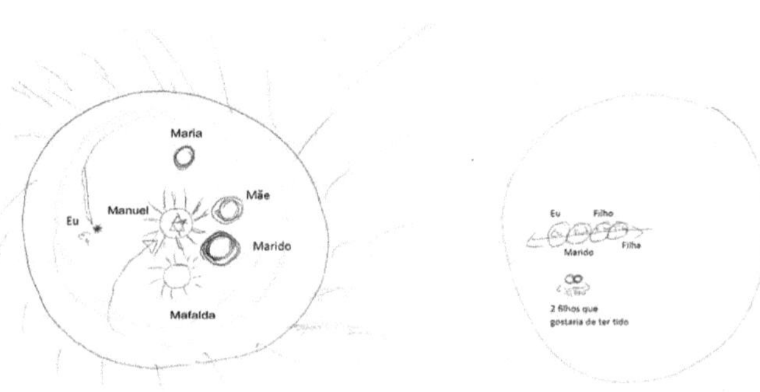

Legenda: Círculos de Thrower de D. Maria, 47 anos (20.jun.2012). Vive com o marido e com a filha. Recorreu pela primeira vez ao Médico de Família, com queixas compatíveis com quadro

depressivo major e somatização. Revelou ter perdido um filho, sem conseguir dialogar sobre o assunto. Pelo fato de não se ter conseguido entender na totalidade a dinâmica familiar após 8 consultas, considerou-se pertinente proceder a uma avaliação familiar. A D. Maria casou-se pela primeira vez aos 21 anos, e vivenciou uma relação conflituosa e da qual nasceram dois filhos, a Mafalda e o Manuel. Na sequência de um acidente de viação, assistiu à morte do filho com 3 anos. Divorciou-se 3 anos depois. Durante 16 anos viveu apenas com a filha, tendo contado com o apoio da sua família. Há 4 anos voltou a casar. Desde a morte do filho mais velho, que se empenhou em criar a sua filha, sendo essa a sua meta e alento. Quando a filha terminou a licenciatura, assistiu-se a um agravamento da perturbação depressiva. No Círculo de Thrower, a entrevistada começou por desenhar o Manuel no centro do círculo. No círculo do Manuel desenhou uma estrela no interior e raios no exterior, por ele ser a sua «Estrela-Guia e o seu Sol Maior, que ultrapassa os limites do seu mundo» (ou seja, o círculo maior com raios de sol). De seguida, representou a filha Mafalda, com um círculo raiado, mais pequeno porque, apesar de ser igualmente importante para si, ainda «não atingiu o patamar do Manuel». Representou, de seguida, o marido, mãe e irmã com círculos menores. Quando inquirida sobre se isso teria algum motivo, referiu que não foi intencional e, portanto, aumentou os círculos. No final, representou-se a si própria como uma estrela que anda «às voltas para chegar até ao Manuel». No final revelou estar satisfeita com a representação que fez da sua família e quando questionada acerca de como gostaria que o seu mundo fosse, desenhou o seu núcleo familiar com o Manuel e dois filhos que gostaria de ter tido se o Manuel não tivesse falecido. De salientar que estão unidos por uma seta, que é transversal a todos os membros da família. (Autoras: Marta Guedes e Luísa Sá)

As explicações são muito importantes para o sucesso do instrumento (Thrower *et al.*, 1982):

- Introduzir o tema: «Como seu Médico de Família, gostaria de ter mais informações sobre si, sobre a sua família e sobre tudo o que é importante para si».
- O médico desenha um círculo grande que representa a família do paciente.
- Pedir ao paciente que desenhe círculos mais pequenos, primeiro desenhando-se a si próprio e depois todas as pessoas importantes para ele (família e outras pessoas suficientemente importantes na sua vida, bem como animais ou objetos).
- As pessoas (círculos) podem estar dentro ou fora do grande círculo, que se podem tocar ou estarem afastadas umas das outras.
- Os círculos podem ser grandes ou pequenos, dependendo do seu significado ou influência, e identificados por uma inicial.
- Pode-se convidar a representar as áreas importantes das suas vidas, como perdas, férias e hobbies significativos.

- Enfatizar que não existem desenhos certos ou errados e de que não se trata de um teste.
- O desenho deverá ser datado.

Os tamanhos dos círculos representam a importância atribuída àquela pessoa e a distância entre círculos representa o grau de proximidade emocional. Na interpretação, convém reforçar que os círculos e os seus significados pertencem aos seus autores e representam a visão subjetiva do seu sistema familiar.

A interpretação do círculo envolve três níveis sequenciais (Marau, 2007; Rebelo, 2007; Thrower *et al.*, 1982).

No primeiro passo, o doente descreve e explica o que desenhou. Está inerente a este método o respeito pela interpretação que o paciente dá ao círculo e o controlo que tem pela divulgação da informação. O paciente não deverá ser interrompido, mas o médico deve estar atento á comunicação não verbal e não deve desvalorizar as explicações dadas.

O segundo passo envolve a clarificação dos significados: «o quê?», «como?», «onde?» podem ser úteis; o «porquê?» deve ser evitado.

No terceiro passo, as perguntas dirigem-se à clarificação de papéis e regras familiares, para a intimidade ou distanciamento, para as hierarquias de poder e de tomada de decisão, para padrões de coesão (subsistemas familiares) e de comunicação, para os limites pessoais e espaços. Esta explicação conduz à discussão das relações familiares. Há questões que podem ser úteis nesta fase: «Está contente com a representação que fez da sua família?»; «Se não, como gostaria que fosse?»; «Se necessitasse de ajuda, a qual destas pessoas recorreria?».

A versão final deve ser consensual. O desenho obtido permite, num relance, uma visão geral do sistema familiar visto pela pessoa que o desenhou, permitindo-lhe consciencializar, visualizando, alguns dos seus sentimentos e emoções relacionados com o seu estar na família (Marau, 2007). Pode ser usado como facilitador da comunicação ou como estratégia para construir um plano diagnóstico ou terapêutico da funcionalidade e da dinâmica familiar (Marau, 2007; Rebelo, 2007; Thrower *et al.*, 1982).

Trata-se de um instrumento qualitativo e não quantitativo, que apresenta limitações como exprimir apenas a perceção momentânea subjetiva e emocional que a pessoa tem da sua família e que pode mudar ao longo do tempo, e estar muito dependente da dupla observador-observado, com forte dependência da relação médico-doente e dificuldade na estandardização.

3.4. APGAR familiar de Smilkstein

O APGAR Familiar de Smilkstein é um instrumento de caracterização da funcionalidade da família. Trata-se de um questionário padrão que avalia o modo como a pessoa sente a sua posição dentro da família num dado momento da vida.

Gabriel Smilkstein, professor de Medicina Familiar, na Faculdade de Medicina da Universidade de Washington, publicou em 1978 este questionário de cinco perguntas como teste de rastreio capaz de fornecer uma rápida noção dos componentes funcionais da família, usando o acrónimo APGAR pela familiaridade que os médicos têm com o APGAR do recém-nascido. O score permite classificar as famílias como funcionais ou disfuncionais e foi inicialmente pensado para aplicação em famílias com problemas (Smilkstein, 1978). No entanto, a sua mais valia parece ser o seu valor na avaliação inicial dos doentes, fornecendo informação sobre a necessidade de prosseguir com o estudo da família (Good, Smilkstein, Good, Shaffer e Arons, 1979).

A validade do teste foi estabelecida em 1979, quando comparado com o *Family Function Test of Pless and Satteewhigth* e comparado com a avaliação da função familiar por terapeutas clínicos (Good *et al.*, 1979). É um instrumento estabelecido como rastreio da disfunção familiar (Smilkstein, 1978; Smilkstein, Ashworth e Montano, 1982), apesar de alguns trabalhos mais recentes revelarem baixa correlação com a disfunção familiar sobretudo na avaliação ao longo do tempo (Gardner *et al.*, 2001; Martins, Da Fonseca e Costa, 2000; Murphy *et al.*, 1998; Yaphe, 2013).

O questionário foi validado para português em 1988, com uma sensibilidade de 57% e uma especificidade de 86%, e tem sido extensivamente utilizado na clínica e em investigação (Agostinho & Rebelo, 1988; Morais, 1988).

O APGAR familiar é autoadministrável e fácil de aplicar na consulta. Foi desenhado para ser curto, fácil de pontuar e aplicável a todos os tipos de famílias. Entende-se como família o conjunto dos elementos com quem habitualmente vive. De acordo com o elemento da família que está a ser entrevistado, o médico pode substituir a palavra «família» por esposa, pais, ou outros elementos significativos para o paciente (Smilkstein, 1978).

Engloba cinco perguntas fechadas, respondidas numa escala de Likert de 3 pontos, variando entre 0 e 2 (Quadro 10.4).

Quadro 10.4. APGAR Familiar de Smilkstein

Categorias	Dimensões	Questionário	Resposta	Pontuação
A	*ADAPTATION* (Adaptação)	Estou satisfeito(a) com a ajuda que recebo da minha família, sempre que alguma coisa me preocupa.	Quase sempre Algumas vezes Quase nunca	2 1 0
P	*PARTNERSHIP* (Participação)	Estou satisfeito(a) pela forma como a minha família discute assuntos de interesse comum e compartilha comigo a solução do problema.	Quase sempre Algumas vezes Quase nunca	2 1 0
G	*GROWTH* (Crescimento)	Acho que a minha família concorda com o meu desejo de encetar novas atividades ou de modificar o meu estilo de vida.	Quase sempre Algumas vezes Quase nunca	2 1 0
A	*AFFECTION* (Afeto)	Estou satisfeito(a) com o modo como a minha família manifesta a sua afeição e reage aos meus sentimentos, tais como irritação, pesar e amor.	Quase sempre Algumas vezes Quase nunca	2 1 0
R	*RESOLVE* (Decisão)	Estou satisfeito(a) com o tempo que passo com a minha família.	Quase sempre Algumas vezes Quase nunca	2 1 0

O resultado final corresponde à soma das pontuações atribuídas a cada uma das perguntas, totalizando 0 a 10 pontos, e recategorizado em:

— 7 a 10 pontos: família altamente funcional
— 4 a 6 pontos: família com moderada disfunção
— 0 a 3 pontos: família com disfunção severa

É um instrumento de utilização simples e útil na consulta e pode abrir caminho à discussão de problemas familiares e à aplicação de outros métodos de avaliação familiar. É um método de rastreio e não de diagnóstico. No entanto, mede melhor a satisfação de uma pessoa com a sua família do que a funcionalidade familiar em si própria (De la Revilla & Fleitas Cochoy, 2003). Tem o inconveniente de ser de difícil compreensão para pessoas de baixo nível cultural, não ser aplicável a crianças pequenas, e de traduzir a forma como o individuo perceciona a família naquele momento, muito dependente da organização familiar e da «máscara» que estabelece para o exterior, o que leva a dever ser preferencialmente aplicado a vários membros da família.

3.5. Escala de readaptação familiar de Holmes e Rahe

A escala de readaptação social de Holmes e Rahe é um instrumento que estabelece a relação entre a ocorrência de acontecimentos de vida geradores de stresse e o risco de desenvolvimento de doença (De la Revilla & Fleitas Cochoy, 2003). A escala lista um total de 43 eventos (denominados de unidades de mudança vital) desde a existência de pequenas transgressões à lei até à morte do cônjuge, pontuados de 11 a 100 (Holmes & Rahe, 1967), de acordo com o impacto intrínseco que cada um apresenta (Quadro 10.5).

Quadro 10.5. Escala de Readaptação Social de Holmes e Rahe

(1) **Morte cônjuge:** 100	(23) **Filho que abandona o lar:** 29
(2) **Divórcio:** 73	(24) **Dificuldades com família cônjuge:** 29
(3) **Separação conjugal:** 65	(25) **Acentuado sucesso pessoal:** 28
(4) **Saída da cadeia:** 63	(26) **Cônjuge que inicia ou termina emprego:** 26
(5) **Morte de um familiar próximo:** 63	(27) **Início ou fim escolaridade:** 26
(6) **Acidente ou doença grave:** 53	(28) **Mudança nas condições de vida:** 25
(7) **Casamento:** 50	(29) **Alteração dos hábitos pessoais:** 24
(8) **Despedimento:** 47	(30) **Problemas com o patrão:** 23
(9) **Reconciliação conjugal:** 45	(31) **Mudança nas condições / hábitos de trabalho:** 20
(10) **Reforma:** 45	(32) **Mudança de residência:** 20
(11) **Doença grave na família:** 44	(33) **Mudança de escola:** 20
(12) **Gravidez:** 40	(34) **Mudança de diversões:** 19

(13) **Problemas sexuais:** 39	(35) **Mudança de atividades religiosas:** 19
(14) **Novo membro da família:** 39	(36) **Mudança de atividades sociais:** 18
(15) **Reconversão profissional:** 39	(37) **Contrair uma pequena dívida:** 17
(16) **Mudança de situação económica:** 38	(38) **Mudança nos hábitos de sono:** 16
(17) **Morte de um amigo íntimo:** 37	(39) **Mudança no n.º de reuniões familiares:** 15
(18) **Mudança no tipo de trabalho:** 36	(40) **Mudança nos hábitos alimentares:** 15
(19) **Alteração do n.º de discussões com cônjuge:** 35	(41) **Férias:** 13
(20) **Contrair um grande empréstimo:** 31	(42) **Natal:** 12
(21) **Acabar de fazer um grande empréstimo:** 30	(43) **Pequenas transgressões da lei:** 11
(22) **Mudança de responsabilidade no trabalho:** 29	

Adaptado de Holmes & Rahe, 1967

O *score* total é dado pela soma dos eventos causadores de stresse. Um *score* superior ou igual a 300 por ano significa uma probabilidade de 80% de adoecer nos 2 anos seguintes de algum tipo de doença física ou psíquica (enfarte agudo do miocárdio, doença ulcerosa péptica, infeções, perturbações psiquiátricas). Um score entre 150 e 299 significa uma probabilidade de 50% e inferior a 150 uma probabilidade de cerca de 30% (Rahe, Biersner, Ryman e Arthur, 1972).

Esta escala sugere que as mudanças de vida requerem um esforço para se adaptar e, em seguida, um esforço para recuperar a estabilidade. É particularmente útil na consulta quando deparamos com alguma doença psicossomática como estratégia de melhorar o *insight* do doente em relação ao aparecimento ou agravamento dos sintomas. Também se tem revelado útil como instrumento de rastreio (Rahe & Arthur, 1978).

A escala foi construída para a população americana (Rahe *et al.*, 1972) e está validada em muitos contextos, mas não no português, impondo alguma reserva na sua utilização.

Esta escala pode ser um instrumento interessante na consulta ou para investigação, mas terá sempre de ser ajustada ao raciocínio probabilístico que lhe é intrínseco: por um lado, uma probabilidade não significa uma certeza e, por outro, os eventos de vida listados são pouco frequentes na maioria das pessoas (Noone, 2017; Rahe *et al.*, 1972).

3.6. Escalas de risco familiar

As escalas de risco familiar procuram apontar um conjunto de características na família que poderão indicar uma maior disfunção familiar. São úteis como instrumentos de rastreio para identificar situações de vulnerabilidade, para prosseguir com uma avaliação diagnóstica estruturada (Simões & Rosendo, 2018).

A disfunção familiar é fator de risco para doença e sabemos que existem determinantes sociais que lhes estão subjacentes. A avaliação médica tem de integrar os fatores sociais como a pobreza, o insucesso escolar, o analfabetismo formal ou funcional, a precaridade de emprego ou mesmo o desemprego, a pobreza, os comportamentos aditivos, a instabilidade da estrutura familiar como na gravidez da adolescência ou a mãe solteira, a doença crónica e a incapacidade. (Santos, Sá, Couto e Hespanhol, 2018) Mas para se propor uma escala é necessário que ela siga um percurso de validação científica e que seja suficientemente testada em ambiente controlado antes de poder passar para a utilização clínica.

Quando avaliamos as escalas de rastreio de risco familiar em uso em Portugal não encontramos nenhuma fundamentação nem as publicações que as sustentam (Simões & Rosendo, 2018). A Escala de Segovia Dreyer foi apresentada num congresso em 1984, não se encontrando publicada nem validada, apesar de ter sido utilizada num programa do governo chileno de estudo das famílias. Não se encontram também referências à sua utilização que não seja a aplicação informática do Ministério da Saúde em Portugal. Em relação à Escala de Garcia Gonzalez, o cenário é semelhante. Existe apenas uma publicação portuguesa que lhe faz referência como sendo uma classificação que identifica famílias vulneráveis, sem referência à publicação original e ao processo de validação.

Neste sentido, estas escalas têm um interesse muito reduzido e podem até concorrer para algum risco na sua utilização que é de evitar. Parecem resistir pela sua história de utilização e pelo não seu valor, impondo-se a necessidade de introduzir instrumentos devidamente validados para o fim a que se destinam.

REFERÊNCIAS

Ackerman, N. W. (1958). *The psychodynamics of family life*. Nova Iorque: Basic Books.

Agostinho, M. e Rebelo, L. (1988). Família: do conceito aos meios de avaliação. *Rev Port Clínica Geral*, *5*(32), 18-21.

Barnhill, L. R. e Longo, D. (1978). Fixation and regression in the family life cycle. *Fam Process*, *17*(4), 469-478. doi:10.1111/j.1545-5300.1978.00469.x

Bartley, M. (2016). *Health inequality: an introduction to concepts, theories and methods* (2.ª ed.). Cambridge, nited Kingdom: John Wiley & Sons.

Bowen, M. (1980). Key to the use of the genogram. In E. A. Carter & M. McGoldrick (Orgs.), *The Family life cycle : a framework for family therapy* (pp. xxiii, 468 p.). Nova Iorque: Gardner Press : distributed by Halsted Press.

Caniço, H., Bairrada, P., Rodriguéz, E. e Carvalho, A. (2010). *Novos tipos de família: plano de cuidados*: Imprensa da Universidade de Coimbra/Coimbra University Press.

Carter, E. A. e McGoldrick, M. (1988). *The Changing family life cycle : a framework for family therapy* (2.ª ed.). Nova Iorque: Gardner Press.

Christie-Seely, J. (1984). *Working with the family in primary care: A systems approach to health and illness*: Praeger Publishers.

De la Revilla, L. e Fleitas Cochoy, L. (2003). Enfoque familiar de los problemas psicosociales. Atención longitudinal: ciclo vital familiar. In J. F. C. P. A Martin Zurro (Org.), *Atención primaria. Conceptos, organización y práctica clínica* (Vol. 5, pp. 160-164). Madrid: Elsevier España.

Duvall, E. M. e Kerckhoff, R. K. (1958). Implications for education through the family life cycle. *Marriage and family living*, *20*(4), 334-343.

Flocke, S. A., Goodwin, M. A. e Stange, K. C. (1998). The effect of a secondary patient on the family practice visit. *J Fam Pract*, *46*(5), 429-434. Disponível em: https://www.ncbi.nlm.nih.gov/pubmed/9598002

Gardner, W., Nutting, P. A., Kelleher, K. J., Werner, J. J., Farley, T., Stewart, L., ... Orzano, A. J. (2001). Does the family APGAR effectively measure family functioning? *Journal of Family Practice*, *50*(1), 19-25.

Good, M.-J. D., Smilkstein, G., Good, B. J., Shaffer, T. e Arons, T. (1979). The family APGAR index: a study of construct validity. *J Fam Pract*, *8*, 577-582.

Hansluwka, H., Browning, H., McEwan, P. e Herberger, L. (1978). *Health and the family: studies on the demography of family life cycles and their health implications*: World Health Organization.

Holmes, T. H. e Rahe, R. H. (1967). The Social Readjustment Rating Scale. *J Psychosom Res*, *11*(2), 213-218. doi:10.1016/0022-3999(67)90010-4

Like, R. C., Rogers, J. e McGoldrick, M. (1988). Reading and interpreting genograms: a systematic approach. *J Fam Pract*, *26*(4), 407-412. Disponível em: https://www.ncbi.nlm.nih.gov/pubmed/3356974

Marau, J. (2007). O desenho infantil e o círculo familiar de Thrower em Medicina Geral e Familiar. *Revista Portuguesa de Medicina Geral e Familiar, 23*(3), 319-325.

Martins, C., Da Fonseca, I. M. e Costa, P. (2000). Uma avó e dois netos adolescentes: um «agregado» de problemas. *Revista Portuguesa de Medicina Geral e Familiar, 16*(4), 313-328.

McGoldrick, M., Gerson, R. e Petry, S. (2008). *Genograms: Assessment and Intervention* (3.ª ed.). Nova Iorque: W. W. Norton & Company.

McWhinney, I. R. e Freeman, T. (2009). *Textbook of family medicine* (3.ª ed.). Oxford ; Nova Iorque: Oxford University Press.

Medalie, J. H. e Cole-Kelly, K. (2002). The clinical importance of defining family. *Am Fam Physician, 65*(7), 1277-1279. Disponível em: https://www.ncbi.nlm.nih.gov/pubmed/11996410

Medalie, J. H., Zyzanski, S. J., Langa, D. e Stange, K. C. (1998). The family in family practice: is it a reality? *J Fam Pract, 46*(5), 390-396. Disponível em: https://www.ncbi.nlm.nih.gov/pubmed/9597996

Morais, J. C. M. (1988). Validade da prova «APGAR Familiar» como método de diagnóstico em medicina familiar. *Rev Port Clínica Geral, 5*(32), 22-28.

Murphy, J. M., Kelleher, K., Pagano, M. E., Stulp, C., Nutting, P. A., Jellinek, M. S., ... Childs, G. E. (1998). The family APGAR and psychosocial problems in children: a report from ASPN and PROS. *J Fam Pract, 46*(1), 54-64. Disponível em: https://www.ncbi.nlm.nih.gov/pubmed/9451371

Noone, P. A. (2017). The Holmes-Rahe Stress Inventory. *Occup Med (Lond), 67*(7), 581-582. doi:10.1093/occmed/kqx099

Nunes, M. A. S. (2018). Tempo e família: ciclos ou percursos familiares. In L. Rebelo (Org.), *A Família em Medicina Geral e Familiar — Conceitos e Práticas* (pp. 41-71). Lisboa, Portugal: Almedina.

Rahe, R. H. e Arthur, R. J. (1978). Life change and illness studies: past history and future directions. *J Human Stress, 4*(1), 3-15. doi:10.1080/0097840X.1978.9934972

Rahe, R. H., Biersner, R. J., Ryman, D. H. e Arthur, R. J. (1972). Psychosocial predictors of illness behavior and failure in stressful training. *J Health Soc Behav, 13*(4), 393-397. Disponível em: https://www.ncbi.nlm.nih.gov/pubmed/4648894

Rakel, R. E. (1990). The Family Genogram. In R. E. Rakel (Org.), *Textbook of family practice* (4.ª ed., pp. xxi, 1926 p). Philadelphia: W.B. Saunders Company.

Ransom, D. C. e Vandervoort, H. E. (1973). The development of family medicine. Problematic trends. *JAMA, 225*(9), 1098-1102. Disponível em: https://www.ncbi.nlm.nih.gov/pubmed/4740612

Rebelo, L. (2007). Genograma familiar. O bisturi do médico de família. *Revista Portuguesa de Medicina Geral e Familiar, 23*(3), 309-317.

Rebelo, L. (2018). *A Família em Medicina Geral e Familiar-Conceitos e Práticas*. Lisboa, Portugal: Almedina.

Santos, P., Sá, L., Couto, L. e Hespanhol, A. (2018). Literacia em Saúde e Equidade. In G. L. A. Figueiredo, C. H. G. Martins e M. Akerman (Orgs.), *Vulnerabilidades & Saúde: grupos em cena por visibilidade no espaço urbano* (1.ª ed., pp. 462-473): HUCITEC.

Saultz, J. W. (2000). *Textbook of family medicine : defining and examining the discipline*. Nova Iorque: McGraw-Hill, Health Professions Division.

Simões, J. A. e Rosendo, I. (2018). Estudar a família de um paciente em Medicina Geral e Familiar. Quando, como fazê-lo e porquê? In L. Rebelo (Org.), *A Família em Medicina Geral e Familiar-Conceitos e Práticas* (pp. 93-103). Lisboa, Portugal: Almedina.

Smilkstein, G. (1978). The family APGAR: a proposal for a family function test and its use by physicians. *J Fam Pract, 6*(6), 1231-1239. Disponível em: https://www.ncbi.nlm.nih.gov/pubmed/660126

Smilkstein, G., Ashworth, C. e Montano, D. (1982). Validity and reliability of the family APGAR as a test of family function. *J Fam Pract, 15*(2), 303-311. Disponível em: https://www.ncbi.nlm.nih.gov/pubmed/7097168

Thompson, T., Seo, J., Griffith, J., Baxter, M., James, A. e Kaphingst, K. A. (2015). The context of collecting family health history: examining definitions of family and family communication about health among African American women. *J Health Commun, 20*(4), 416-423. doi:10.1080/10810730.2014.977466

Thrower, S. M., Bruce, W. E. e Walton, R. F. (1982). The family circle method for integrating family systems concepts in family medicine. *J Fam Pract, 15*(3), 451-457. Disponível em: https://www.ncbi.nlm.nih.gov/pubmed/7108459

United Nations General Assembly. (1948). *Universal declaration of human rights*. 183th plenary meeting: 217 (III): United Nations

White, K. (2017). *An introduction to the sociology of health and illness* (3.ª ed.): Sage.

Yaphe, J. (2013). O APAGAR Familiar está morto? Reavaliação das ferramentas de avaliação familiar em Portugal. *Revista Portuguesa de Medicina Geral e Familiar, 29*(1), 14-15.

CAPÍTULO 11

A DOENÇA CRÓNICA E A MULTIMORBILIDADE

Filipe Prazeres, Isabel Santos

1. A transição epidemiológica do século xx

A transição epidemiológica é o processo de mudança da carga de doença (padrões de doenças e mortalidade) através do qual as doenças agudas, infeciosas, são substituídas pelas doenças crónicas, degenerativas — o padrão da mortalidade transita dos grupos etários mais jovens para os mais idosos (Omran, 1971). Descreve a modificação da mortalidade, fertilidade, esperança de vida e das principais causas de morte ao longo do tempo (McKeown, 2009).

A teoria da transição epidemiológica foi formulada pelo epidemiologista Abdel R. Omran no início dos anos 70 e, apesar da sua definição pouco clara (Mackenbach, 1994), as fases da transição epidemiológica podem ser designadas da seguinte forma (Armelagos, Brown e Turner, 2005; McKeown, 2009; Omran, 1971):

- Fase 1: «pestilência (infeção) e fome» — da pré-história até meados do século xviii. É coincidente com a transição dos caçadores-coletores para uma sociedade de subsistência agrícola, mais sedentária. Caracteriza-se por elevada e flutuante mortalidade (principalmente crianças e mulheres na adolescência e idade reprodutiva), crescimento populacional lento e esperança média de vida à nascença baixa; entre os 20 e 40 anos. As pandemias de doenças infeciosas e parasitárias foram a principal causa de morte nesta fase (e.g. no período de 5 anos entre 1347 e 1352 cerca de um terço da população Europeia morreu vítima da peste bubónica). Guerras e desnutrição crónica também foram responsáveis por elevada morbimortalidade. Esta fase é ainda caracterizada por alta fertilidade.
- Fase 2: «pandemia em recessão» — de meados do século xviii até meados do século xx. Com a melhoria do saneamento, nutrição, higiene e com

o avanço dos cuidados médicos, há uma diminuição gradual das pandemias, a mortalidade diminui a um ritmo acelerado à medida que as epidemias desaparecem, a esperança de vida aumenta para cerca de 50 anos e o crescimento da população é sustentado e começa a ser exponencial.
- Fase 3: «doença degenerativa» — desde os meados do século xx. Com a medicina moderna (e.g. vacinação, antibioterapia) e a melhoria dos determinantes sociais da saúde, a mortalidade continua a diminuir e estabiliza em níveis baixos, a esperança média de vida excede os 50 anos. Consequentemente, a prevalência de doenças cardiovasculares, cancro, obesidade e diabetes, associadas à idade aumenta.

Posteriormente, é proposta uma fase adicional. Nesta quarta fase da transição demográfica de «doenças degenerativas retardadas» existe um desvio da mortalidade para os mais velhos, com rápido aumento na sobrevida em idades avançadas e manutenção das doenças degenerativas da terceira fase como principais causas de morte (Olshansky & Ault, 1986). Contudo, podem estar a emergir novos padrões epidemiológicos em idades muito avançadas (80 ou mais anos), redução na incidência das doenças cardiovasculares e respiratórias, e aumento da diabetes, cancros e incapacidade associada à idade (Hazra & Gulliford, 2017).

Na atualidade, segundo dados da OMS, as doenças crónicas são responsáveis pela morte de 41 milhões de pessoas por ano (71% das mortes, mundialmente), sendo as quatro principais as doenças cardiovasculares (17,9 milhões), cancros (9 milhões), doenças respiratórias (3,9 milhões) e diabetes (1,6 milhões). O risco de morte por doença crónica aumenta com o uso de tabaco, sedentarismo, abuso de álcool e dieta pouco saudável. Quinze milhões de pessoas morrem prematuramente, a grande maioria em países de médio e baixo rendimento (World Health Organization, 2018).

Vários autores defendem que a desigualdade presentemente observada na sociedade será responsável por uma nova transição epidemiológica caracterizada pelo surgimento de doenças infeciosas emergentes e de outras anteriormente consideradas controladas, por agentes patogénicos (multi)resistentes aos antibióticos; alguns constantes em lista prioritária da OMS (Armelagos *et al.*, 2005; Tacconelli *et al.*, 2018). Prevêem-se grandes desafios no futuro na vigilância, prevenção e controlo das doenças para os vários países de um mundo cada vez mais interconectado (Vogel, 2019).

2. A inevitabilidade da doença ao longo da vida

Apesar de o envelhecimento ser considerado como um fator de risco para a etiologia das doenças crónicas, («Aging: toward avoiding the inevitable», 2015; Franceschi *et al.*, 2018), a doença não é inevitável (Lee, 1952). É para este princípio que nos alerta o Dr. William L. Esser, em 1958, através da imperiosa necessidade de cuidar do corpo humano, melhorando os hábitos de vida das pessoas (Esser, 2015). Alguns autores vão ainda mais além e defendem que nem mesmo o processo natural de envelhecimento é inevitável (Jones & Vaupel, 2017).

Para além das ações preventivas ao nível do indivíduo, também as ações dirigidas às populações (e.g. melhor habitação e educação) contribuem para os sucessos da medicina preventiva (Lee, 1952). É do desequilíbrio entre a intensidade e os tipos de fatores de stresse e a capacidade de resposta e adaptação do corpo humano que surgem as doenças crónicas associadas ao envelhecimento; adaptação esta que depende de fatores genéticos e epigenéticos de cada indivíduo (Franceschi *et al.*, 2018).

As principais causas de morte e incapacidade podem ser potencialmente evitadas através de rastreio e outras medidas preventivas, ou podem ser adiadas por intervenções precoces, tal como nos revelam dados Australianos com taxas de mortalidade a caírem de 142 para 91 mortes por 100 000 entre 1997 e 2010, e as taxas de mortalidade tratáveis de 97 para 57 mortes por 100 000 (Zwar *et al.*, 2018), Um exemplo é a redução da presença de aterosclerose coronária nos indivíduos que durante a vida apresentam valores reduzidos de LDL, de pressão arterial, de glicemia, de índice de massa corporal (IMC), não fumam e realizam atividade física regular (Kaplan *et al.*, 2017).

É usualmente aceite que as intervenções de estilo de vida têm grande impacto na saúde das populações (Zwar *et al.*, 2018). Internacionalmente, os doentes, quando questionados, apesar de considerarem que os cuidados preventivos são uma prática legítima da Medicina Geral e Familiar, referem que estes são-lhes parcamente propostos (Mazza *et al.*, 2011). Os doentes mais frequentadores dos Cuidados de Saúde Primários e seguidos de forma longitudinal pelo seu médico de família recebem um maior número de cuidados preventivos (Ferrante, Balasubramanian, Hudson e Crabtree, 2010).

As principais barreiras à procura de cuidados preventivos por parte dos doentes sao: falta de conhecimento sobre quais os cuidados mais relevantes; consultas focadas em problemas agudos; pressões de tempo; e custo das consultas (Mazza *et al.*, 2011). Na literatura, o motivo que frequentemente impede os médicos de família de exercerem atividades preventivas é a falta de tempo (Yarnall, Pollak, Ostbye, Krause e Michener, 2003). Por exemplo, para satisfazer plenamente as recomendações preventivas norte-americanas, seriam necessárias 1773 horas do tempo anual de um médico, ou 7,4 horas por dia (Yarnall *et al.*, 2003). Já na França, o tempo anual necessário para o médico de família para levar a cabo os cuidados preventivos seria de 250 horas, ou 20% do tempo total de consulta (Bucher *et al.*, 2017). Em Portugal, seriam necessárias perto de três mil consultas para executar todas as atividades preventivas e de vigilância (Pinto, Corte-Real e Nunes, 2010).

Para que a inevitabilidade da prevenção da doença seja uma realidade atual, colocam-se importantes desafios: mais tempo para os médicos de família *versus* consultas mais frequentes; esclarecimento da população sobre quais os cuidados preventivos mais relevantes; definição do quanto as alterações na dieta, exercício físico, exposição a toxinas e agentes infeciosos, e a composição da microbiota comensal contribuem para o envelhecimento e para as doenças relacionadas com a idade («Aging: toward avoiding the inevitable», 2015).

3. A doença crónica e a multimorbilidade

O termo multimorbilidade, introduzido em 2018 no tesauro de termos médicos para indexação da Medline/Pubmed©, refere-se à presença de interações complexas entre várias doenças coexistentes. Esta situação é comum embora a medida da sua frequência varie de acordo com o número, tipo de doenças e grupos populacionais considerados (Broeiro, 2001). A coexistência de mais do que duas doenças crónicas aumenta com a idade (Lefevre *et al.*, 2014; Mercer, Furler, Moffat, Fischbacher-Smith e Sanci, 2016; Nicholson *et al.*, 2019). No entanto, isso não significa que a multimorbilidade diga respeito apenas às pessoas idosas.

Na prática da Medicina Geral e Familiar nos Cuidados de Saúde Primários, a importância da multimorbilidade decorre do seguinte conjunto de desafios:

1. **Heterogeneidade da multimorbilidade.** As doenças crónicas são diferentes quanto à carga de sintomas apresentados, ao risco de resultados clínicos adversos, aos requisitos de autogestão e à necessidade de cuidados de um outro especialista. Esta heterogeneidade acentua-se quando se observa a variabilidade da intensidade da relação entre doenças coexistentes. Por exemplo, algumas condições são consideradas

relacionadas ou concordantes em termos de sua patogénese (por exemplo, hipertensão, doenças cardíacas e hiperlipemia), outras são consideradas como não estando relacionadas ou sendo discordantes (por exemplo, doenças cardíacas, asma, osteoartrose). Esta heterogeneidadc conduz a estratégias muito diferentes na gestão de necessidades e de tratamento (Piette e Kerr, 2006; Mercer *et al.*, 2012). Consequentemente, a avaliação clínica da multimorbilidade precisa considerar as qualidades específicas das condições individuais, bem como as qualidades de díades e tríades de condições comuns (Zulman *et al.*, 2014) ou dos «padrões» de problemas apresentados.

2. **Orientação clínica dirigida** frequentemente conflituante com os demais problemas apresentados. As pessoas mais idosas e com multimorbilidade encontram-se excluídas dos estudos que suportam a evidência da maioria dos estudos que servem de suporte a estas orientações.
3. **Intervenção de mais do que um cuidador**, mais do que um prestador de cuidados e mais do que um profissional médico. Em geral, os doentes com multimorbilidade, têm vários cuidadores (familiares, serviços sociais), vários prestadores de cuidados (podologista, fisioterapeuta, higienista oral) por vezes mais do que um profissional médico (Cardiologista, Neurologista, Médico de Família) e socorrem-se de diferentes serviços de saúde (farmácia, consultas hospitalares, reabilitação, laboratório, imagiologia). Esta situação pode conduzir a uma «torre de Babel« e a uma sobremedicalização assim como à ocultação de dados importantes.
4. **Polimedicação** quer em número quer na qualidade dos fármacos prescritos, representando uma mistura arriscada de várias reações adversas entre drogas e doenças (Sinnott & Bradley, 2015).
5. **Sobrecarga cognitiva e emocional** para doentes, médicos e cuidadores. Os médicos, em geral, concentram-se num problema de cada vez. Os pacientes querem tratar de vários problemas num mesmo tempo, mas olhando para eles como entidades isoladas entre si. Nesta circunstância, as prioridades são diferentes para ambos. Esta sobrecarga influencia as estratégias quer dos médicos quer dos doentes para lidar com esta entidade, sendo para os médicos um elemento importante de insatisfação profissional e *burnout* (Loeb, Bayliss, Candrian, deGruy e Binswanger, 2016; Patel, Bachu, Adikey, Malik e Shah, 2018).
6. **O tempo disponível e a forma de organização dos serviços.** O tempo de consulta é limitado e igual para todos. Nalguns doentes alguns dos

problemas podem ser clinicamente dominantes (por exemplo, presença de insuficiência renal) ou muito sintomáticos (por exemplo, dor crónica), levando ao consumo de uma quantidade substancial de tempo e a desviar a atenção de outros problemas presentes (Krein *et al.*, 2009). Quando existem duas condições discordantes, em termos da sua patogénese, por exemplo diabetes e depressão, é necessário ter um tempo separado e demorado para cada uma delas. As interações entre problemas requerem uma grande vigilância porque podem conduzir a consequências positivas e negativas. Pode-se antecipar o diagnóstico de retinopatia macular nos doentes com diabetes devido ao exame ocular periódico, no entanto, uma doença isquémica coronária, pode passar despercebida por o doente não se queixar de dor torácica, devido à alteração da perceção de dor.

4. A fragilidade e a autonomia funcional

Até ao momento não existe uma definição consensual de fragilidade no contexto clínico, apesar da sua elevada prevalência nos idosos. No entanto é referido que a comunidade atinge cerca de 11% de pessoas (Collard, Boter, Schoevers e Oude Voshaar, 2012), e resulta de um processo ainda não totalmente esclarecido no qual estão envolvidos fatores biológicos, psicológicos e sociais. Para a OMS, a fragilidade representa um declínio progressivo nos sistemas fisiológicos, associado à idade, que conduz a reservas reduzidas de capacidade intrínseca, que conferem extrema vulnerabilidade a fatores de stresse e ao aumento do risco de resultados adversos em saúde (World Health Organization., 2015), incluindo quedas, hospitalização, incapacidade, institucionalização e mortalidade (Fried *et al.*, 2001). A fragilidade compromete a funcionalidade na população idosa (Lustosa, Marra, Pessanha, Freitas e Guedes, 2013).

Das várias definições de fragilidade usadas em publicações, a recente revisão de Vetrano e colaboradores revelou que a mais frequente é aquela que inclui a presença de pelo menos três dos seguintes critérios: perda de peso, redução da força da mão, diminuição da velocidade da marcha, presença de fadiga, e baixo nível de atividade física (Vetrano *et al.*, 2018).

Há uma relação bidirecional: Por um lado, viver com multimorbilidade coloca os doentes em risco de fragilidade; por outro, a maioria dos doentes frágeis sofre também de multimorbilidade (Vetrano *et al.*, 2018). Estes doentes consomem mais recursos em saúde e apresentam maiores custos associados. Contudo, mesmo em indivíduos sem multimorbilidade, a fragilidade é um indicador clínico do risco aumentado de resultados negativos em saúde (Zucchelli *et al.*, 2018).

A pesquisa da fragilidade é importante para detetar fases iniciais de um declínio funcional que ainda poderá ser revertido; sendo que a probabilidade de reverter ou atrasar a progressão para fragilidade é tanto maior quanto mais precoce for a intervenção. É comumente aceite que os indivíduos com mais de 70 anos ou que apresentem uma perda no último ano de ≥5% do seu peso devido a doença crónica devem ser investigados quanto à presença de fragilidade (Morley *et al.*, 2013). O grupo *advantAge* (www.advantageja.eu) considera como possíveis instrumentos de rastreio (alguns validados em língua Portuguesa): Clinical Frailty Scale (CFS); Edmonton Frail Scale (EFS); Fatigue, Resistance, Ambulation Illness, Loss of Weight Index (FRAIL Index); Inter-Frail; Prisma-7; Sherbrooke Postal Questionnaire; Short Physical Performance Battery (SPPB); Gait Speed ou Study of Osteoporotic Fractures Index (SOF). A escolher um único, apontaríamos para a velocidade da marcha como marcador de fragilidade (Binotto, Lenardt e Rodriguez-Martinez, 2018).

Determinadas medidas parecem ter alguma eficácia no tratamento da fragilidade: exercício/atividade física (resistência e treino aeróbico); suporte calórico e proteico; e redução da polifarmácia (critérios de Beers e os critérios STOPP/START). Sem nunca esquecer a necessidade da gestão das doenças reversíveis (Morley *et al.*, 2013).

5. A gestão da multimorbilidade

Uma revisão Cochrane das intervenções destinadas a melhorar os resultados nos doentes com multimorbilidade, admitindo a escassez de estudos disponíveis, conclui que as intervenções são melhor sucedidas quando lidam com riscos comuns às várias doenças por exemplo tabaco e álcool e quando têm por objetivo os resultados funcionais («o que é que a pessoa pode fazer mais») e não resultados centrados, meramente, no controlo de uma doença (Smith, Soubhi, Fortin, Hudon e O'Dowd, 2012). Como já referido, os cuidados de saúde às pessoas com multimorbilidade, com problemas de saúde e terapêuticas que apresentam um elevado risco de conflito, são dificultados pelo modelo clínico tradicional, reducionista, virado para uma única doença. Em Medicina Geral e Familiar, este tipo de abordagem dirigida a uma doença em particular colide com a abordagem holística que caracteriza a sua ação, onde não apenas doenças, mas também situações não nosológicas e o contexto, influenciam o estado de fragilidade (Barnett *et al.*, 2012; Bierman & Tinetti, 2016). Na gestão da prática clínica, a qualidade dos cuidados prestados é influenciada pela complexidade clínica das situações: número e características das doenças (por exemplo, intensidade dos sintomas, dominância clínica de umas doenças sobre as outras), inter-relação doença-doença, fármaco-doença, fármaco-fármaco. Porém, esta complexidade clínica é também influenciada por vários fatores contextuais importantes, como o comportamento, o apoio e o contexto social do doente, os recursos de saúde disponíveis. Nos recursos há que considerar, o tempo, o apoio e a qualidade do atendimento (Vetrano *et al.*, 2018; Zulman *et al.*, 2014), fortemente determinados pela métrica de avaliação da qualidade de cuidados, em uso, nos serviços de saúde.

Assim, na gestão destes doentes há que atender a aspetos relacionados com a clínica, com a organização dos cuidados e com a avaliação da qualidade dos cuidados de saúde prestados (avaliação de desempenho organizacional). O que importa na gestão destes doentes é a forma como se modifica o processo de ficar doente e como o doente e o médico enfrentam o desenvolvimento e a evolução dos problemas de saúde. A forma como o Médico de Família segue estes doentes muda ao longo do tempo, de acordo com as necessidades do doente, com as suas expectativas, a sua funcionalidade e com a evolução das interações (Broeiro, 2001; Broeiro, Maio e Ramos, 2008; Gervas & Santos, 2007).

Uma prática de gestão eficiente da multimorbilidade implica:

1. Identificar os mais frágeis ou vulneráveis (Broeiro, 2017; Kernick, Chew-Graham e O'Flynn, 2017) ou mais complexos. Ainda não dispomos de uma medida multidimensional da complexidade de um doente, da vulnerabilidade ou da gravidade de doença incorporados nos registos médicos eletrónicos (RME) em uso em Portugal. No entanto, apesar das suas limitações, os RME já dispõem de muitos dados de natureza socioeconómica, funcional e clínica que permitem identificar estes doentes: dados de acesso e uso de cuidados, referenciação a outros prestadores, internamentos e consultas hospitalares, número e classificação das doenças, o índice de Barthel e dados sociais.
2. Promover a continuidade de cuidados usando listas de verificação, cronogramas de acompanhamento e metas de tratamento, de modo a facilitar a partilha de cuidados, a otimizar a tomada de decisão (Kastner

et al., 2019) e a assegurar a reavaliação sistemática: a) dos diagnósticos efetuados e dos que possam ter ficado omissos, b) da adequação dos tratamentos instituídos; c) do acesso e das preocupações dos doentes; d) da sobreposição de cuidados.

3. Coordenar os cuidados. Nos doentes mais complexos, com vários prestadores de cuidados envolvidos, é necessário ter um tempo próprio ou uma pessoa na equipa de cuidados que se responsabilize pela gestão destes casos, estabelecendo a comunicação interdisciplinar necessária e procurando fornecer soluções de cuidados, focados na funcionalidade e na interação entre problemas;
4. Priorizar ações e o encontro de agendas considerando os efeitos em cascata da multimorbidade (Bratzke *et al.*, 2015), e a probabilidade de benefício que a ação traz para o doente (Luijks *et al.*, 2012). Para isto é necessário: identificar quais os sintomas que em cada consulta representam mais incómodo, ou mal-estar para o doente; perceber porque são incómodos os sintomas manifestados; explorar opções aceitáveis de abordagem destes sintomas para o doente e para o médico (Kastner *et al.*, 2019).
5. Promover a autogestão da multimorbilidade pelos doentes e ou cuidadores, identificando: quem são os doentes capazes de cuidar de si e em que medida são capazes de o fazer; quais são as suas necessidades, o que é preciso fazer (por exemplo, informações, suporte) para permitir o autocuidado (Kastner *et al.*, 2019).
6. Rever a organização de cuidados. Rever os tempos de consulta, o sistema de marcação, a atribuição de tarefas dentro de cada equipa de cuidados e a métrica de avaliação de desempenho organizacional. O planeamento e a avaliação do desempenho têm de considerar a gravidade e a complexidade de doença, bem como os índices de carga de doença (*disease burden*).

6. A desprescrição

A polifarmácia é uma consequência da multimorbilidade. Potencialmente cada um dos problemas de saúde apresentados pelo doente pode ser tratado com um ou mais fármacos. A presença de múltiplas condições crónicas aumenta a complexidade da gestão terapêutica, tanto para os profissionais de saúde quanto para os doentes, e afeta negativamente os resultados de saúde (Masnoon, Shakib, Kalisch-Ellett e Caughey, 2017).

Não há consenso quanto à definição da polifarmácia, mas as definições comuns fazem referência ao uso de ≥5 ou ≥10 de fármacos em simultâneo. Esta situação é mais frequente nas pessoas idosas e está associada a aumento de mortalidade, quedas, tempo de permanência e readmissão no hospital logo após a alta e maior risco de prescrição inapropriada, quer por excesso quer por defeito, e de efeitos adversos (Fastbom & Johnell, 2015). O efeito adverso da polifarmácia, nos mais velhos, deve-se também às alterações fisiológicas de envelhecimento que alteram a farmacocinética e a farmacodinâmica das respostas aos medicamentos. Aproximadamente 1 em cada 5 medicamentos comumente usados em idosos podem ser inapropriados. Esta proporção pode ser de um terço quando os idosos se encontram em lares ou outras instituições (Scott *et al.*, 2015).

Dependendo das circunstâncias, razão que conduziu à prescrição, via de administração e posologia, a polifarmácia pode-se considerar apropriada ou inadequada. Considera-se polifarmácia apropriada «a prescrição otimizada de acordo com a melhor evidência em doentes com condições complexas ou múltiplas» (Cadogan *et al.*, 2016; Duerden, Avery e Payne, 2013) e em consequência os potenciais benefícios superam os potenciais danos prescrição. Na polifarmácia inadequada pode haver falha de fármacos necessários ou fármacos em os que os potenciais danos superam os benefícios potenciais. A diferenciação entre polifarmácia apropriada e inadequada é um dilema e um desafio para os médicos e organizações de saúde.

No entanto não é ainda claro se as intervenções destinadas a melhorar a polifarmácia inapropriada nos idosos resultam em melhoria clinicamente significativa, redução de internamentos hospitalares ou melhoria da qualidade de vida (Smith & O'Dowd, 2007).

Atendendo aos objetivos definidos de funcionalidade, expectativa de vida, valores e preferências do doente, a desprescrição é um processo, complexo e sistemático, de descontinuação e suspensão segura de medicação, integrado no processo de cuidados continuados ao doente polimedicado. É uma intervenção positiva que decorre de uma decisão partilhada com o doente e que requer o seu consentimento informado e uma monitorização apertada do seu efeito (Morrison *et al.*, 2016).

O processo de desprescrever requer um protocolo como propõe Scott (Scott *et al.*, 2015) e deve seguir várias etapas como sugere Broeiro (Broeiro, 2017): (1) verificar todos os medicamentos que o doente está a tomar e as razões de cada um; (2) analisar a adesão, interações e efeitos adversos; (3) avaliar cada medicamento no seu benefício e dano; (4) priorizar medicamentos para descontinuação atendendo à relação benefício-dano, probabilidade de efeitos adversos e de reações de abstinência ou síndromes *rebound*; (5) encetar a descontinuação monitorizando os efeitos.

Os princípios que se aplicam à desprescrição são idênticos aos aplicados aquando da decisão de se iniciar uma nova prescrição: diagnosticar um problema (identificar o medicamento inapropriado), tomar uma decisão terapêutica (retirar o medicamento, vigiando a consequência dessa ação) visando a história natural (reduzir a incidência de eventos adversos relacionados com medicamentos e quedas, aliviar efeitos adversos, melhorar a funcionalidade).

A procura de prescrição inadequada é um trabalho continuado que se pode apoiar em instrumentos de apoio à análise e discussão da qualidade da prescrição (Broeiro, 2017). Esta procura sistemática compreende: a identificação do uso inadequado de dose, da formulação, da duração; a identificação de fármacos desnecessários; a omissão de medicamentos necessários; e o risco de interações medicamentosas e de eventos adversos a medicamentos.

Os medicamentos inapropriados existentes num plano de tratamento podem ser detetados com o auxílio de algumas ferramentas destinadas a avaliar a qualidade e a segurança das prescrições, como a lista de Beers (American Geriatrics Society Beers Criteria Update Expert, 2012) e as ferramentas STOPP e START (O'Mahony *et al.*, 2015). A lista de Beers é um instrumento útil na avaliação da qualidade da prescrição nos idosos, porque permite identificar medicamentos potencialmente inapropriados. Esta lista sofreu várias revisões, a última das quais foi efetuada em 2002. Os critérios STOPP/START mostram mais sensibilidade do que os critérios de Beers na identificação de problemas de prescrição e na identificação dos doentes que necessitam de hospitalização em consequência de eventos adversos inadequados (Gallagher & O'Mahony, 2008).

REFERÊNCIAS

Aging: toward avoiding the inevitable. (2015). *Nat Med, 21*(12), 1373. doi:10.1038/nm.4009

American Geriatrics Society Beers Criteria Update Expert, P. (2012). American Geriatrics Society updated Beers Criteria for potentially inappropriate medication use in older adults. *J Am Geriatr Soc, 60*(4), 616-631. doi:10.1111/j.1532-5415.2012.03923.x

Armelagos, G. J., Brown, P. J. e Turner, B. (2005). Evolutionary, historical and political economic perspectives on health and disease. *Soc Sci Med, 61*(4), 755-765. doi:10.1016/j.socscimed.2004.08.066

Barnett, K., Mercer, S. W., Norbury, M., Watt, G., Wyke, S. e Guthrie, B. (2012). Epidemiology of multimorbidity and implications for health care, research, and medical education: a cross-sectional study. *Lancet, 380*(9836), 37-43. doi:10.1016/S0140-6736(12)60240-2

Bierman, A. S. e Tinetti, M. E. (2016). Precision medicine to precision care: managing multimorbidity. *Lancet, 388*(10061), 2721-2723. doi:10.1016/S0140-6736(16)32232-2

Binotto, M. A., Lenardt, M. H. e Rodriguez-Martinez, M. D. C. (2018). Physical frailty and gait speed in community elderly: a systematic review. *Rev Esc Enferm USP, 52*, e03392. doi:10.1590/S1980-220X2017028703392

Bratzke, L. C., Muehrer, R. J., Kehl, K. A., Lee, K. S., Ward, E. C. e Kwekkeboom, K. L. (2015). Self-management priority setting and decision-making in adults with multimorbidity: a narrative review of literature. *Int J Nurs Stud, 52*(3), 744-755. doi:10.1016/j.ijnurstu.2014.10.010

Broeiro, P. (2001). Multipatologia-o raciocínio clínico e a tomada de decisão: aquisição da competência. *Revista Portuguesa de Medicina Geral e Familiar, 17*(4).

Broeiro, P. (2017). *Qualificação da prescrição do Medicamento. Instrumento de apoio à análise e discussão da qualificação da prescrição de medicamentos.* Lisboa: Grupo Técnico Nacional da Governação Clínica e de Saúde nos Cuidados de Saúde Primários

Broeiro, P., Maio, I. e Ramos, V. (2008). Polifarmacoterapia: estratégias de racionalização. *Revista Portuguesa de Medicina Geral e Familiar, 24*(5), 625-631.

Bucher, S., Maury, A., Rosso, J., de Chanaud, N., Bloy, G., Pendola-Luchel, I., ... Rigal, L. (2017). Time and feasibility of prevention in primary care. *Fam Pract, 34*(1), 49-56. doi:10.1093/fampra/cmw108

Cadogan, C. A., Ryan, C., Francis, J. J., Gormley, G. J., Passmore, P., Kerse, N. e Hughes, C. M. (2016). Development of an intervention to improve appropriate polypharmacy in older people in primary care using a theory-based method. *BMC Health Serv Res, 16*(1), 661. doi:10.1186/s12913-016-1907-3

Collard, R. M., Boter, H., Schoevers, R. A. e Oude Voshaar, R. C. (2012). Prevalence of frailty in community-dwelling older persons: a systematic review. *J Am Geriatr Soc, 60*(8), 1487-1492. doi:10.1111/j.1532-5415.2012.04054.x

Duerden, M. a., Avery, T. a. e Payne, R. a. (2013). *Polypharmacy and medicines optimisation : making it safe and sound.* London: King's fund.

Esser, W. L. (2015). Illness is Not Inevitable (reprinted from original version published in Natural Hygiene, june 1958). *Health Science Magazine, 2019/09/01*(Winter 2015), 36.

Fastbom, J. e Johnell, K. (2015). National indicators for quality of drug therapy in older persons: the Swedish experience from the first 10 years. *Drugs Aging, 32*(3), 189-199. doi:10.1007/s40266-015-0242-4

Ferrante, J. M., Balasubramanian, B. A., Hudson, S. V. e Crabtree, B. F. (2010). Principles of the patient-centered medical home and preventive services delivery. *Ann Fam Med, 8*(2), 108-116. doi:10.1370/afm.1080

Franceschi, C., Garagnani, P., Morsiani, C., Conte, M., Santoro, A., Grignolio, A., ... Salvioli, S. (2018). The Continuum of Aging and Age-Related Diseases: Common Mechanisms but Different Rates. *Front Med (Lausanne), 5*, 61. doi:10.3389/fmed.2018.00061

Fried, L. P., Tangen, C. M., Walston, J., Newman, A. B., Hirsch, C., Gottdiener, J., ... Cardiovascular Health Study Collaborative Research, G. (2001). Frailty in older adults: evidence for a phenotype. *J Gerontol A Biol Sci Med Sci, 56*(3), M146-156. doi:10.1093/gerona/56.3.m146

Gallagher, P. e O'Mahony, D. (2008). STOPP (Screening Tool of Older Persons' potentially inappropriate Prescriptions): application to acutely ill elderly patients and comparison with Beers' criteria. *Age Ageing, 37*(6), 673-679. doi:10.1093/ageing/afn197

Gervas, J. e Santos, I. (2007). A complexidade da comorbilidade. *Revista Portuguesa de Medicina Geral e Familiar, 23*(2), 181-189.

Hazra, N. C. e Gulliford, M. (2017). Evolution of the «fourth stage« of epidemiologic transition in people aged 80 years and over: population-based cohort study using electronic health records. *Popul Health Metr, 15*(1), 18. doi:10.1186/s12963-017-0136-2

Jones, O. R. e Vaupel, J. W. (2017). Senescence is not inevitable. *Biogerontology, 18*(6), 965-971. doi:10.1007/s10522-017-9727-3

Kaplan, H., Thompson, R. C., Trumble, B. C., Wann, L. S., Allam, A. H., Beheim, B., ... Thomas, G. S. (2017). Coronary atherosclerosis in indigenous South American Tsimane: a cross-sectional cohort study. *Lancet, 389*(10080), 1730-1739. doi:10.1016/S0140-6736(17)30752-3

Kastner, M., Hayden, L., Wong, G., Lai, Y., Makarski, J., Treister, V., ... Straus, S. E. (2019). Underlying mechanisms of complex interventions addressing the care of older adults with multimorbidity: a realist review. *BMJ Open, 9*(4), e025009. doi:10.1136/bmjopen-2018-025009

Kernick, D., Chew-Graham, C. A. e O'Flynn, N. (2017). Clinical assessment and management of multimorbidity: NICE guideline. *Br J Gen Pract, 67*(658), 235-236. doi:10.3399/bjgp17X690857

Krein, S. L., Hofer, T. P., Holleman, R., Piette, J. D., Klamerus, M. L. e Kerr, E. A. (2009). More than a pain in the neck: how discussing chronic pain affects hypertension medication intensification. *J Gen Intern Med, 24*(8), 911-916.

Lee, B. (1952). Is Illness Inevitable? *British Medical Journal, 1*(4769), 1196-1196. doi:10.1136/bmj.1.4769.1196-b

Lefevre, T., d'Ivernois, J. F., De Andrade, V., Crozet, C., Lombrail, P. e Gagnayre, R. (2014). What do we mean by multimorbidity? An analysis of the literature on multimorbidity measures, associated factors, and impact on health services organization. *Rev Epidemiol Sante Publique, 62*(5), 305-314. doi:10.1016/j.respe.2014.09.002

Loeb, D. F., Bayliss, E. A., Candrian, C., deGruy, F. V. e Binswanger, I. A. (2016). Primary care providers' experiences caring for complex patients in primary care: a qualitative study. *BMC Fam Pract, 17*, 34. doi:10.1186/s12875-016-0433-z

Luijks, H. D., Loeffen, M. J., Lagro-Janssen, A. L., van Weel, C., Lucassen, P. L. e Schermer, T. R. (2012). GPs' considerations in multimorbidity management: a qualitative study. *Br J Gen Pract, 62*(600), e503-510. doi:10.3399/bjgp12X652373

Lustosa, L. P., Marra, T. A., Pessanha, F. P. A. d. S., Freitas, J. d. C. e Guedes, R. d. C. (2013). Fragilidade e funcionalidade entre idosos frequentadores de grupos de convivência em Belo Horizonte, MG. *Revista Brasileira de Geriatria e Gerontologia, 16*(2), 347-354.

Mackenbach, J. P. (1994). The epidemiologic transition theory. *J Epidemiol Community Health, 48*(4), 329-331. doi:10.1136/jech.48.4.329-a

Masnoon, N., Shakib, S., Kalisch-Ellett, L. e Caughey, G. E. (2017). What is polypharmacy? A systematic review of definitions. *BMC Geriatr, 17*(1), 230. doi:10.1186/s12877-017-0621-2

Mazza, D., Shand, L. K., Warren, N., Keleher, H., Browning, C. J. e Bruce, E. J. (2011). General practice and preventive health care: a view through the eyes of community members. *Med J Aust, 195*(4), 180-183. Disponível em: https://www.ncbi.nlm.nih.gov/pubmed/21843119

McKeown, R. E. (2009). The Epidemiologic Transition: Changing Patterns of Mortality and Population Dynamics. *Am J Lifestyle Med, 3*(1 Suppl), 19S-26S. doi:10.1177/1559827609335350

Mercer, S., Furler, J., Moffat, K., Fischbacher-Smith, D. e Sanci, L. (2016). *Multimorbidity: Technical Series on Safer Primary Care*. Geneva: World Health Organization.

Morley, J. E., Vellas, B., van Kan, G. A., Anker, S. D., Bauer, J. M., Bernabei, R., ... Walston, J. (2013). Frailty consensus: a call to action. *J Am Med Dir Assoc, 14*(6), 392-397. doi:10.1016/j.jamda.2013.03.022

Morrison, D., Agur, K., Mercer, S., Eiras, A., Gonzalez-Montalvo, J. I. e Gruffydd-Jones, K. (2016). Managing multimorbidity in primary care in patients with chronic respiratory conditions. *NPJ Prim Care Respir Med, 26*, 16043. doi:10.1038/npjpcrm.2016.43

Nicholson, K., Terry, A. L., Fortin, M., Williamson, T., Bauer, M. e Thind, A. (2019). Prevalence, characteristics, and patterns of patients with multimorbidity in primary care: a retrospective cohort analysis in Canada. *Br J Gen Pract, 69*(686), e647-e656. doi:10.3399/bjgp19X704657

O'Mahony, D., O'Sullivan, D., Byrne, S., O'Connor, M. N., Ryan, C. e Gallagher, P. (2015). STOPP/START criteria for potentially inappropriate prescribing in older people: version 2. *Age Ageing, 44*(2), 213-218. doi:10.1093/ageing/afu145

Olshansky, S. J. e Ault, A. B. (1986). The fourth stage of the epidemiologic transition: the age of delayed degenerative diseases. *Milbank Q, 64*(3), 355-391. Disponível em: https://www.ncbi.nlm.nih.gov/pubmed/3762504

Omran, A. R. (1971). The epidemiologic transition. A theory of the epidemiology of population change. *Milbank Mem Fund Q, 49*(4), 509-538. Disponível em: https://www.ncbi.nlm.nih.gov/pubmed/5155251

Patel, R. S., Bachu, R., Adikey, A., Malik, M. e Shah, M. (2018). Factors Related to Physician Burnout and Its Consequences: A Review. *Behav Sci (Basel), 8*(11). doi:10.3390/bs8110098

Pinto, D., Corte-Real, S. e Nunes, J. M. (2010). Actividades preventivas e indicadores — Quanto tempo sobra? *Revista Portuguesa de Clínica Geral, 26*, 455-464.

Scott, I. A., Hilmer, S. N., Reeve, E., Potter, K., Le Couteur, D., Rigby, D., ... Martin, J. H. (2015). Reducing inappropriate polypharmacy: the process of deprescribing. *JAMA Intern Med, 175*(5), 827-834. doi:10.1001/jamainternmed.2015.0324

Sinnott, C. e Bradley, C. P. (2015). Multimorbidity or polypharmacy: two sides of the same coin? *J Comorb, 5*, 29-31. doi:10.15256/joc.2015.5.51

Smith, S. M. e O'Dowd, T. (2007). Chronic diseases: what happens when they come in multiples? *Br J Gen Pract, 57*(537), 268-270. Disponível em: https://www.ncbi.nlm.nih.gov/pubmed/17394728

Smith, S. M., Soubhi, H., Fortin, M., Hudon, C. e O'Dowd, T. (2012). Interventions for improving outcomes in patients with multimorbidity in primary care and community settings. *Cochrane Database Syst Rev*(4), CD006560. doi:10.1002/14651858.CD006560.pub2

Tacconelli, E., Carrara, E., Savoldi, A., Harbarth, S., Mendelson, M., Monnet, D. L., ... Group, W. H. O. P. P. L. W. (2018). Discovery, research, and development of new antibiotics: the WHO priority list of antibiotic-resistant bacteria and tuberculosis. *Lancet Infect Dis, 18*(3), 318-327. doi:10.1016/S1473-3099(17)30753-3

Vetrano, D. L., Calderon-Larranaga, A., Marengoni, A., Onder, G., Bauer, J. M., Cesari, M., ... Fratiglioni, L. (2018). An International Perspective on Chronic Multimorbidity: Approaching the Elephant in the Room. *J Gerontol A Biol Sci Med Sci, 73*(10), 1350-1356. doi:10.1093/gerona/glx178

Vogel, L. (2019). World must prepare for inevitable flu pandemic, says WHO. *CMAJ, 191*(14), E405. doi:10.1503/cmaj.109-5735

World Health Organization. (2018). Noncommunicable diseases.

World Health Organization. (2015). *World report on ageing and health*. Geneva, Switzerland: World Health Organization.

Yarnall, K. S., Pollak, K. I., Ostbye, T., Krause, K. M. e Michener, J. L. (2003). Primary care: is there enough time for prevention? *Am J Public Health, 93*(4), 635-641. doi:10.2105/ajph.93.4.635

Zucchelli, A., Vetrano, D. L., Marengoni, A., Grande, G., Romanelli, G., Calderon--Larranaga, A., ... Rizzuto, D. (2018). Frailty predicts short-term survival even in older adults without multimorbidity. *Eur J Intern Med, 56*, 53-56. doi:10.1016/j.ejim.2018.06.012

Zulman, D. M., Asch, S. M., Martins, S. B., Kerr, E. A., Hoffman, B. B. e Goldstein, M. K. (2014). Quality of care for patients with multiple chronic conditions: the role of comorbidity interrelatedness. *J Gen Intern Med, 29*(3), 529-537. doi:10.1007/s11606-013-2616-9

Zwar, N., Ackermann, E., Harris, M., Arcus, M., Chiarelli, P., Mar, C. D., ... Winzenberg, T. (2018). *Guidelines for preventive activities in general practice, 9th edition*. East Melbourne: The Royal Australian College of General Practitioners.

CAPÍTULO 12

PLANEAMENTO EM SAÚDE E OS RECURSOS DA COMUNIDADE

Luís Amorim Alves, Fernando Ferreira, Carlos Carvalho

Planear em saúde é essencial. Existem numerosos textos que procuram orientar e sistematizar este trabalho essencial (Berman & Bitran, 2011; Imperatori & Giraldes, 1993; Pineault, Daveluy, Ferrus e Berraondo, 1987; Scutchfield & Keck, 2009; World Health Organization., 2016). Neste capítulo, os autores procuram resumidamente apresentar as bases teóricas para o desenvolvimento de um plano de saúde. Considerando que o contexto em que este trabalho é desenvolvido é determinante e influenciador de todas as fases da sua preparação, optou-se por ter como referências principais as recomendações da Organização Mundial da Saúde (OMS) (World Health Organization., 2016), assim como alguns livros de texto frequentemente usados em Portugal (Imperatori & Giraldes, 1993; Pineault *et al.*, 1987), o Plano Nacional de Saúde (PNS) (Direção-Geral da Saúde, 2015) e os Planos Locais de Saúde (PLS) (Portugal, Nunes e Andrade, 2016) presentemente em vigor em Portugal. Com esta opção, tentou-se chamar à realidade o ato de planear, procurando, a cada passo, dar exemplos práticos e evitar abstrações exclusivamente teóricas. Ao mesmo tempo, pretendeu-se apresentar alguns conceitos e documentos essenciais intrinsecamente ligados à prática de Medicina Geral e Familiar.

1. O Plano Nacional de Saúde e os Planos Locais de Saúde

O PNS é a orientação fundamental das políticas de saúde em Portugal e está alinhado com os princípios e orientações da Estratégia *Health 2020* da OMS e do Horizonte 2020 da União Europeia. Pressupõe que todas as ações e intervenções do Sistema de Saúde assentem em quatro Eixos Estratégicos transversais: Cidadania em Saúde; Equidade e acesso adequado aos Cuidados de Saúde; Qualidade em Saúde; e Políticas Saudáveis.

A implementação do PNS a nível nacional, regional e local depende, em larga medida, do sucesso dos Planos Locais de Saúde (PLS). Estes são instrumentos que procuram alinhar os objetivos locais com os objetivos nacionais e regionais, alicerçando também a sua ação nos mesmos quatro eixos estratégicos e contribuindo concertadamente para o cumprimento das metas nacionais. Os PLS seguem uma abordagem intersetorial que envolve diferentes parceiros com influência na saúde, e neles devem ser propostas estratégias e intervenções específicas, orientadas para os potenciais ganhos em saúde da comunidade que servem, promovendo o objetivo último de melhoria do estado de saúde da sua população.

Embora seja comum dividir todo o processo em diferentes etapas, na verdade o planeamento em saúde é um processo contínuo e dinâmico. As diferentes etapas que o constituem nunca são verdadeiramente finalizadas porque vão sendo influenciadas ao longo do tempo quer pelas próprias circunstâncias, quer pelos processos de monitorização implementados. É sempre possível recolher nova informação e refazer cada uma das etapas. Neste capítulo, procura-se descrever as principais etapas do planeamento em saúde: diagnóstico de situação, definição de prioridades, definição de prioridades em saúde, fixação de metas, seleção de estratégias e a monitorização e avaliação. Termina-se o capítulo com uma reflexão sobre os conceitos de planeamento estratégico e operacional.

2. Diagnóstico de saúde da população

A Organização Mundial da Saúde define o diagnóstico de situação de saúde como «uma avaliação da situação de saúde atual ... [que] é fundamental para projetar e atualizar políticas, estratégias e planos» (World Health Organization, 2016). O Banco Mundial propõe o termo «Análise de sistemas de saúde», definindo-o da seguinte forma: «A análise dos sistemas de saúde inclui evidência sobre entradas, processos, e saídas e a análise de como a combinação destes pode ser usada para produzir os resultados. Considera o contexto político, histórico e institucional. A análise dos sistemas de saúde identifica possíveis causas para o desempenho deficitário do sistema de saúde e sugere como reformar políticas e fortalecer estratégias para o melhorar» (Berman & Bitran, 2011).

Tomando como ponto de partida estas definições, os principais objetivos de um diagnóstico de situação de saúde são (Schmets, Rajan e Kadandale, 2016a):

- Avaliar realisticamente a situação atual do sector saúde, com todos as suas forças, fraquezas, oportunidades e ameaças, incluindo as suas causas e efeitos;
- Fornecer uma base informada pela evidência para responder às necessidades do setor de saúde e às expectativas da população;
- Fornecer uma base informada pela evidência para formular futuras orientações estratégicas para o setor da saúde

Recomenda-se que uma análise situação de um setor da saúde possua as seguintes características (Berman & Bitran, 2011):

- **Participativa e inclusiva** — inclui aportes de todas partes interessadas relevantes no setor da saúde, incluindo a população.
- **Analítica** — é baseada num modelo conceptual causal que antecipa como as entradas, processos e saídas interagem entre si e com fatores ambientais importantes. É fundamental distinguir o que é ser descritivo (narrar o estado do atual da situação) e analítica (tentar entender a situação atual com base em decisões, escolhas e planos anteriores, bem como fatores causais subjacentes).
- **Relevante** — é focada em questões que influenciam o estado de saúde da população, considerando soluções para os desafios presentes.
- **Abrangente** — abrange todos os aspetos relacionados ao setor da saúde, incluindo sistemas de saúde, programas de saúde, toda a gama de serviços de saúde, etc...
- **Baseada na evidência** — utiliza uma ampla variedade de informações e dados, quantitativos e qualitativa, bem como, quando relevante, outras experiências dos países.

2.1. Porquê realizar um diagnóstico de situação?

É um passo crucial no planeamento em saúde. A avaliação do estado de saúde da população é o ponto de partida do planeamento em saúde (Imperatori & Giraldes, 1993). Não é possível delinear um plano de saúde coerente e orientado para as necessidades dos utentes sem um suporte de evidência sólido sobre a situação de saúde. Quais são os principais problemas de saúde da população? Como têm evoluído os principais indicadores de saúde (esperança média de vida, taxa de mortalidade infantil, por exemplo)? O serviço de saúde está a responder às necessidades da população? Quais são os principais desafios?

Para dar voz a todas as partes interessadas. É fundamental criar uma plataforma de discussão que permita integrar as visões de todas as partes interessadas num plano de saúde. É essencial considerar a opinião de especialistas na área, mas também ouvir a opinião dos utilizadores finais. De nada vale desenhar uma unidade de saúde de ponta, com todas as valências necessárias para gerir os problemas mais prevalentes da população, se a sua localização ou os seus horários de funcionamento não forem de encontro às necessidades da população. Por outro lado, é imperativo ouvir também outros interessados que tenham um papel prático no lançamento ou implementação do plano de saúde. É razoável aceitar que o legislador não consiga apreender toda a complexidade e potenciais barreiras que decorrem da aplicação no terreno de um plano de saúde.

Para aumentar a transparência. Um diagnóstico de situação realizado tendo em conta as recomendações acima permite responsabilizar de uma forma transparente diferentes setores de saúde pelos resultados obtidos. Quanto mais participativo e aberto for o processo de diagnóstico de situação, mais responsável e transparente será a instituição que lidera a sua elaboração. Conduzir um diagnóstico de situação participativo implica tornar dados e informações disponíveis e acessíveis a diferentes setores da saúde e a partes interessadas que possam não ter a oportunidade de aceder, discutir e digerir essas informações. Transparência também significa dar às partes interessadas uma voz, fornecendo informações e explicações sobre questões que mais lhes interessam e afetam diretamente.

Para apoiar e reforçar a monitorização e avaliação. Na sua interpretação mais simples, o diagnóstico de situação é um sumário atualizado de todos os aspetos aplicáveis do setor da saúde, reunido num documento que deve ser capaz de informar de forma transversal e igual todos os intervenientes no processo. Deve servir como ponto de partida para informar os futuros processos de monitorização e avaliação. Quando a informação de base é escassa, o diagnóstico de situação terá também o propósito de sinalizar esta situação promovendo a melhoria dos processos de geração e recolha de informação.

Para ajudar a estabelecer consensos. É natural que diferentes partes interessadas tenham diferentes interesses e pontos de vista. Quando um diagnóstico de situação é realizado de forma transparente e inclusiva, é mais provável que ocorra naturalmente alguma convergência de perspetivas. O estabelecimento de relações de confiança entre os diferentes grupos de interesse é também um resultado desejável do diagnóstico de situação.

Figura 12.1. Quem deve ser envolvido no diagnóstico de situação

Serviços de Saúde Pública

- Nível nacional — Direção-Geral da Saúde
- Nível regional — Departamento de Saúde Pública das Administrações Regionais de Saúde
- Nível local — Unidades de Saúde Pública dos Agrupamentos de Centros de Saúde

População/ /beneficiários

- Representantes da população e da comunidade;
- Sociedade civil, incluindo organizações não-governamentais e organizações religiosas;
- Grupos de interesse especial.

Governo e entidades afiliadas ao governo

- Departamentos do Ministério da Saúde;
- Outros ministérios cuja atividade seja pertinente para a saúde;
- Outras instituições e agências vinculadas ao Ministério da Saúde (por exemplo, paraestatais);
- Parceiros de desenvolvimento.

Prestadores de cuidados de saúde

- Cuidados de saúde primários, hospitalares e continuados;
- Associações profissionais;
- Prestadores de saúde privados com ou sem fins lucrativos;

Outros

- Instituições de investigação;
- *Think tanks.*
- Grupos de interesse especial.

2.2. Em Portugal

Nas suas recomendações para a elaboração de um PLS (Portugal *et al.*, 2016), a Direção-Geral da Saúde elenca as dimensões-chave que um diagnóstico de situação deve conter. Por um lado, é essencial caracterizar a população-alvo do ponto de vista geodemográfico e socioeconómico. A caracterização dos problemas de saúde da população é o passo seguinte, usando os indicadores de morbimortalidade disponíveis e outros construídos para o efeito. Aqui, interessa não apenas identificar os fatores (determinantes) que afetam mais significativamente os problemas de saúde definidos, como também conhecer os padrões de utilização dos serviços de saúde. A identificação das necessidades de saúde da população é essencial, priorizando-se as que são passíveis de intervenção e por isso com potencial de gerar maiores ganhos em saúde com os recursos disponíveis. Finalmente, é também necessário conhecer os recursos existentes em cada comunidade, nomeadamente parceiros internos e externos, com particular relevância para a rede social. Idealmente, estes parceiros devem ser envolvidos na construção do PLS e colaborar na identificação e priorização das necessidades de saúde.

3. Definição de prioridades em saúde, fixação de metas e seleção de estratégias

Estabelecer prioridades em saúde pode ser definido como a tarefa de determinar a prioridade a ser atribuída a um problema ou necessidade de saúde, tendo em conta as caraterísticas do problema e os recursos de saúde disponíveis. A priorização é necessária porque os recursos (e a capacidade para intervir) são insuficientes para fazer face a todas as necessidades de saúde.

O processo de definição de prioridades é técnico, mas intimamente ligado às políticas de saúde. Isto significa que é um processo em que os valores e as metas da sociedade são importantes, e que as prioridades resultantes refletem um compromisso entre as partes interessadas. O objetivo deste processo é selecionar, de entre diferentes opções, para dar resposta às principais necessidades de saúde identificadas, da melhor maneira possível, tendo em conta as limitações nos recursos existentes. Em saúde, a definição de prioridades determina os principais objetivos do setor da saúde por um determinado período, alimentando diretamente o conteúdo do plano nacional de saúde (Schmets, Rajan e Kadandale, 2016b).

A definição de prioridades segue-se ao diagnóstico de situação, precedendo as decisões sobre alocação e planeamento de recursos. Sendo o planeamento em saúde um processo cíclico e contínuo, embora a redefinição de prioridades possa ser realizada em qualquer momento, é habitualmente realizada tendo em conta os ciclos políticos ou de planeamento. Num nível mais local, estes ciclos de planeamento são frequentemente mais curtos.

Os Serviços de Saúde Pública (nos níveis nacional — Direção-Geral da Saúde, regional — Departamento de Saúde Pública das Administrações Regionais de Saúde, e local — Unidades de Saúde Pública dos Agrupamentos de Centros de Saúde) têm a responsabilidade formal pela definição de prioridades, sendo fundamental o envolvimento das estruturas governativas e diferentes Ministérios. Numa abordagem inclusiva, são consultados grupos de partes interessadas de vários níveis, assim como a população.

3.1. Critérios na definição de prioridades em saúde

A definição de prioridades em saúde deve ser baseada em critérios claros e objetivos. A OMS recomenda cinco critérios-chave (Quadro 12.1), numa lista que não pretende ser definitiva nem exaustiva (Schmets *et al.*, 2016b). Em cada caso, a escolha e a atribuição de um peso a um determinado critério deve ser debatida pela sociedade, pelas partes interessadas e pelos decisores políticos. Um país pode optar por escolher critérios diferentes ou critérios adicionais de acordo com as necessidades existentes e o enquadramento legal local. O peso relativo atribuído a cada um desses critérios pode variar assim como os prós e contras de cada um. A decisão final é normalmente política.

Quadro 12.1. Critérios chave para definição de prioridades em saúde (adaptado de Schmets *et al.*, WHO, 2016)

A carga associada ao problema de saúde; A efetividade da intervenção no problema de saúde; O custo da intervenção no problema de saúde; A aceitabilidade da intervenção no problema de saúde; A justiça.

3.2. A carga associada ao problema de saúde

No início dos anos 90, o Banco Mundial expandiu os indicadores de mortalidade para o conceito de análise da carga da doença (Murray & Lopez, 1996). A análise da carga da doença permite medir o impacto dos problemas de saúde em termos de morbimortalidade, revelando as doenças que mais afetam um país. Os seus proponentes consideram esta análise como uma ajuda importante para a definição de prioridades, uma vez que orientaria os decisores políticos no direcionamento de sua intervenção nas áreas de doenças mais importantes (Baltussen & Niessen, 2006). Outros argumentam que falta uma base conceptual para a definição prioritária de intervenções em saúde, dado que a dimensão de um problema de saúde não tem necessariamente relação com o seu potencial de redução efetiva (Mooney & Wiseman, 2000).

A apreciação da carga associada a um determinado problema de saúde pode ser feita de várias perspetivas. Da perspetiva do decisor político, a magnitude, a gravidade e a urgência são mais pertinentes. Da perspetiva da população, é mais importante a perceção da carga associada ao problema de saúde. Por exemplo, num estudo desenhado para avaliar as rotinas de priorização de Médicos de Família, Enfermeiros e Doentes, concluiu-se que, comparado com os profissionais de saúde, os doentes atribuíram prioridade relativamente mais alta a condições agudas e mais baixa a doenças crónicas. Embora para os profissionais de saúde como um todo a gravidade do problema de saúde tenha sido o critério de definição mais importante, para os médicos de família, foi a relação custo-benefício (Arvidsson, Andre, Borgquist, Andersson e Carlsson, 2012).

3.3. A efetividade da intervenção no problema de saúde

Qual é a probabilidade que a estratégia ou prioridade selecionada tem de levar aos resultados esperados? Existem soluções tecnológicas e organizacionais que permitam dar resposta às necessidades geradas pela intervenção prevista? No fundo, este critério avalia quão bem, em termos clínicos ou práticos, o problema de saúde pode ser resolvido (Tromp & Baltussen, 2012). Ao estimar a eficácia, o fator «inovação« precisa de ser considerado. A estratégia ou intervenção ainda não foi testada ou já existe conhecimento que permita antever a sua eficácia? Mesmo que uma determinada estratégia já tenha demonstrado a sua eficácia a nível global (telemedicina, por exemplo), é preciso garantir a sua eficácia a nível local. Por exemplo, a telemedicina pode ser adaptada a um determinado contexto numa janela temporal satisfatória?

3.4. O custo da intervenção no problema de saúde

Todas as estratégias de intervenção em saúde têm custos associados, sejam eles diretos ou indiretos, financeiros ou de oportunidade, para os serviços ou para o utilizador (Owen & Fischer, 2019; Owen *et al.*, 2012; Owen, Pennington, Fischer e Jeong, 2018). Para além da efetividade de uma determinada intervenção, é também necessário considerar a sua eficiência. Existe alguma forma de obter os mesmos resultados em saúde a custo mais baixo? Outra dimensão igualmente deriva da relação entre exequibilidade económica e sustentabilidade económica. Não basta ser possível suportar o custo de uma intervenção, é necessário garantir que ela será implementada durante o tempo previsto sem pôr em causa outras áreas do plano de saúde.

Tal como acontece para a determinação da carga associada a um problema de saúde, a qualidade da análise de custos depende da qualidade da informação disponível. Aqui, considera-se não apenas informação sobre custos, mas também informação sobre a intervenção planeada.

3.5. Aceitabilidade da intervenção

Apesar da aceitabilidade de uma intervenção em saúde surgir com um critério essencial na definição de prioridades, as recomendações não são muito claras na sua definição e operacionalização. Numa revisão sobre o tema, definiu-se aceitabilidade como um constructo multifacetado que reflete até que ponto as pessoas que prestam ou recebem uma intervenção em saúde a consideram apropriada, com base em respostas cognitivas e emocionais à intervenção, antecipadas ou experienciadas (Sekhon, Cartwright e Francis, 2017).

Refere-se não apenas ao modo como uma comunidade ou população-alvo aceitam a intervenção de saúde, mas também à vontade de quem vai implementar a intervenção para o fazer (por exemplo, prestadores de serviços de saúde ou Ministério da Saúde).

A aceitabilidade pode ser ainda posta em causa na sua dimensão social ou cultural, o que implica que a definição de prioridades deve ser específica ao contexto (Sousa *et al.*, 2017).

3.6. A justiça

A definição do que é justo ou injusto é uma fonte de debate permanente (Basu, Kanbur e Sen, 2009). A justiça de uma intervençao em saúde mede até que ponto as pessoas são tratadas de forma equitativa ou de uma maneira que seja correta ou razoável. Dito de outra maneira, é o estado, condição ou qualidade de ser livre de preconceito ou injustiça, baseado nos princípios de igualdade e equidade. É essencial que a justiça seja considerada na definição de prioridades, nomeadamente no ajuizamento sobre o balanço entre a importância de uma necessidade em saúde e a efetividade da intervenção proposta.

3.7. Em Portugal

Em Portugal, a priorização dos problemas de saúde da população é conduzida pelos serviços de Saúde Pública. No nível local, as Unidades de Saúde Pública dos ACeS são responsáveis pela elaboração do Plano Local de Saúde, envolvendo e auscultando os parceiros ao longo de todo o processo de priorização. A DGS propõe dois momentos de consulta (Portugal *et al.*, 2016), começando por uma pré-seleção dos problemas de saúde da população, seguida da sua priorização, recorrendo a metodologias como a técnica Multi-Voto, a técnica do Grupo Nominal, o método de Hanlon ou a matriz de Priorização, e da seleção final dos problemas de saúde da população, integrando as Necessidades de Saúde prioritárias com os resultados da segunda consulta.

Existem outros critérios de priorização dos problemas de saúde. Em Portugal, também é comum utilizar um modelo que assenta nas seguintes variáveis: Magnitude (equivale à carga associada ao problema), Transcendência (social e económica, corresponde à importância que a sociedade dá a um problema de saúde, seja porque afeta muitas crianças, seja porque a doença implica grande perda de rendimentos, seja porque se trata de um assunto do presente e, por isso, frequentemente discutido) e Vulnerabilidade (corresponde à possibilidade de evitar uma doença tendo em conta os meios atualmente disponíveis) (Imperatori & Giraldes, 1993).

3.8. Fixação de objetivos e metas

As metas em saúde definem-se como expectativas de percurso e de valores a alcançar. Para estabelecer metas no PLS é necessário projetar tendências de indicadores. Paralelamente, importa criar expectativas de evolução e melhoria usando as unidades de saúde com melhor desempenho como referência orientadora. Assim, também se procura reforçar a equidade e a diminuir as desigualdades. As metas deverão ser definidas assumindo as características SMART (S: Específico: A meta é precisa e clara?; M: Mensurável: A meta é mensurável? Como?; A: Alcançável: A meta é realmente atingível?; R: Realista: A meta é exequível com os recursos e tempo disponível?; e T: Definida no tempo: A meta é limitada no tempo?).

No Planeamento Local em Saúde, as metas deverão refletir os princípios e metas do PNS, embora adaptadas ao contexto local. Assim, é desejável que os quatro eixos estratégicos do PNS estejam espelhados em cada uma das metas definidas (Portugal *et al.*, 2016).

3.9. Seleção de estratégias

As estratégias de saúde são os processos e as intervenções através dos quais são satisfeitas as necessidades de saúde definidas como prioritárias. Para selecionar uma estratégia em saúde é necessário ter-se em conta a sua eficiência. Ou seja, deve ser tida em consideração a maximização do retorno em termo de ganhos em saúde e da relação custo-benefício, ou adoção de estratégias que impactem mais do que um problema de saúde. Comprometer os diferentes parceiros envolvidos na elaboração do PLS é desejável. Assim, importa priorizar estratégias que promovam protocolos formais de cooperação entre os vários sectores da sociedade.

A operacionalização da integração dos eixos estratégicos do PNS no delineamento de metas e estratégias em saúde pode ser esquematizada em (Portugal *et al.*, 2016):

Modelo de Implementação do PLS — Eixos Estratégicos do PNS		Meta / Estratégia 1	Meta / Estratégia 2	...	Meta / Estratégia N
Eixos estratégicos do PNS	Cidadania em Saúde				
	Equidade e acesso Adequado aos Cuidados em Saúde				
	Qualidade na Saúde				
	Políticas Saudáveis				

4. Planeamento estratégico e operacional

4.1. Planeamento estratégico

Na saúde, o planeamento estratégico visa identificar e programar de forma abrangente intervenções de médio e longo prazo para o setor. O seu produto final é um plano estratégico que orienta as atividades e os investimentos necessários para alcançar os resultados e impacto previstos. A importância de transformar as prioridades num plano prende-se com a necessidade de, por um lado, garantir a intervenção sobre as prioridades identificadas e, por outro lado, manter o foco no médio e longo prazo, evitando desvios ao plano traçado. O plano também é importante para manter o diálogo político ao nível das necessidades do setor, ao mesmo tempo que orienta o planeamento operacional, com respetiva alocação de recursos, monitorização e avaliação. Geralmente, o planeamento estratégico tem lugar após a identificação das prioridades de saúde, seguindo ciclos de 3 a 5 anos (Schmets, Rajan e Kadandale, 2016c).

4.2. Aspetos básicos do planeamento estratégico

As políticas, estratégias e planos nacionais de saúde devem articular as metas e objetivos do País com as áreas de atividade existentes no setor saúde de uma forma abrangente, equilibrada e coerente (World Health Organization, 2010):

Abrangência. O planeamento estratégico deve ter em consideração todos os aspetos que afetam o setor da saúde, desde os recursos humanos, à própria governação, passando pelos farmacêuticos, pelos sistemas de informação em saúde, pelo financiamento em saúde, e por todos os programas de saúde específicos.

Equilíbrio. O conteúdo do planeamento estratégico deve ser alicerçado na visão geral do PNS e nas prioridades definidas a priori. Cada estratégia deve ser desenvolvida com o mesmo nível que as restantes e com um nível de recursos que corresponda à sua extensão e âmbito.

Coerência. Um dos determinantes do sucesso de um planeamento estratégico em saúde é o seu grau de coerência com o plano de desenvolvimento do País. Deve por isso ser articulado com os demais planos estratégicos, nomeadamente ao nível das políticas económicas e sociais. Paralelamente, o planeamento estratégico também deve ter em consideração programas específicos previamente existentes (por exemplo, programas para doenças específicas) e outros planos subsectoriais pré-existentes. Finalmente, o planeamento estratégico tem que estar ancorado no contexto epidemiológico e social do país, e na sua capacidade de financiamento, presente e futura.

4.3. Planeamento operacional

O planeamento operacional é tipicamente baseado nas políticas nacionais de saúde que definem a visão, metas e objetivos para o setor. É um plano prático de atividades de horizonte temporal mais curto, ou um âmbito geográfico mais restrito, quando comparado com o planeamento estratégico. Deve, por um lado, estar em conformidade com PNS e, por outro lado, ser suficientemente concreto para os profissionais em cada nível do sistema de saúde compreenderem as suas responsabilidades. Os planos operacionais são necessários para colocar em prática a visão estratégica do PNS. Se bem conseguido, é um meio excelente de comunicar a todas as partes interessadas o que necessita ser feito por quem, como e com que recursos.

O processo de planeamento operacional da saúde é indissociável de uma orçamentação cuidada. A periodicidade com que o planeamento operacional e respetiva orçamentação são realizados é dependente do contexto e é desejável que exista uma capacidade de adaptação às circunstâncias. Se em contextos social e politicamente estáveis são razoáveis ciclos de dois anos, quando existe instabilidade, os ciclos de planeamento operacional podem ser mais curtos, podendo atingir os três meses.

O planeamento operacional habitualmente inclui uma descrição das atividades que deve incluir uma menção clara ao objetivo estratégico do PNS em que se estas se inserem. Deve também clarificar o momento em que essa atividade deve ser executada assim como aspetos operacionais como a qualidade e duração da mesma. É também importante que seja evidente quem será responsável por essa atividade e que recursos serão necessários para a levar a cabo. Há ainda que propor um método para medir o seu progresso (monitorização).

Idealmente, todos aqueles que estiverem envolvidos numa determinada atividade no setor da saúde deverão ser envolvidos no planeamento operacional, direta ou indiretamente. As partes interessadas mais importantes são as autoridades nacionais e locais de saúde, os prestadores de cuidados de saúde e os utilizadores do sistema de saúde.

O Quadro 12.2 mostra em comparação as características do planeamento estratégico com o planeamento operacional relativamente à perspetiva, ao foco, à temporalidade e à flexibilidade. (Schmets *et al.*, 2016c).

Quadro 12.2. Características do planeamento estratégico e operacional. (adaptado de Schmets *et al.* WHO, 2016)

	Planeamento estratégico	Planeamento operacional
Perspetiva	Desenvolvimento de médio-longo-prazo	Intervenções de (mais) curto prazo
Foco	Direção estratégica para o setor da saúde	Implementação concreta de uma atividade
Temporalidade	3 a 5 anos	1 ano, por vezes menos
Flexibilidade	Menos provável de mudar durante a sua vigência	Pode ser facilmente modificado de acordo com as circunstâncias

4.4. Recursos humanos e materiais

Orçamentar é essencial. O orçamento é processo de definição da alocação de recursos para produzir o melhor resultado possível, tendo em conta a disponibilidade. Em saúde, o orçamento está normalmente incluído no orçamento geral do estado, e é mais do que a simples contabilização de despesas e receitas. É um texto orientador essencial, que apresenta os principais objetivos financeiros do país e o seu compromisso de implementar suas políticas públicas de saúde e estratégias. Num nível mais operacional, é essencial ter em conta os custos de ter uma equipa a trabalhar num determinado problema ou a consumir determinados recursos materiais.

Compreender as políticas de saúde subjacentes e os princípios orientadores do processo de orçamentação é fundamental para quem procure influenciar a alocação de recursos no país. Num processo de orçamentação eficaz, procura-se que as políticas de saúde estejam alinhadas com o planeamento e processo de orçamentação. A ausência deste alinhamento cria condições para que as prioridades em saúde elencadas nos planos estratégicos não tenham um contraponto orçamental que é essencial. Esse desalinhamento tem consequências negativas: os recursos não são utilizados como desejado e o processo de prestação de contas é enfraquecido. Por outro lado, a compreensão do processo de orçamentação e a participação das diferentes partes interessadas no momento certo do ciclo orçamentário aumentará a probabilidade de que a alocação dos recursos será aquela que foi planeada tendo em conta as necessidades de saúde (Schmets, Rajan e Kadandale, 2016d).

4.5. Em Portugal

A implementação do PLS deve ser fundada nos princípios da gestão e governação e devem articular esforços de todos os colaboradores do PLS. A governação deve ser entendida como um compromisso político e operacional para a aplicação prática dos PLS, numa lógica inclusiva *Whole-of-government* e *Whole-of-society*. Deve ser o mais clara e exequível possível.

A Direção-Geral da Saúde sugere que a estrutura de governação seja assente em duas equipas distintas. Por um lado, propõe-se uma Equipa de Acompanhamento e Monitorização que supervisiona a operacionalização do PLS e garante o compromisso e intervenção de todos os parceiros. Por outro lado, sugere-se uma Equipa Coordenadora, habitualmente da USP, que coordena a implementação do PLS, articulando com os parceiros e atualizando continuamente o diagnóstico de situação e o PLS. Esta equipa deverá ainda assegurar que os projetos na área da saúde desenvolvidos na comunidade estão enquadrados com do PLS.

O desenho dos PLS é guiado por uma lógica de economia de recursos humanos, financeiros e materiais. Promove a adoção de medidas com perfil de custo-efetividade favorável, de combate ao desperdício, dos princípios de equidade e de ganhos efetivos em saúde. Assume-se que os ganhos em saúde projetados pelo PLS resultam de um desempenho ótimo do Sistema de Saúde a nível local, ou seja, da adequação entre os problemas de saúde priorizados e os serviços prestados, considerando os recursos alocados e resultados alcançados.

É importante estimar os recursos necessários para as diferentes atividades do PLS. Estes custos devem ser expressos nos planos de atividades anuais. Idealmente, a estrutura de coordenação de cada PLS deve dispor dos recursos necessários para garantir o sucesso da sua implementação. No que respeita à atribuição de recursos, económicos e humanos, é desejável que exista uma abordagem intersectorial entre instituições de saúde, do sector público e da sociedade civil. Nesta lógica, todas as entidades envolvidas na prestação de serviços e de cuidados de saúde têm responsabilidades concretas na implementação do PLS e devem incluir nos seus planos de atividades e de gestão a utilização de recursos para a operacionalização do PLS. Paralelamente, as entidades municipais têm um papel singularmente importante, sobretudo por causa do seu elevado grau de autonomia na realização de projetos e atividades enquadráveis na estratégia do PLS. É, portanto, desejável negociar com as autarquias a atribuição de verbas e recursos humanos que promovam a implementação do PLS (Portugal *et al.*, 2016).

5. Monitorização e avaliação

A monitorização e a avaliação são etapas fundamentais no planeamento em saúde. Servem para garantir que as intervenções sobre as prioridades de saúde são implementadas como o planeado e se os objetivos declarados são cumpridos. A evidência recolhida durante o processo de monitorização, e especialmente na avaliação (que irá ser parte do diagnóstico de situação do ciclo de planeamento seguinte), serve não só para avaliar a implementação e desempenho gerais, mas também para identificar problemas e propor medidas corretivas (Schmets, Rajan e Kadandale, 2016c). Por outras palavras, o objetivo e objeto da avaliação é determinar o valor de uma intervenção naquilo que nos conduz a uma decisão (Imperatori & Giraldes, 1993). O progresso e desempenho de uma estratégia nacional de saúde tem que ser monitorizável porque essa é uma condição *sine qua non* para uma política de diálogo eficaz. É por isso essencial que os países tenham implementados mecanismos de vigilância funcional, que se baseiem em indicadores de saúde bem construídos e passíveis de serem recolhidos de forma ágil de sistemas de informação fiáveis e de acesso simples.

A avaliação de uma intervenção em saúde pode ser retrospetiva ou prospetiva. No primeiro caso, são avaliadas intervenções que já ocorreram, dependendo por isso dos elementos estatísticos disponíveis e de, com igual importância, de padrões de comparação determinados *a posteriori*. Na perspetiva deste texto, interessa explorar mais aprofundadamente as avaliações prospetivas, porque são concebidas *a priori* e, por isso, com maior probabilidade de sucesso. Importa também distinguir processos de avaliação internos destinados à avaliação de serviços e interessados em dimensões como produtividade ou rendimento, de processos de avaliação externos, interessados na medição do impacto na saúde das populações de uma determinada intervenção.

O processo de monitorização e avaliação é fortalecido quando nasce de um processo de governação inclusivo em que a estratégia nacional de saúde que prevê a adoção de um conjunto conhecido de indicadores e/ou de padrões internacionais consensualizados. A existência de fontes de informação funcionantes e atualizadas, incluindo, por exemplo, o registo civil e estatísticas vitais de saúde é também preponderante no planeamento, implementação e resultados de um processo de avaliação. Com importância crescente, existe também a informação coletável através dos sistemas de informação eletrónicos em utilização nos diferentes níveis de prestação de cuidados, não apenas clínicos, mas também administrativos. Pode ainda ser considerada informação proveniente de estudos de base populacional, de registos de doença inquéritos ou de estudos de investigação. Contudo, por si só, a existência de muitas fontes de informação de qualidade não é suficiente. É também necessária uma forte capacidade institucional para recolher, organizar, analisar, interpretar e utilizar da melhor forma esta informação.

5.1. Em Portugal

Estão previstos planos de monitorização e avaliação para cada PLS, onde estão definidos indicadores e cronograma de monitorização da execução das estratégias definidas no PLS, supervisionando os elementos-chave do seu desenvolvimento e implementação. Todo o processo de monitorização do PLS relaciona-se com a função Observatório de Saúde das USP. É desejável que todo o processo de monitorização seja dinâmico e evolutivo. Contudo, há necessidade de apresentar os valores dos indicadores-chave que caracterizam os problemas/necessidades de saúde definidos como prioritários e a sua tendência, assim como o grau de cumprimento das metas fixadas no PLS. A Equipa de Acompanhamento e Monitorização do PLS monitoriza a evolução do estado de saúde da população com o apoio da USP e com os contributos de todos os parceiros. Cabe a esta equipa produzir um relatório anual que reflita o grau de concretização das metas no ano anterior e eu proponha recomendações que permitam a melhoria da implementação do PLS (Imperatori & Giraldes, 1993). A avaliação final do PLS é realizada após o final do seu período de vigência e é da competência das entidades regionais (ARS) e nacionais (DGS) (Portugal *et al.*, 2016).

REFERÊNCIAS

ARVIDSSON, E., ANDRE, M., BORGQUIST, L., ANDERSSON, D. e CARLSSON, P. (2012). Setting priorities in primary health care--on whose conditions? A questionnaire study. *BMC Fam Pract, 13,* 114. doi:10.1186/1471-2296-13-114

BALTUSSEN, R. e NIESSEN, L. (2006). Priority setting of health interventions: the need for multi-criteria decision analysis. *Cost Eff Resour Alloc, 4,* 14. doi:10.1186/1478-7547-4-14

BASU, K., KANBUR, S. M. R. e SEN, A. (2009). Arguments for a better world : essays in honor of Amartya Sen. Volume 1, Volume 1. Disponível em: http://site.ebrary.com/id/10317741

BERMAN, P. e BITRAN, R. (2011). Health systems analysis for better health system strengthening. *Health, Nutrition, and Population (HNP) discussion paper, World Bank.* Disponível em: https://openknowledge.worldbank.org/handle/10986/13593

Direção-Geral da Saúde. (2015). *Plano Nacional de Saúde. Revisão e Extensão a 2020.* Disponível em: http://pns.dgs.pt/files/2015/06/Plano-Nacional-de-Saude-Revisao-e-Extensao-a-2020.pdf.pdf

IMPERATORI, E. e GIRALDES, M. R. (1993). *Metodologia do planeamento da saúde: manual para uso em serviços centrais, regionais e locais.* Lisboa: Escola Nacional de Saúde Pública.

MOONEY, G. e WISEMAN, V. (2000). Burden of disease and priority setting. *Health Econ,* 9(5), 369-372. doi:10.1002/1099-1050(200007)9:5<369::aid-hec536>3.0.co;2-d

MURRAY, C. J. e LOPEZ, A. D. (1996). Evidence-based health policy--lessons from the Global Burden of Disease Study. *Science, 274*(5288), 740-743. doi:10.1126/science.274.5288.740

OWEN, L. e FISCHER, A. (2019). The cost-effectiveness of public health interventions examined by the National Institute for Health and Care Excellence from 2005 to 2018. *Public Health, 169,* 151-162. doi:10.1016/j.puhe.2019.02.011

Owen, L., Morgan, A., Fischer, A., Ellis, S., Hoy, A. e Kelly, M. P. (2012). The cost--effectiveness of public health interventions. *J Public Health (Oxf), 34*(1), 37-45. doi:10.1093/pubmed/fdr075

Owen, L., Pennington, B., Fischer, A. e Jeong, K. (2018). The cost-effectiveness of public health interventions examined by NICE from 2011 to 2016. *J Public Health (Oxf), 40*(3), 557-566. doi:10.1093/pubmed/fdx119

Pineault, R., Daveluy, C., Ferrus, L. e Berraondo, I. (1987). *La planificación sanitaria: conceptos, métodos, estrategias*: Masson.

Portugal, R., Nunes, A. B. e Andrade, C. (2016). *Manual orientador dos Planos Locais de Saúde*. In Direção-Geral da Saúde (Org.), (pp. 26). Disponível em: https://www.dgs.pt/documentos-e-publicacoes/manual-orientador-dos-planos-locais-de-saude-pdf.aspx

Schmets, G., Rajan, D. e Kadandale, S. (2016a). Chapter 3: Situation analysis of the health sector. In World Health Organization (Org.), *Strategizing national health in the 21st century : a handbook* (pp. xvii, 688 pages). Geneva, Switzerland: World Health Organization.

Schmets, G., Rajan, D. e Kadandale, S. (2016b). Chapter 4: Priority-setting for national health policies, strategies and plans. In World Health Organization (Org.), *Strategizing national health in the 21st century : a handbook* (pp. xvii, 688 pages). Geneva, Switzerland: World Health Organization.

Schmets, G., Rajan, D. e Kadandale, S. (2016c). Chapter 5: Strategic planning: transforming priorities into plans. In World Health Organization (Org.), *Strategizing national health in the 21st century : a handbook* (pp. xvii, 688 pages). Geneva, Switzerland: World Health Organization.

Schmets, G., Rajan, D. e Kadandale, S. (2016d). Chapter 8: Budgeting for health: transforming priorities into plans. In World Health Organization (Org.), *Strategizing national health in the 21st century : a handbook* (pp. xvii, 688 pages). Geneva, Switzerland: World Health Organization.

Schmets, G., Rajan, D. e Kadandale, S. (2016e). Chapter 9: Monitoring, evaluation and review of national health policies, strategies and plans. In World health Organization (Org.), *Strategizing national health in the 21st century : a handbook* (pp. xvii, 688 pages). Geneva, Switzerland: World Health Organization.

Scutchfield, F. D. e Keck, C. W. (2009). *Principles of public health practice* (3.ª ed.). Clifton Park, NY: Delmar.

Sekhon, M., Cartwright, M. e Francis, J. J. (2017). Acceptability of healthcare interventions: an overview of reviews and development of a theoretical framework. *BMC Health Serv Res, 17*(1), 88. doi:10.1186/s12913-017-2031-8

Sousa, F. A., Goulart, M. J., Braga, A. M., Medeiros, C. M., Rego, D. C., Vieira, F. G., ... Loura, M. M. (2017). Setting health priorities in a community: a case example. *Rev Saude Publica, 51*(0), 11. doi:10.1590/S1518-8787.2017051006460

Tromp, N. e Baltussen, R. (2012). Mapping of multiple criteria for priority setting of health interventions: an aid for decision makers. *BMC Health Serv Res, 12*, 454. doi:10.1186/1472-6963-12-454

World Health Organization. (2010). *A framework for national health policies, strategies and plans.* Disponível em: Geneve: http://www.who.int/nationalpolicies/FrameworkNHPSP_final_en.pdf

World Health Organization. (2016). Situation analysis and priority setting. *National health policies, strategies and plans* Disponível em: http://www.who.int/nationalpolicies/processes/priorities/en/

World Health Organization. (2016). *Strategizing national health in the 21st century : a handbook.* Geneva, Switzerland: World Health Organization.

CAPÍTULO 13

RACIOCÍNIO CLÍNICO EM MEDICINA GERAL E FAMILIAR

Dina Gaspar

Alvo de uma atenção crescente, o raciocínio clínico é considerado pela maioria dos autores um conceito complexo, abrangente e multidimensional, revestido de ambiguidades e carecendo de maior clarificação. Nos últimos 40 a 50 anos, a investigação tem-se debruçado sobre o processo desenvolvido durante o raciocínio clínico. O seu estudo adquiriu maior relevância, pela mudança do paradigma da medicina, mas também como resultado de uma maior fluidez e imediatismo do mundo moderno (Aragão & Almeida, 2017; Higgs & Jensen, 2019; ten Cate & Durning, 2018).

A rapidez com que se trabalha e faz diagnósticos, a disponibilidade de meios tecnológicos, e a inovação em medicina, a par da maior facilidade de acesso ao conhecimento e maior literacia em saúde nas sociedades ocidentalizadas, são fatores que têm vindo a exercer influência sobre o processo de raciocínio clínico. Estes fenómenos afetam a forma como o médico faz diagnósticos, investindo menos na relação humana e baseando-se mais em resultados de instrumentos de investigação, com maior rapidez e precisão no diagnóstico. A relevância do seu estudo assume particular significado pelas implicações no erro diagnóstico. Estimado em 10-15%, o erro diagnóstico atinge proporções mais elevadas em especialidades como a Medicina Geral e Familiar (MGF). Cerca de dois terços das causas de erro são erros de raciocínio, por défice de informação, subdiagnóstico ou raciocínio inadequado (Cooper & Frain, 2018). A relação com a segurança do paciente torna o seu estudo mais pertinente em educação médica (Trowbridge, Rencic e Durning, 2015).

Tradicionalmente, o raciocínio clínico é entendido como uma aptidão para fazer diagnósticos (ou explicitar justificações para procedimentos e decisões clínicas). Os passos envolvidos nesse processo seriam geração de hipóteses, refinamento de hipóteses, e confirmação de hipóteses (Cooke, Lemay e Beran, 2017). Atualmente, o raciocínio clínico ultrapassa estes limites, envolvendo mais do que a simples aplicação da teoria para se obter um diagnóstico. Uma boa prática clínica não é garantida pela simples aplicação de conhecimentos teóricos, no sentido de um diagnóstico.

Não existindo uma definição universalmente aceite para este conceito, alguns autores apontam novas formas para explicar as estratégias de raciocínio clínico, que permitirão ao médico tomar decisões, em situações de elevada complexidade e incerteza (Cooper & Frain, 2018; Higgs & Jensen, 2019). O raciocínio clínico envolverá assim uma série de etapas, tendo como meta uma ação, ou tomada de decisão. As estratégias usadas na tomada de decisão constituirão assim uma das etapas do raciocínio clínico (Lateef, 2018).

A partir da Psicologia Cognitivista, o raciocínio clínico tem sido considerado um processo que utiliza múltiplas funções cognitivas, envolvendo múltiplos aspetos da prática clínica, com diferentes níveis de complexidade. Neste processo, é requerido um elevado nível de pensamento para identificar todos os problemas, analisar a evidência e tomar a melhor decisão na resolução dos problemas das pessoas. Um elevado nível de pensamento, e sobretudo, a reflexão sobre o processo em si (*Thinking about thinking*), componente fundamental do raciocínio clínico (Elstein, 2009). O pensamento crítico faz parte ou sobrepõe-se ao raciocínio clínico, raciocinando sobre uma determinada situação clínica em si, mas também dentro e fora desse contexto ou cenário clínico (Higgs & Jensen, 2019). Também designado metacognição ou reflexão sobre a prática, é uma aptidão que, pela associação a boas práticas, contribui para melhorar os resultados para o paciente, e aumentar a satisfação profissional. O raciocínio clínico será assim mais do que um processo para fazer um diagnóstico, e mais do que uma tomada de decisão, sendo a metacognição uma das etapas fundamentais desse processo. Frequentemente assocado à terminologia «raciocínio diagnóstico», «tomada de decisão clínica», «juízo clínico», e «resolução de problemas», atualmente considera-se «não serem nem sinónimos nem uniformemente compreendidos, e não existir o mesmo nível de concordância entre os termos» (Young *et al.*, 2019).

Descrito, usado e definido por múltiplos autores de forma diferente, a evidência sobre o modo como os médicos pensam e desenvolvem estratégias para fazer diagnósticos é ainda escassa (Lateef, 2018). Os trabalhos de Yazdani e Abardeh identificam os atributos que devem integrar o desenvolvimento de um eventual modelo de raciocínio clínico (Yazdani & Abardeh, 2017). Nestes, é notória a ausência da abordagem centrada na pessoa, parecendo-nos mais adequada a proposta de Cooper & Fraim (2017), que inclui os fatores humanos, as aptidões comunicacionais e a decisão partilhada.

Uma revisão crítica sobre as teorias e modelos de raciocínio clínico publicados nos últimos 50 anos (1970-2018), concluiu que todos têm um poder explicativo limitado (Yazdani & Abardeh, 2019). Estes autores consideram a necessidade de um eventual meta-modelo que unificasse todos os outros e explicasse melhor o processo de raciocínio clínico em medicina. Em Cuidados Primários, a literatura sobre modelos de raciocínio clínico é atualmente incipiente. Numa revisão sistemática, analisando os modelos de raciocínio clínico que descrevem estratégias passíveis de serem aplicáveis em MGF, Yazdany et al (2017) concluem que apenas um estaria significativamente focado no raciocínio clínico em MGF (Heneghan *et al.*, 2009). Apesar de apontar estratégias empregues habitualmente em MGF, este modelo é questionado pelos próprios autores, pelos vieses de seleção em relação às estratégias identificadas. Não sendo novas, podem não representar exatamente a forma como os médicos de MGF selecionam as suas estratégias de raciocínio clínico. Não sendo exaustivo, limita-se à identificação de um diagnóstico, não incluindo outros elementos que podem ser relevantes no raciocínio clínico em MGF.

Efetivamente, a forma como os médicos de MGF fazem diagnósticos é diferente de outras especialidades, pelas características dos problemas que enfrentam (Figura 13.1): o padrão de doenças, típico de uma prática mais próxima da comunidade, a sua prevalência (da doença aguda à doença crónica), a apresentação de doenças num estádio precoce e a natureza indiferenciada e pouco organizada dos problemas, a abrangência dos mesmos, incluindo os de natureza psicológica, comportamental e sociofamiliar, e a multimorbilidade (Allen *et al.*, 2011). Está em causa também o papel do especialista de MGF no sistema de saúde: o seu envolvimento com os pacientes ao longo da vida, o conhecimento prévio que possui dos seus pacientes, a maior proximidade na relação médico-paciente, a necessidade de maior disponibilidade, condicionando maior sobrecarga de trabalho, assim como a continuidade de cuidados (I. R. McWhinney, 1979). Estão descritas ainda a dificuldade de usar o raciocínio probabilístico e o baixo valor preditivo dos testes, que poderão influenciar as estratégias de diagnóstico (Foot, Naylor e Imison, 2010). Para além das aptidões comunicacionais, McWhinney aponta a necessidade de se aplicarem processos de predição: a *generalização* (usando o conhecimento geral sobre a frequência dos sintomas e das doenças), predizendo ou identificando hipóteses de diagnóstico, e colocando-as numa ordem de priorização, com base nos critérios de probabilidades ou desfecho final (*pay-off*), face à gravidade da doença (I. R. McWhinney, 1980). Este processo ignora as diferenças individuais, como o conhecimento pessoal do médico acerca do paciente, e as suas atitudes, sentimentos e comportamentos, ou seja, a *individualização*, essencial na tomada de decisão em MGF (Ian R. McWhinney & Freeman, 2009).

Figura 13.1. Especificidades do Raciocínio Clínico em Medicina Geral e Familiar

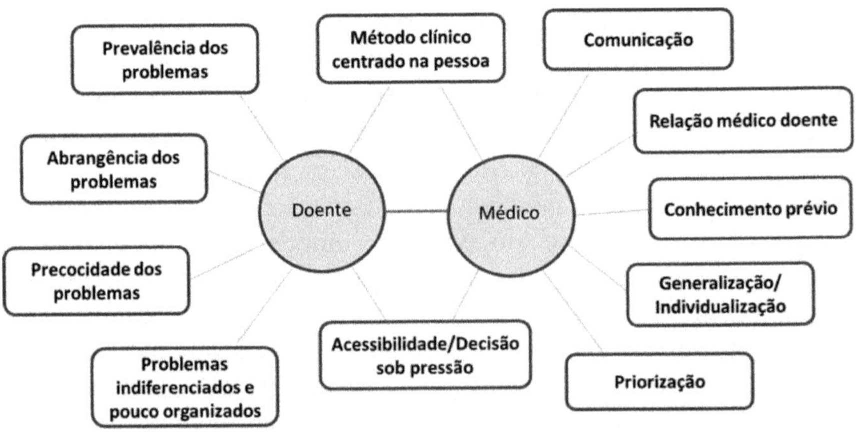

Sendo um processo que tem um papel determinante da capacidade do médico para tomar decisões, o raciocínio clínico em MGF requer igualmente clarificação e uma abordagem diferente. A partir da literatura, e com base nos atributos para a identificação de um modelo conceptual (Yazdani & Abardeh, 2017), consideramos uma proposta agregadora, descrevendo um fluxo de processos cognitivos e não cognitivos, desde a *Análise* e síntese da informação, ao *Resultado*, ou formulação e confirmação de hipóteses, terminando na *Ação*, ou tomada de decisão (Figura 13.2). Nesta proposta, o raciocínio clínico será um processo iterativo, contínuo, num desdobramento complexo de inúmeros processos cognitivos, podendo não terminar num único atendimento. Cada etapa não será estanque, nem rigorosamente seguida por outra. O diagnóstico pode ser feito de imediato logo na 1.ª ou na 2.ª etapa, podendo não ser identificado um diagnóstico formal, no final do processo. Em cada etapa, podem ser consideradas «tarefas» e estratégias que conduzirão ao raciocínio clínico.

Figura 13.2. Raciocínio Clínico em Medicina Geral e Familiar

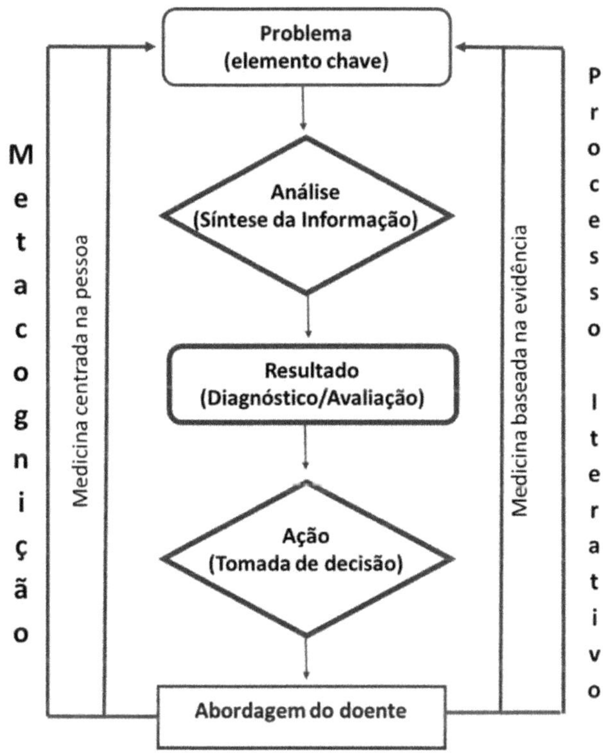

À semelhança do modelo descrito por Cooper & Frain (2017), são elementos fundamentais em todas as etapas desta proposta, as competências comunicacionais, a abordagem centrada na pessoa, o significado dos problemas na perspetiva do paciente, a capacidade de o médico utilizar o conhecimento, e o apoio na melhor evidência científica. São ainda fatores determinantes em todas as etapas, o contexto vivencial do paciente, assim como o da prática profissional, os fatores humanos e a metacognição. Neste processo, o pensamento é inseparável do processo de raciocínio clínico, podendo ser usado o pensamento decorrente do processamento simbólico, pensamento dialético, pensamento reflexivo, para além do pensamento crítico.

Na etapa inicial (Figura 13.3), a agregação e *análise* da informação está intimamente dependente de aspetos relacionados com o paciente e do seu contexto de vida. A informação fornecida pelo paciente (*patient input*), por vezes cedida pelos seus cuidadores, é uma componente essencial do raciocínio clínico, devendo incluir as suas queixas, o problema-chave e a informação (atual e anterior). Esta informação deverá ser enquadrada nos aspetos relacionados com a condição clínica e sociofamiliar do caso em si (*case specificity*), tendo em conta o *significado* atribuído pelo paciente à sua condição: as suas ideias, preferências e expectativas. Mas existem elementos relacionados com as competências e capacidades do médico, assim como dependentes do sistema de saúde, em que decorre a prática profissional. O raciocínio clínico e o conhecimento clínico são interdependentes, podendo ser aplicados diferentes tipos de conhecimento com *inputs* relevantes: conhecimento tácito, codificado, estatístico e epidemiológico (Yazdani & Abardeh, 2017). O raciocínio clínico dependerá assim da perícia e do conhecimento clínico (conteúdos teóricos, aptidões e atitudes, assim como do conhecimento prévio sobre o paciente, adquirido ao longo da vida e/ou através dos seus registos clínicos). De acordo com estes autores, o raciocínio clínico é igualmente um processo dependente do contexto e do domínio do campo em que se trabalha (*setting*). O contexto da prática clínica (*context specificity*), o trabalho em equipa e os fatores humanos são inerentes à atuação do especialista de MGF (Figura 13.3). Para além dos fatores internos, a influência de fatores organizacionais (pressão do tempo, excesso de trabalho, condições de trabalho, défice de informação e comunicação na equipa de trabalho), assim como as atitudes e comportamentos dos pacientes, desempenham um papel significativo no raciocínio clínico. A consciencialização dos profissionais para a influência destes fatores, será determinante da qualidade do diagnóstico e da tomada de decisão (Foot *et al.*, 2010). O investimento nesta fase de colheita da informação aparenta ter maior relevância para os médicos menos experientes, assim como na abordagem de comorbilidades ou eventual ausência de acesso a registos clínicos.

Figura 13.3. Componentes da Etapa da Análise, no Raciocínio Clínico em Medicina Geral e Familiar

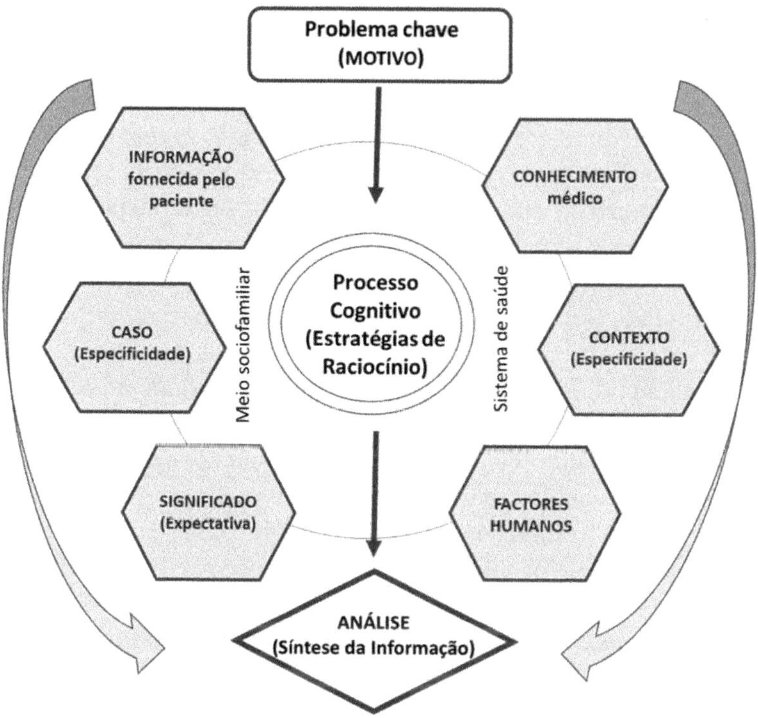

A etapa da análise e agregação da informação corresponderá aos elementos contemplados no primeiro e segundo componentes do método clínico centrado na paciente (Stewart *et al.*, 2013).

Nesta etapa, a partir da informação chave, produzir-se-ão *pistas*, que irão conduzir de forma iterativa à identificação de hipóteses de diagnóstico. Dadas as caraterísticas da apresentação dos quadros clínicos em MGF as pistas serão poucas (ou raras), incipientes e diferentes, as probabilidades nas fases precoces da doença são diferentes, as hipóteses iniciais serão igualmente diferentes das consideradas em contexto hospitalar e colocadas em ordem diferente de prioridade. A estratégia de pesquisa poderá ou não ocorrer sem uma investigação profunda (pelo conhecimento que o médico já possui do seu paciente), ou em várias consultas ao longo do tempo, mas deverá ser dirigida e flexível o suficiente para lidar com todo o tipo de problema (Ian R. McWhinney & Freeman, 2009). As decisões serão tomadas em situações de baixo nível de probabilidade, em geral revestidas de grande incerteza, em que a individualização terá um papel importante na formulação de hipóteses (Allen *et al.*, 2011).

A etapa do resultado, equivalente ao raciocínio diagnóstico propriamente dito ou ao designado ciclo do raciocínio clínico, permitirá formular hipóteses, a partir das pistas identificadas, que serão refinadas face à informação que cíclica e iterativamente vai sendo agregada. Através da identificação e interpretação adequada dos resultados de testes de diagnóstico (em função do risco/benefício), as hipóteses serão posteriormente confirmadas ou não, conduzindo a um diagnóstico. Nem sempre em MGF, esta etapa do resultado é passível de produzir um diagnóstico, e conforme assinalado por (Ian R. McWhinney & Freeman, 2009) em grande parte das vezes identificam-se um ou mais problemas «de saúde« (e não necessariamente doenças). No contexto da continuidade de cuidados que ocorre em MGF, esse resultado acontece frequentemente ao fim de várias consultas. Pesquisando ciclicamente a informação, guiada pela lista de hipóteses, este processo conduzirá ao desdobramento gradual do quadro clínico, e posterior tomada de decisão. A questão que se coloca é perceber que estratégias são utilizadas pelo especialista de MGF para desencadear este processo e chegar a um resultado. O *Modelo de estratégias de raciocínio diagnóstico usado em Cuidados Primários* (Heneghan et al., 2009) descreve três fases para o raciocínio diagnóstico e as respetivas estratégias (Quadro 13.1).

Na sua análise crítica, Yazdani & Abardeh (2019) apontam outros modelos, consensualmente aceites pela maioria dos autores. O modelo do processamento dual (Croskerry, 2017; Evans & Stanovich, 2013) descreve dois modos de raciocínio: *sistema 1* (rápido, automático e intuitivo, acionado ao reconhecer um quadro clínico por semelhança com experiências anteriores), e o *sistema 2* (lento, racional, analítico, e reflexivo, usado perante uma determinada apresentação não reconhecida ou ambígua), que ao requerer mais trabalho cognitivo, é menos propício ao erro. Em MGF, os médicos tendem a propor diagnósticos rapidamente, com base nas características chave do problema e conhecimento prévio do seu paciente (sistema 1), associando ou não um processo mais analítico (sistema 2).

Quadro 13.1. Estratégias Diagnósticas em Cuidados Primários.

Fase 1 Formulação de hipóteses de diagnóstico • Diagnóstico imediato (instantâneo, com base em padrões conhecidos de doença) • Autodiagnóstico (o paciente diz qual a sua perceção sobre o diagnóstico) • Apresentação clínica (classicamente descrita nos livros) • Reconhecimento por padrões (baseado em elementos da história clínica e exame físico)
Fase 2 Refinamento de hipóteses de diagnóstico • Diagnóstico de exclusão (a partir da causa mais comum da apresentação do problema) • Refinamento passo a passo (com base na localização anatômica do problema ou no processo patológico subjacente) • Raciocínio probabilístico (uso específico de indicadores de probabilidade, para excluir ou excluir um diagnóstico) • Reconhecimento por padrões (sintomas e sinais são comparados e reconhecidas face a padrões conhecidos de doença) • Predição clínica (ajuste de reconhecimento de padrões a indicadores de predição)
Fase 3 Identificação do diagnóstico final • Diagnóstico definido (<50% dos casos existe um nível de certeza suficiente para iniciar o tratamento ou excluir doenças graves) • Pedido adicional de testes de diagnóstico (para decidir ou excluir uma doença, ou se não houver padrão óbvio de doença) • Teste ou prova terapêutica (resposta ao tratamento usado para refutar ou confirmar o diagnóstico) • Teste do Tempo (ou prova da «espera terapêutica», para reavaliar posteriormente) • Ausência de diagnóstico (monitorizar o paciente, ou usar uma investigação exploratória, compartilhar incertezas com o paciente e/ou encaminhar para uma segunda opinião)

Adaptado de Heneghan, *et al* (2009).

Já o modelo do *continuum* cognitivo considera dois polos de um processamento (intuitivo e analítico), entre os quais existem vários modos de cognição relacionáveis num *continuum*. Posicionando-se consoante a situação clínica e o contexto da sua prática, os médicos no seu raciocínio clínico mover-se-ão de um extremo ao outro, num *contínuo* (Custers, 2013). Numa visão integrativa, Croskerry viria a propor um modelo universal associando várias estratégias diagnósticas, e Marcum no seu modelo integrativo incluiria ainda a metacognição como elemento fundamental para a decisão clínica (Croskerry, 2017; Marcum, 2012). Mais recentemente, Cooper & Frain (2017) identificam um modelo universal modificado, associando as múltiplas estratégias de raciocínio clínico descritas até então.

Não existindo um modelo único e totalmente aceite para a tomada de decisão em MGF, o especialista de MGF usa regularmente uma adequada combinação de várias estratégias diagnósticas (Woolever, 2008). Perante a natureza, complexidade e priorização dos problemas, o especialista de MGF mover-se-á entre uma ou várias estratégias, consoante a avaliação que faz da situação, assim como a sua experiência e perícia. Nos modelos do sistema dual, descrevem-se características que diferenciam o raciocínio clínico de médicos mais jovens (*novices*), que utilizam fundamentalmente o *sistema 2* (raciocínio analítico, ponderado a partir do conhecimento), dos médicos mais experientes (*experts*), utilizando com maior frequência o *sistema 1* ou raciocínio intuitivo (Cooper & Frain, 2018; Higgs & Jensen, 2019).

No raciocínio clínico em MGF, a intuição é uma estratégia usada de forma significativa, e por vezes instintiva (*Gut feelings*), ultrapassando a mera impressão clínica (Norman, Young e Brooks, 2007; Woolley & Kostopoulou, 2013). Para McWhinney, numa escala de atributos, os especialistas de MGF estariam no polo oposto ao contexto hospitalar, diferindo dos outros especialistas, por serem mais intuitivos e terem maior capacidade de integração (I. R. McWhinney, 1980).

A memória desempenhará um papel fundamental no raciocínio clínico (na natureza do conhecimento armazenado), em qualquer modelo, como ocorre na categorização, na analogia a partir do conhecimento adquirido em experiências anteriores, no reconhecimento por padrões, na aprendizagem em ambientes de prática mista (durante o treino clínico) e também no sistema dual. O sistema 1 relaciona-se com a quantidade de experiências clínicas vivenciadas, e o sistema 2 com a aplicação de conhecimentos previamente categorizados (Monteiro & Norman, 2013).

Todo este processo estará intimamente relacionado com o Método Clínico Centrado na Pessoa (Stewart *et al.*, 2013), e apoiado na melhor evidência científica (*Evidence Based Medicine*), com possível recurso a instrumentos de apoio à decisão: protocolos, *guidelines* internacionais e normas de orientação clínica em cada país, indicadores de prevalência, testes probabilísticos, diagramas, algoritmos e fluxogramas de decisão, assim como o acesso a novas tecnologias de informação ou plataformas de ajuda online. Por outro lado, os profissionais devem ter em conta as orientações, diretrizes e estratégias políticas do sistema de saúde em que se enquadram, nomeadamente, regulamentos e protocolos de atuação (Yazdani & Abardeh, 2017). Os aspetos organizacionais, os indicadores de desempenho, os princípios éticos e profissionais, a descrição de tarefas e funções próprias de cada área profissional poderão igualmente influenciar de forma positiva ou negativa o processo de raciocínio clínico em MGF.

A utilização das *guidelines* internacionais e de instrumentos de apoio à decisão pode ser problemática quando os testes de rastreio (*screening*) são usados de forma errónea para o diagnóstico, quando se assume que as doenças se apresentam e evoluem de modo uniforme, quando se aplicam sem um processo de individualização (sendo que a evidência resulta de resultados populacionais) e quando se ignora o contexto do doente e o significado do problema para o mesmo (Cooper & Frain, 2018). A utilidade destes instrumentos poderá limitar o processo de raciocínio, dificultar a generalização e sua aplicação a todas as populações, coartando a criatividade e pensamento crítico dos profissionais (Woolever, 2008). Apesar disso estes instrumentos, sobretudo das bases de dados de evidência em medicina, são igualmente úteis aos profissionais de Cuidados Primários desde que «facilmente acessíveis, fidedignos e aplicáveis ao seu contexto» (Alper, White e Ge, 2005).

O raciocínio clínico não termina quando identificado um diagnóstico. O reconhecimento de um ou mais problemas, mesmo quando seja um diagnóstico, requer uma tomada de decisão (etapa da açao). O raciocínio clínico é necessário para as decisões na abordagem subsequente do paciente, seja no tratamento e/ou referenciação, seja na necessidade de novas estratégias de investigação (Figura 13.4). No sentido da melhor gestão do paciente, é requerida uma abordagem holística e a identificação de um plano «negociado» entre as duas partes e aceite pelo mesmo. Mais do que tratar uma doença, o especialista de MGF «trata» o paciente, sobretudo percebendo quem é o paciente que tem a doença ou o problema, e não somente qual é a doença que o paciente tem.

Figura 13.4. Componentes da Etapa da Ação, no Raciocínio Clínico em Medicina Geral e Familiar

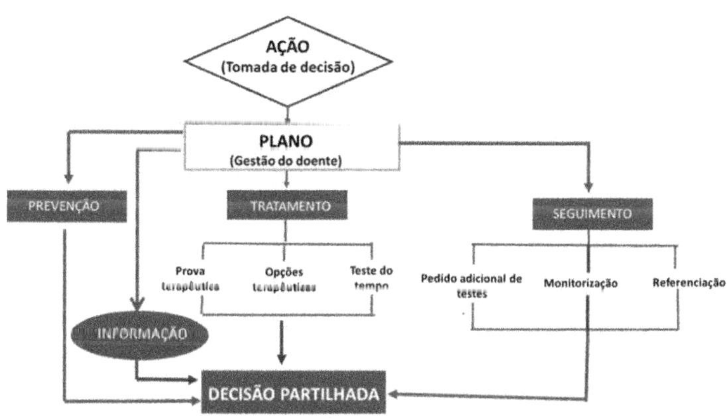

A abordagem holística do paciente no processo de tomada de decisão requer igualmente a incorporação do significado do problema para o mesmo, no que diz respeito às suas preferências, expectativas valores e preocupações. É cada vez mais pertinente a consciencialização dos profissionais para maior capacitação e empoderamento do paciente para a tomada de decisão, decorrente da mudança do paradigma da medicina. A codecisão, ou decisão partilhada, fazendo parte da atuação do especialista de MGF ao propor o plano de ação, requer simultaneamente a manutenção da sua responsabilização pelo processo. Para estabelecer objetivos realistas através de uma decisão mútua e partilhada é necessário compreender a pessoa «como um todo», perceber o significado do problema para o paciente e encontrar um terreno comum ou o designado «espaço do problema», incorporando o conceito de autonomia do paciente, identificado no modelo da Decisão Partilhada. Nesta etapa, para além dos objetivos terapêuticos propostos (medicamentosos ou não), e do seguimento necessário à gestão do paciente, a informação é o ponto chave para a codecisão desejável. A decisão partilhada não acontecerá de forma consciente sem que o médico consiga utilizar as estratégias comunicacionais necessárias à transmissão da informação adequada, e compreendida pelo paciente.

Em MGF, a tomada de decisão é um processo de integração e individualização, no qual o médico tem de ter em conta algumas variáveis, ou elementos que influenciarão o raciocínio clínico nesta etapa (I. R. McWhinney, 1979). Do lado do paciente, não podem ser esquecidos a sua personalidade ou perfil do paciente, o seu contexto de vida, sobretudo do ponto de vista sociofamiliar, e o significado dos problemas para o mesmo e para a sua família. Do lado do problema, a sua gestão não pode deixar de considerar a influência de problemas anteriores, em particular no contexto da multimorbilidade, o diagnóstico ou problema atual, e o respetivo prognóstico. A atuação do médico deve considerar ainda o risco-benefício da decisão proposta e das suas alternativas possíveis, tendo em conta os princípios éticos.

A tomada de decisão estará centrada no paciente e no seu contexto, numa abordagem abrangente, incluindo medidas preventivas, de promoção da saúde e bem-estar do paciente e da sua família. Nesta fase, a diferença da atuação do especialista de MGF face ao contexto hospitalar decorre especialmente do «bloco da comunicação«, com consequente reforço da relação médico-paciente, fundamental na continuidade de cuidados.

No plano de seguimento do doente e monitorização da sua condição clínica, assim como da eficácia terapêutica, não poderá deixar de ser tido em conta uma nova investigação com pedido adicional de meios complementares de diagnóstico ou rastreio, mas também a sua eventual referenciação quer a cuidados hospitalares quer a cuidados comunitários. Esta etapa da tomada de decisão envolverá elementos considerados no terceiro e quarto componentes do método clínico centrado no paciente (Stewart *et al.*, 2013).

Também nesta etapa, o recurso a instrumentos de apoio à decisão terá vantagens por poder reforçar a tomada de decisão, dirigir a investigação futura de modo mais racional, direcionar um diagnóstico de modo mais fiável, e levar a decisões mais apropriadas na abordagem do paciente. Se usados criteriosamente é presumível que tenham «benefícios para o paciente, em termos de resultados, e para os sistemas de saúde, em termos de eficiência» (Cooper & Frain, 2018).

Concluindo, o raciocínio clínico é um determinante major da competência e perícia dos médicos. Intencionalmente ou não, todos os médicos usam estratégias de raciocínio clínico. Enquanto aptidão essencial, é atualmente aceite como «um componente crítico do desenvolvimento e treino dos médicos» (Higgs & Jensen, 2019). As escolas médicas devem concentrar esforços no desenvolvimento de planos curriculares que promovam o ensino *formal* em raciocínio clínico, «requisito básico para se ser um bom médico» (Cooper & Frain, 2018). Numa época em que os fenómenos decorrentes do neoliberalismo na saúde e da globalização, com consequente aumento do movimento de pessoas, ideias e práticas profissionais (nomeadamente o turismo da saúde, a imigração e os desafios das respostas aos refugiados), os médicos, sobretudo os que praticam para além do seu país, serão cada vez mais expostos a cenários de prática diferentes do seu próprio meio e do meio em que treinaram. Esta dinâmica terá repercussões na qualidade da prática clínica, e implicações sobre o conceito de raciocínio clínico como considerado atualmente. A inovação transformará no futuro a medicina que conhecemos hoje, mas a centralidade no paciente e os valores humanísticos o raciocínio clínico em MGF não poderão deixar de fazer parte da essência desta especialidade.

REFERÊNCIAS

ALLEN, J., Gay, B., CREBOLDER, H., HEYRMAN, J., SVAB, I. e RAM, P. (2011). *The European Definition of General Practice / Family Medicine*. Disponível em: WHO Europe Office, Barcelona, Spain: https://www.woncaeurope.org/sites/default/files/documents/Definition%203rd%20ed%202011%20with%20revised%20wonca%20tree.pdf

ALPER, B. S., WHITE, D. S. e GE, B. (2005). Physicians answer more clinical questions and change clinical decisions more often with synthesized evidence: a randomized trial in primary care. *Ann Fam Med, 3*(6), 507-513. doi:10.1370/afm.370

Aragão, J. C. S. e Almeida, L. S. (2017). Raciocínio Clínico e Pensamento Crítico: Desenvolvimento na educação médica. *Revista de estudios e investigación en psicología y educación*(12), 19-23.

Cooke, S., Lemay, J. F. e Beran, T. (2017). Evolutions in clinical reasoning assessment: The Evolving Script Concordance Test. *Med Teach, 39*(8), 828-835. doi:10.1080/0142159X.2017.1327706

Cooper, N. e Frain, J. (2018). *ABC of clinical communication*. Hoboken, NJ: Wiley.

Croskerry, P. (2017). A model for clinical decision-making in medicine. *Medical Science Educator, 27*(1), 9-13.

Custers, E. J. (2013). Medical education and cognitive continuum theory: an alternative perspective on medical problem solving and clinical reasoning. *Acad Med, 88*(8), 1074-1080. doi:10.1097/ACM.0b013e31829a3b10

Elstein, A. S. (2009). Thinking about diagnostic thinking: a 30-year perspective. *Advances in health sciences education, 14*(1), 7-18.

Evans, J. S. e Stanovich, K. E. (2013). Dual-Process Theories of Higher Cognition: Advancing the Debate. *Perspect Psychol Sci, 8*(3), 223-241. doi:10.1177/1745691612460685

Foot, C., Naylor, C. e Imison, C. (2010). *The quality of GP diagnosis and referral*. https://www.kingsfund.org.uk/sites/default/files/field/field_document/quality-gp-diagnosis-referral-gq-inquiry-research-paper-mar11.pdf: The King's Fund.

Heneghan, C., Glasziou, P., Thompson, M., Rose, P., Balla, J., Lasserson, D., ... Perera, R. (2009). Diagnostic strategies used in primary care. *BMJ, 338*, b946. doi:10.1136/bmj.b946

Higgs, J. e Jensen, G. (2019). Clinical reasoning: Challenges of interpretation and practice in the 21st century. In J. Higgs, M. Jones, S. Loftus e N. Christensen (Eds.), *Clinical reasoning in the health professions* (pp. 3-11): Elsevier.

Lateef, F. (2018). Clinical reasoning: The core of medical education and practice. *Int J Intern Emerg Med. 2018; 1 (2), 1015.*

Marcum, J. A. (2012). An integrated model of clinical reasoning: dual-process theory of cognition and metacognition. *J Eval Clin Pract, 18*(5), 954-961. doi:10.1111/j.1365-2753.2012.01900.x

McWhinney, I. R. (1979). Problem-solving & decision-making in family practice. *Can Fam Physician, 25*, 1473-1477. Disponível em: https://www.ncbi.nlm.nih.gov/pubmed/20469304

McWhinney, I. R. (1980). Decision making in general practice. *J R Coll Gen Pract Occas Pap*(10), 31-33. Disponível em: https://www.ncbi.nlm.nih.gov/pubmed/7420321

McWhinney, I. R. e Freeman, T. (2009). *Textbook of family medicine* (3.ª ed.). Oxford ; Nova Iorque: Oxford University Press.

Monteiro, S. M. e Norman, G. (2013). Diagnostic reasoning: where we've been, where we're going. *Teach Learn Med, 25 Suppl 1*, S26-32. doi:10.1080/10401334.2013.842911

Norman, G., Young, M. e Brooks, L. (2007). Non-analytical models of clinical reasoning: the role of experience. *Med Educ, 41*(12), 1140-1145. doi:10.1111/j.1365-2923.2007.02914.x

Stewart, M., Brown, J. B., Weston, W., McWhinney, I. R., McWilliam, C. L. e Freeman, T. (2013). *Patient-centered medicine: transforming the clinical method* (3.ª ed.): CRC press.

ten Cate, O. e Durning, S. J. (2018). Understanding clinical reasoning from multiple perspectives: A conceptual and theoretical overview. In O. ten Cate, E. Custers e S. Durning (Eds.), *Principles and Practice of Case-based Clinical Reasoning Education* (pp. 35-46): Springer International Publishing.

Trowbridge, R. L., Rencic, J. J. e Durning, S. J. (2015). *Teaching clinical reasoning*: American College of Physicians.

Woolever, D. R. (2008). The art and science of clinical decision making. *Fam Pract Manag, 15*(5), 31-36. Disponível em: https://www.ncbi.nlm.nih.gov/pubmed/18546805

Woolley, A. e Kostopoulou, O. (2013). Clinical intuition in family medicine: more than first impressions. *Ann Fam Med, 11*(1), 60-66. doi:10.1370/afm.1433

Yazdani, S. e Abardeh, M. H. (2017). Clinical Reasoning in Medicine: A Concept Analysis. *Journal of Medical Education Summer, 16*(3), 154-162.

Yazdani, S. e Abardeh, M. H. (2019). Five decades of research and theorization on clinical reasoning: a critical review. *Adv Med Educ Pract, 10*, 703-716. doi:10.2147/AMEP.S213492

Young, M., Thomas, A., Gordon, D., Gruppen, L., Lubarsky, S., Rencic, J., ... Durning, S. J. (2019). The terminology of clinical reasoning in health professions education: Implications and considerations. *Med Teach, 41*(11), 1277-1284. doi:10.1080/0142159X.2019.1635686

CAPÍTULO 14

AVALIAÇÃO DOS RESULTADOS EM SAÚDE

Alberto Hespanhol, Cristina Ribeiro,
Gisela Costa Neves, Tiago Taveira Gomes

1. Evolução de Qualidade em Saúde

A qualidade dos cuidados constitui um pilar do serviço nacional de saúde (SNS). A Lei de Bases da Saúde de 1990 (Lei n.º 48/90 de 24 de agosto), com as alterações introduzidas pela Lei n.º 27/2002, de 8 novembro, definiu a qualidade como um dos quatro critérios de avaliação periódica do SNS, a par da satisfação dos utentes, satisfação dos profissionais e eficiente utilização dos recursos numa ótica de custo-benefício. A mesma lógica foi aplicada às parcerias em saúde com gestão e financiamentos privados (Decreto-Lei n.º 185/2002 de 20 de agosto), e mantém-se na atual Lei de Bases da Saúde (Lei n.º 95/2019, de 4 de setembro), ao referir-se à sua sustentabilidade financeira na Base 20, tendo em vista uma utilização efetiva, eficiente e de qualidade dos recursos públicos disponíveis.

A satisfação é uma atitude, uma emoção ou um sentimento que pode ser verbalizado e medido através duma opinião. O *utente está insatisfeito ou satisfeito* respetivamente, quando a sua experiência com o serviço está abaixo ou supera as suas expectativas e suposições (Hespanhol, Vieira e Pereira, 2008).

Existe *satisfação profissional* quando o trabalhador se apercebe que os benefícios do trabalho excedem os seus custos por uma margem suposta por ele como sendo adequada às circunstâncias. A satisfação profissional é um conjunto de diferentes facetas, algumas das quais provocam mais satisfação ou são mais aceitáveis do que outras. É influenciada por forças internas e externas ao ambiente laboral, sofrendo alterações com o decorrer do tempo (Hespanhol, 2008).

Qualidade em Saúde, para Ovretveit, consiste em satisfazer as necessidades dos que mais necessitam do serviço *(Qualidade para o cliente),* ao mais baixo custo e respeitando os limites e diretivas da profissão *(Qualidade Profissional)* e do contratante *(Qualidade de Gestão)* (Hespanhol, 2004; Ovretveit, 1992).

Na realidade, a *Qualidade Total em Saúde* requer o cumprimento de determinados requisitos e interesses, muitas vezes conflituosos, dos três grupos envolvidos e que consistem em: a) opinião do utente sobre até que ponto o serviço lhe dá o que ele quer e espera *(Qualidade para o Cliente)*, b) dar ao utente o que o profissional julga que ele necessita *(Qualidade Profissional)*, c) melhor uso dos recursos dentro dos limites e diretivas impostos pelas mais altas autoridades *(Qualidade de Gestão)* (Hespanhol, 2005; Hespanhol, Vieira e Pereira, 2004).

Na área da Qualidade em MGF, Campbell identificou componentes que podem ser referidas às populações (*equidade e eficiência*) e que podem ser referidas aos indivíduos (efetividade clínica, efetividade interpessoal e acessibilidade) (Seddon, Marshall, Campbell e Roland, 2001). Segundo Marwick, a efetividade clínica inclui processo diagnóstico, gestão clínica, morbilidade e mortalidade, condições das instalações e dos serviços, que devem ser prestados de uma forma competente. A efetividade interpessoal inclui a conduta do médico e do restante pessoal, os tempos de espera, a disponibilidade de marcação das consultas, o relacionamento médico/utente e o envolvimento no processo de tomadas de decisão que também devem ser prestados de uma forma competente (Marwick, Grol e Borgiel, 1992).

No âmbito da Qualidade, o primeiro conceito a surgir foi o da *Avaliação da Qualidade*, que envolvia a recolha, a medição e a análise de dados, contudo quem trabalhava nesta área logo se apercebeu que só recolher informação acerca do desempenho não era suficiente.

Era necessário «avaliar os cuidados de saúde atuais» comparando o «desempenho observado» de forma válida e fiável com «guidelines», após selecionar «aspetos relevantes da qualidade».

Os *aspetos relevantes da qualidade* são abstrações da qualidade, que podem ser escolhidos em resposta à existência de determinados problemas ou interesses por parte de quem escolhe, a uma análise sistemática de problemas de qualidade ou como parte de uma revisão mais abrangente do desempenho. Podem-se incluir aspetos técnicos ou de relação interpessoal, ou de acordo com a classificação da Qualidade dos cuidados de Donabedian (1980), aspetos de estrutura (p. ex. edifícios, pessoal, recursos), processo (p. ex., o que é feito, como é feito) e resultado (resultado para o doente e os custos com os cuidados de saúde) (Grol, Baker, Wensing e Jacobs, 1994; Marwick *et al.*, 1992).

Depois devem-se formular as características necessárias para a existência de cuidados de saúde de qualidade, que Grol designa por «guidelines»

(Grol *et al.*, 1994; Marwick *et al.*, 1992) e que incluem o estabelecimento de «critérios» (aspetos mensuráveis do desempenho desejado) e «standards» (expectativas ou requisitos de desempenho em relação a esses aspetos selecionados).

Segue-se o «feedback» desses resultados para os profissionais de saúde, para que possam atuar no sentido da mudança sempre que tal se mostre oportuno, procurando as resistências, selecionando a intervenção, planificando e implementando a mudança.

O passo final, após a implementação das mudanças, consiste em avaliar os resultados e fazer o «follow-up» para averiguar se o desempenho foi realmente alterado. Assim, fica constituído o *Ciclo para Assegurar Qualidade*, que incorpora todos esses elementos: definir «guidelines», colher dados, atuar, monitorizar os resultados, regressando ao primeiro elemento. Dado que, Assegurar Qualidade é um processo cíclico, o resultado final desse «follow-up» pode conduzir à revisão das «guidelines», à escolha de novos métodos para recolha de dados ou à seleção de novos tópicos para revisão (Grol *et al.*, 1994; Marwick *et al.*, 1992).

Nos nossos dias e no caso específico dos laboratórios, ainda se utiliza o termo *Controlo de Qualidade*, dado ser possível, entre outros aspetos, fixar valores de referência com objetividade. Alguns autores continuam a entender a Qualidade na perspetiva de controlo, constituída por diversas atividades eventualmente úteis, mas sempre exercidas sobre o serviço já realizado.

De acordo com a Organização Mundial dos Médicos de Família (WONCA), *Assegurar Qualidade* é um processo de atividades planeadas, baseadas na revisão e melhoria da execução com o objetivo da melhoria contínua dos «standards» de cuidados médicos (Grol *et al.*, 1994; Marwick *et al.*, 1992).

Esta é a perspetiva da «Quality Assurance», designada por muitos em Portugal por *Garantia de Qualidade*. Optamos, contudo, por utilizar o termo *Assegurar Qualidade*, dado que na língua portuguesa o termo «garantir» tem um sentido mais afirmativo do que parece ser possível atingir nesta área e «assegurar» significa garantir dentro de certos limites.

2. Informatização e Contratualização

A digitalização do Processo Clínico Eletrónico revelou-se instrumental para o desenvolvimento organizacional dos CSP, uma vez que a constituição de bases de dados estruturadas permitiu a aplicação de instrumentos de gestão e análise de produção nos CSP. Assim, com o DL 298/2007 que cria o modelo de Unidade de Saúde Familiar (USF), surge um modelo de contratualização assente na melhoria contínua da qualidade dos serviços implementado sustentado em indicadores de processo e resultado (Decreto-Lei n.º 298/2007 de 2007-08-22, 2007). A contratualização é um processo de descentralização da autonomia que consiste no estabelecimento de planos de ação com objetivos quantificáveis através de métricas, negociados quem executa e quem governa (McDermott, Checkland, Moran e Warwick-Giles, 2019). Este modelo, também em vigor no NHS, associado a incentivos institucionais e financeiros, promoveu o desenvolvimento dos CSP, plasmado no número USF que atingiu o Modelo B, que implementa um regime remuneratório ligado à carga de trabalho e resultados (Decreto-Lei n.º 298/2007 de 2007-08-22, 2007).

Na última década assistiu-se a um processo de informatização substancial dos Cuidados de Saúde Primários (CSP). Desde o ano de 2006, com a introdução do *Sistema de Apoio ao Médico* (SAM), iniciou-se um processo de arquivo eletrónico do PCE dos Cuidados de Saúde Primários, sendo as fichas SOAP e os programas de saúde então vigentes adaptados, melhorados e disponibilizados em formato digital. O PCE permite a estruturação da informação clínica em bases de dados digitais, facilitando o acesso à informação em tempo real e constituindo assim uma ferramenta basilar no apoio à decisão clínica e ao acompanhamento longitudinal do utente e das famílias ao longo do tempo. Mais tarde, o SAM evoluiu para o sistema *SClínico*, que resultou da unificação do SAM e do *Sistema de Apoio em Enfermeiro* (SAPE). Este processo acompanhou a evolução dos sistemas de informação a nível dos cuidados hospitalares públicos, tendo sido posteriormente criada a Plataforma de Dados da Saúde que permitiu a consulta dos processos clínicos eletrónicos de um paciente nas diversas unidades de saúde e hospitais que frequentava. Esse sistema integrador evoluiu de forma a permitir também a consulta do calendário vacinal, o agendamento de consulta no médico da família, bem como a renovação das prescrições, entre outras funcionalidades. Do mesmo modo que se desmaterializou assim o processo clínico, procedeu-se igualmente à desmaterialização das prescrições e requisições de meio complementares de diagnóstico e terapêutica.

A implementação dos sistemas informáticos na saúde é um processo complexo que requer o conhecimento funcional profundo dos processos e das regras de negócio das instituições de saúde (Cooper & Pauley, 2006). As soluções encontram frequentemente restrições devidas à *compliance* com normas de segurança e outras derivadas da integração com múltiplos sistemas informáticos terceiros, o que resulta numa experiência fragmentada por parte do profissional de saúde. Assim, a consulta em MGF requer frequentemente a utilização simultânea de mais de uma dezena de plataformas, cujas dificuldades de articulação geram carga desnecessária não só no processo cognitivo do médico, mas também de tempo de consulta, contribuindo para desgaste e descontentamento dos profissionais com as suas condições de trabalho (Babbott *et al.*, 2014).

Do lado dos utentes, a dificuldades de interligação eficiente entre as diversas plataformas traduz-se sobretudo numa degradação da experiência e do profissionalismo atribuídas geralmente a aspetos operacionais e logísticos da instituição onde são prestados os cuidados, podendo em algumas circunstâncias ser inclusivamente fator de desgaste da relação médico-doente. Neste âmbito, a integração de sistemas e a sua estreita adequação aos processos de prestação de cuidados de saúde nos CSP representam as principais janelas de oportunidade de melhoria dos sistemas de informação no âmbito da consulta nos CSP, certamente condicionantes de profundas melhorias nesse âmbito.

Este modelo sofreu uma revisão substancial em 2017, no DL 73/2017: a introdução de uma matriz multidimensional que abordasse as diferentes áreas de atuação dos CSP comum a todos as unidades do país, passando os termos da negociação a fazer-se tendo como base uma matriz comum de indicadores e de metas a cumprir. Esse modelo levou a uma harmonização das práticas e objetivos nos CSP, assim contribuindo para a uniformização das práticas nos CSP (Decreto-Lei n.º 73/2017 de 21/06/2017, 2017).

Apesar das críticas ao modelo da contratualização e das oportunidades de melhoria que apresenta, tem vindo a ser demonstrado por todo o mundo que um modelo assente em *accountability* dos profissionais centrado na produção de resultados e indexado em desempenho promove o desenvolvimento da qualidade dos CSP e motiva os profissionais a melhor executar o seu trabalho (Pawlson & O'Kane, 2002). Naturalmente, pretende-se com este mecanismo melhorar a saúde dos cidadãos, em particular nos CSP, evitando os fatores de risco e a morbilidade e protelando a mortalidade. Espera-se assim que estes mecanismos possam não só melhorar a forma como os cuidados são prestados, mas também a própria saúde das populações. Usa-se o termo resultados em saúde para referir estes resultados no sentido lato. A demonstração de que estes sistemas se traduzem em resultados em saúde parece intuitiva, no entanto ainda não foi claramente demonstrada, uma vez que os resultados em saúde dependem, não só dos resultados diretos, como sejam a poupança com medicamentos, mas também de resultados indiretos, como por exemplo os dias de incapacidade para o trabalho evitados ou o acréscimo de produtividade laboral, que são ainda difíceis de quantificar e de integrar em modelos matemáticos (Versteegh, Knies e Brouwer, 2016).

As grandes bases de dados dos CSP que servem de base à produção de indicadores, podem ser utilizadas para efeitos de análise de efetividade de tratamentos e operações que sustentam os CSP. Esta tipologia de investigação afigura-se altamente relevante pois corresponde à prática clínica diária. Estas análises poderão ser preditivas e prescritivas da gestão das unidades de saúde e da governação clínica (Sherman *et al.*, 2016).

3. Normas de Orientação Clínica e Auditoria Clínica — a realidade portuguesa

A **qualidade** tornou-se uma prioridade na gestão das organizações de saúde, sendo o estabelecimento de *standards* (através de normas) e as auditorias clínicas importantes instrumentos no processo de implementação e garantia da qualidade na saúde.

Atualmente existem várias experiências internacionais, que comprovam a importância destas estratégias, tais como o National Institute for Health and Care Excellence (NICE), a Haute Authorité de Santé (HAS) e o Programa Nacional de Guidelines para Gestão da Doença (Programm für Nationale Versorgungsleitlinien, NVL), que desenvolvem *guidelines* clínicas, disseminam e avaliam a sua implementação nos respetivos Sistemas Nacionais de Saúde (Panteli *et al.*, 2019).

Em Portugal, a Direcção-Geral da Saúde (DGS) assume a missão de definir as condições técnicas para a adequada prestação de cuidados de saúde adequada prestação o que se materializa através da elaboração e divulgação **normas e orientações** técnicas, quer clínicas quer organizacionais. Estes documentos concretizam ainda um dos eixos da estratégia nacional para a qualidade da saúde, planeada pela DGS, através do Departamento da Qualidade na Saúde (DQS) (Portaria n.º 159/2012 de 22/05/2012, 2012).

Uma **Norma** consiste num conjunto de diretrizes e recomendações institucionais, visando a melhoria da qualidade clínica e organizacional, bem como a normalização e definição de critérios da prática clínica. As normas têm força de implementação e possibilidade de serem utilizadas como referencial em auditorias ao sistema de saúde (Direção Geral da Saúde).

Nas **Normas Clínicas,** os requisitos e recomendações são definidos, através de um consenso alargado, por um grupo independente de peritos, fundamentados na melhor evidência científica e, sempre que possível, de acordo com princípios de custo-benefício. As normas clínicas são preferencialmente destinadas à melhoria da prestação de cuidados de saúde (critérios de diagnóstico, prescrição de exames complementares de diagnóstico e abordagem terapêutica). Têm como racional: a) a uniformização e integração da prestação de cuidados de saúde de acordo com a melhor evidência científica, para as doenças com maior impacto epidemiológico e/ou financeiro, doenças complexas e doenças que constituem emergências e riscos de saúde pública; e b) a implementação de medidas, organizacionais e de governação clínica, que promovam a segurança, o acesso em tempo útil, e a humanização do Serviço Nacional de Saúde (SNS) na prestação de cuidados verdadeiramente centrados no utente (Direção Geral da Saúde).

As normas são elaboradas em estreita colaboração com a Ordem dos Médicos (OM) (Protocolo de cooperação entre a Direcção-Geral da Saúde e a Ordem dos Médicos, 2011), através de uma metodologia robusta, com vários patamares de revisão científica, nos quais se incluiu a emissão de pareceres científicos, sobre a validade científica das normas clínicas, pela Comissão Científica para as Boas Práticas Clínicas (Despacho n.º 7584/2012 de 01/06/2012, 2012; Despacho n.º 12422/2011 de 20/09/2011, 2011).

O **desenvolvimento e a implementação** de normas e orientações clínicas são uma das principais estratégias na melhoria da qualidade dos cuidados de saúde. A clareza, o rigor, a isenção e a sua aplicabilidade são critérios determinantes para a sua implementação e posterior adesão dos profissionais de saúde (Despacho n.º 12422/2011 de 20/09/2011, 2011).

A **auditoria clínica** consiste num «processo sistemático, independente e documentado para obter evidência objetiva, com vista a determinar em que medida os critérios da auditoria são cumpridos» (Direção Geral da Saúde, 2017), São conduzidas por um auditor ou equipa de auditores, devidamente qualificados, com o suporte de peritos técnicos sempre que justificado. Para a execução de um programa de auditorias à implementação de normas, foi celebrado um protocolo entre a OM e a DGS (Protocolo de cooperação entre a Direcção-Geral da Saúde e a Ordem dos Médicos, 2011).

Para cumprir o seu propósito, uma norma deve ser **disseminada e implementada**. Quando não adotadas na prática clínica, as recomendações baseadas na melhor evidência disponível tornam-se questionáveis. Estima-se que cerca de 30-40% dos doentes recebem tratamentos não baseados em recomendações e que cerca de 15-20% podem receber tratamentos desnecessários ou até prejudiciais (Rauh *et al.*, 2018).

A **não aplicação** das normas clínicas resulta na adoção de práticas diversas das recomendadas, com consequente heterogeneidade nos cuidados de saúde prestados, ou em inércia clínica (termo utilizado para a omissão de iniciar ou intensificar as práticas recomendadas) (Phillips *et al.*, 2001). Os **obstáculos** à implementação das normas na prática clínica têm sido descritos na literatura, distinguindo-se três grandes grupos (Granja, 2011; Rauh *et al.*, 2018).

a) Fatores pessoais dos clínicos (desconhecimento, discordância quanto à sua fundamentação científica, ausência de uma atitude de aprendizagem e atualização contínuas)
b) Fatores relacionados com a norma (complexidade, difícil leitura visual, difícil acesso, dúvidas sobre a aplicabilidade a doentes concretos de normas elaboradas com base em ensaios clínicos sobre populações selecionadas ou estudos observacionais)
c) Fatores externos (falta de recursos, constrangimentos organizacionais, excesso de carga laboral, regras sociais, entre outros)

A Estratégia Nacional para a Qualidade na Saúde 2015-2020 define como uma das prioridades estratégicas a melhoria da qualidade clínica com o **aumento da adesão** a normas clínicas, assegurando a qualidade das prescrições de medicamentos e de meios complementares de diagnóstico e o reforço da segurança dos doentes (Despacho n.º 8468/2015 de 03/08/2015, 2015). Globalmente, têm sido estudadas estratégias para melhorar a implementação das normas na prática clínica. A literatura demonstra que realizar auditorias e fornecer informação de retorno tem eficácia em melhorar os cuidados prestados, assim como os resultados clínicos em saúde, não sendo clara no que toca ao pagamento de incentivos, parecendo demonstrar que esta é uma estratégia ineficaz (Chan *et al.*, 2017).

Sendo a **Medicina Geral e Familiar** uma especialidade abrangente e baseada na abordagem holística do doente, esta abarca e integra a generalidade das normas que são publicadas em Portugal. Neste sentido, a partilha, reflexão e discussão das normas pelos médicos de família é essencial para a sua incorporação na prática clínica, adequando-as a cada doente e a cada situação clínica. A introdução de normas é positiva no sentido de facilitar a revisão da vasta evidência existente e deve ser vista numa lógica de melhoria contínua da qualidade. A eficácia deste instrumento depende dos profissionais, dos doentes e do contexto que os integra, sendo os doentes os verdadeiros beneficiários deste instrumento (Santos *et al.*, 2015).

REFERÊNCIAS

Babbott, S., Manwell, L. B., Brown, R., Montague, E., Williams, E., Schwartz, M., ... Linzer, M. (2014). Electronic medical records and physician stress in primary care: results from the MEMO Study. *J Am Med Inform Assoc, 21*(e1), e100-106. doi:10.1136/amiajnl-2013-001875

Chan, W. V., Pearson, T. A., Bennett, G. C., Cushman, W. C., Gaziano, T. A., Gorman, P. N., ... Vann, J. C. (2017). ACC/AHA Special Report: Clinical Practice Guideline Implementation Strategies: A Summary of Systematic Reviews by the NHLBI Implementation Science Work Group: A Report of the American College of Cardiology/American Heart Association Task Force on Clinical Practice Guidelines. *Circulation, 135*(9), e122-e137. doi:10.1161/CIR.0000000000000481

Cooper, J. G. e Pauley, K. A. (2006). Healthcare software assurance. *AMIA ... Annual Symposium proceedings. AMIA Symposium, 2006*, 166-170. Disponível em: https://pubmed.ncbi.nlm.nih.gov/17238324

Decreto-Lei n.º 73/2017 de 21/06/2017, Altera o regime jurídico das unidades de saúde familiar C.F.R. (2017).

Decreto-Lei n.º 298/2007 de 2007-08-22, Regime jurídico da organização e do funcionamento das unidades de saúde familiar C.F.R. (2007).

Despacho n.º 7584/2012 de 01/06/2012, Altera o Despacho n.º 12422/2011, do Secretário de Estado Adjunto do Ministro da Saúde, de 8 de setembro, publicado no Diário da República, 2.ª série, n.º 181, de 20 de setembro de 2011, referente à Comissão Científica para as Boas Práticas Clínicas C.F.R. (2012).

Despacho n.º 8468/2015 de 03/08/2015, Altera a composição da Comissão Científica para as Boas Práticas Clínicas, criada pelo Despacho n.º 12422/2011, de 20 de setembro, e alterada pelo Despacho n.º 7584/2012, de 1 de junho C.F.R. (2015).

Despacho n.º 12422/2011 de 20/09/2011, Cria a comissão científica para as boas práticas clínicas, no âmbito da Direcção-Geral da Saúde C.F.R. (2011).

Direção Geral da Saúde.

Direção Geral da Saúde. (2017). Preparação e Condução de Auditorias da Qualidade e Segurança da Prestação de Cuidados de Saúde. In (Vol. Orientação 002/2017, pp. 15). https://www.dgs.pt/directrizes-da-dgs/orientacoes-e-circulares-informativas/orientacao-n-0022017-de-20012017-pdf.aspx: DGS.

Granja, M. (2011). As normas da DGS: tempo de oportunidade e responsabilidade para os médicos de família. *Revista Portuguesa de Clínica Geral, 27*, 417-418. Disponível em: http://www.scielo.gpeari.mctes.pt/scielo.php?script=sci_arttext&pid=S0870-71032011000500002&nrm=iso

Grol, R., Baker, R., Wensing, M. e Jacobs, A. (1994). Quality assurance in general practice: the state of the art in Europe. *Fam Pract, 11*(4), 460-467. doi:10.1093/fampra/11.4.460

Hespanhol, A. (2004). Assegurar qualidade em medicina geral e familiar. *Revista Portuguesa de Medicina Geral e Familiar, 20*(2), 264-268.

Hespanhol, A. (2005). Novo Modelo de Remuneração dos Médicos do Centro de Saúde São João: Assegurar Qualidade na Perspetiva dos Médicos. *RFML, Série III: 10*(1), 5-9.

Hespanhol, A. (2008). Satisfação dos profissionais do Centro de Saúde São João (2007 e comparação com 2001 a 2006). *Revista Portuguesa de Medicina Geral e Familiar, 24*(6), 665-670.

Hespanhol, A., Vieira, A. e Pereira, A. C. (2004). Novo modelo de remuneração dos médicos do Centro de Saúde São João: assegurar qualidade na perspectiva do utente. *Cadernos de atención primaria, 11*(5), 265-271.

Hespanhol, A., Vieira, A. e Pereira, A. C. (2008). Monitorização da satisfação dos utentes do Centro de Saúde São João (2007 e comparação com 2002 a 2006). *Revista Portuguesa de Medicina Geral e Familiar, 24*(3), 363-372.

Marwick, J., Grol, R. e Borgiel, A. (1992). *A framework for quality assurance.* Paper presented at the Global WONCA, Australia.

McDermott, I., Checkland, K., Moran, V. e Warwick-Giles, L. (2019). Achieving integrated care through commissioning of primary care services in the English NHS: a qualitative analysis. *BMJ Open, 9*(4), e027622.

Ovretveit, J. (1992). *Health service quality: an introduction to quality methods for health services.* Oxford: Blackwell Scientific.

Panteli, D., Legido-Quigley, H., Reichebner, C., Ollenschläger, G., Schäfer, C. e Busse, R. (2019). Clinical practice guidelines as a quality strategy. In R. Busse, N. Klazinga, D. Panteli e W. Quentin (Eds.), *Improving healthcare quality in Europe: characteristics, effectiveness and implementation of different strategies.* United Kingdom: World Health Organization. Regional Office for Europe.

Pawlson, L. G. e O'Kane, M. E. (2002). Professionalism, regulation, and the market: impact on accountability for quality of care. *Health Aff (Millwood), 21*(3), 200-207. doi:10.1377/hlthaff.21.3.200

Phillips, L. S., Branch, W. T., Cook, C. B., Doyle, J. P., El-Kebbi, I. M., Gallina, D. L., ... Barnes, C. S. (2001). Clinical inertia. *Ann Intern Med, 135*(9), 825-834. doi:10.7326/0003-4819-135-9-200111060-00012

Portaria n.º 159/2012 de 22/05/2012, Fixa a estrutura nuclear da Direção-Geral da Saúde C.F.R. (2012).

Protocolo de cooperação entre a Direcção-Geral da Saúde e a Ordem dos Médicos, http://ordemdosmedicos.pt/wp-content/uploads/2017/09/Protocolo_Cooperacao_OM_DGS_Qualidade.pdf (2011).

Rauh, S., Arnold, D., Braga, S., Curca, R., Eckert, R., Frobe, A., ... Molitor, J. L. (2018). Challenge of implementing clinical practice guidelines. Getting ESMO's guidelines even closer to the bedside: introducing the ESMO Practising Oncologists' checklists and knowledge and practice questions. *ESMO Open, 3*(5), e000385. doi:10.1136/esmoopen-2018-000385

Santos, P., Nazaré, I., Martins, C., Sá, L., Couto, L. e Hespanhol, A. (2015). The Portuguese Guidelines and Patients Values. *Acta Med Port, 28*(6), 754-759.

Seddon, M. E., Marshall, M. N., Campbell, S. M. e Roland, M. O. (2001). Systematic review of studies of quality of clinical care in general practice in the UK, Australia and New Zealand. *Qual Health Care, 10*(3), 152-158. doi:10.1136/qhc.0100152..

Sherman, R. E., Anderson, S. A., Dal Pan, G. J., Gray, G. W., Gross, T., Hunter, N. L., ... Califf, R. M. (2016). Real-World Evidence — What Is It and What Can It Tell Us? *N Engl J Med, 375*(23), 2293-2297. doi:10.1056/NEJMsb1609216

Versteegh, M., Knies, S. e Brouwer, W. (2016). From Good to Better: New Dutch Guidelines for Economic Evaluations in Healthcare. *Pharmacoeconomics, 34*(11), 1071-1074. doi:10.1007/s40273-016-0431-y

SOBRE OS AUTORES

Alberto Hespanhol, MD, PhD
Médico especialista em Medicina Geral e Familiar da USF S. João, ACeS Porto Ocidental; Professor Associado com Agregação da Faculdade de Medicina da Universidade do Porto.

André Biscaia, MD, PhD
Médico especialista em Medicina Geral e Familiar da USF Marginal — ACeS Cascais; Doutorado pelo Instituto de Higiene e Medicina Tropical.

Armando Brito de Sá, MD, PhD
Médico especialista em Medicina Geral e Familiar da USF Conde Saúde, ACeS da Arrábida.

Bruno Heleno, MD, PhD
Médico especialista em Medicina Geral e Familiar na USF das Conchas; Professor da Faculdade de Ciências Médicas da Universidade Nova de Lisboa.

Carlos Carvalho, MD
Médico especialista em Saúde Pública, Unidade de Saúde Pública do ACeS Tâmega II — Vale do Sousa Sul; Professor Auxiliar Convidado, Instituto de Ciências Biomédicas de Abel Salazar, Universidade do Porto.

Conceição Outeirinho, MD
Médica especialista em Medicina Geral e Familiar da USF Garcia de Orta, ACeS Porto Ocidental; Professora auxiliar convidada do Instituto de Ciências Biomédicas Abel Salazar, Universidade do Porto.

Cristina Ribeiro, MD, PhD
Médica especialista em Medicina Geral e Familiar; Doutorada e Professora na Faculdade de Medicina da Universidade de Lisboa. Médica no Departamento da Qualidade, da Direção Geral da Saúde.

Dina Gaspar, MD, MSc, PhD
Médica especialista em Medicina Geral e Familiar; Professora da Faculdade de Medicina e Ciências Biomédicas da Universidade do Algarve.

Fernando Ferreira, MD
Médico especialista em Medicina Geral e Familiar; Diretor Executivo do ACeS Cávado III Barcelos Esposende.

Filipe Prazeres, MD, PhD
Médico especialista em Medicina Geral e Familiar da USF Beira Rio, ACeS Baixo Vouga; Professor da Faculdade de Ciências da Saúde, Universidade da Beira Interior.

Gisela Costa Neves, MD
Médica especialista de Medicina Geral e Familiar na USF Sesimbra, ACeS Arrábida; Docente afiliada da Faculdade de Ciências Médicas de Lisboa; Colaboradora no Departamento da Qualidade na Saúde da Direção-Geral da Saúde.

Inês Rosendo, MD, PhD
Médica especialista em Medicina Geral e Familiar da USF Coimbra Centro, ACeS Baixo Mondego; Professora da Faculdade de Medicina da Universidade de Coimbra.

Isabel Santos, MD, MEd, PhD
Médica especialista em Medicina Geral e Familiar; Presidente do Colégio da Especialidade de Medicina Geral e Familiar da Ordem dos Médicos; Professora reformada da Faculdade de Ciências Médicas da Universidade Nova de Lisboa.

Jaime Correia de Sousa, MD, PhD
Médico especialista em Medicina Geral e Familiar da USF Horizonte, ULS de Matosinhos; Professor Associado Convidado da Escola de Medicina da Universidade do Minho.

José Augusto Simões, MD, PhD.
Médico especialista em Medicina Geral e Familiar da USF Caminhos do Cértoma, ACeS Baixo Mondego; Professor da Faculdade de Ciências da Saúde, Universidade da Beira Interior.

José Mendes Nunes, MD, PhD
Médico especialista em Medicina Geral e Familiar da USF Carcavelos, ACeS de Cascais; Professor da Faculdade de Ciências Médicas da Universidade Nova de Lisboa.

Leonor Rocha, MD
Médica Interna de Medicina Geral e Familiar na USF Marginal, ACeS Cascais; mestre pela Faculdade de Medicina da Universidade de Lisboa.

Luciana Couto, MD, PhD
Médica especialista em Medicina Geral e Familiar da USF Camélias, ACeS Gaia; Professora da Faculdade de Medicina da Universidade do Porto.

Luísa Sá, MD, PhD
Médica especialista em Medicina Geral e Familiar da USF Nova Via, ACeS Espinho/Gaia; Professora da Faculdade de Medicina da Universidade do Porto.

Luís Amorim Alves, MD, PhD
Médico especialista em Medicina Geral e Familiar na USF St. André de Canidelo, ACeS Grande Porto — Gaia VII; Professor Auxiliar Convidado, Instituto de Ciências Biomédicas de Abel Salazar, Universidade do Porto.

Luiz Santiago, MD, PhD
Médico especialista em Medicina Geral e Familiar da USF Topázio, ACeS Baixo Mondego, e da Clínica Universitária de MGF da Faculdade de Medicina da Universidade de Coimbra; Professor Associado com Agregação da Faculdade de Medicina da Universidade de Coimbra.

Paulo Santos, MD, PhD
Médico especialista em Medicina Geral e Familiar; Professor da Faculdade de Medicina da Universidade do Porto.

Rita Medeiros, MD
Médica Interna de Medicina Geral e Familiar na USF Marginal, ACeS Cascais; mestre pela Faculdade de Medicina da Universidade de Lisboa.

Tiago Taveira Gomes, MD, PhD
Médico especialista em Medicina Geral e Familiar, Professor Auxiliar Convidado da Faculdade de Medicina da Universidade do Porto, da Universidade Fernando Pessoa e do CESPU — Cooperativa de Ensino Superior Politécnico e Universitário.